EINFACH SCHNITZEN

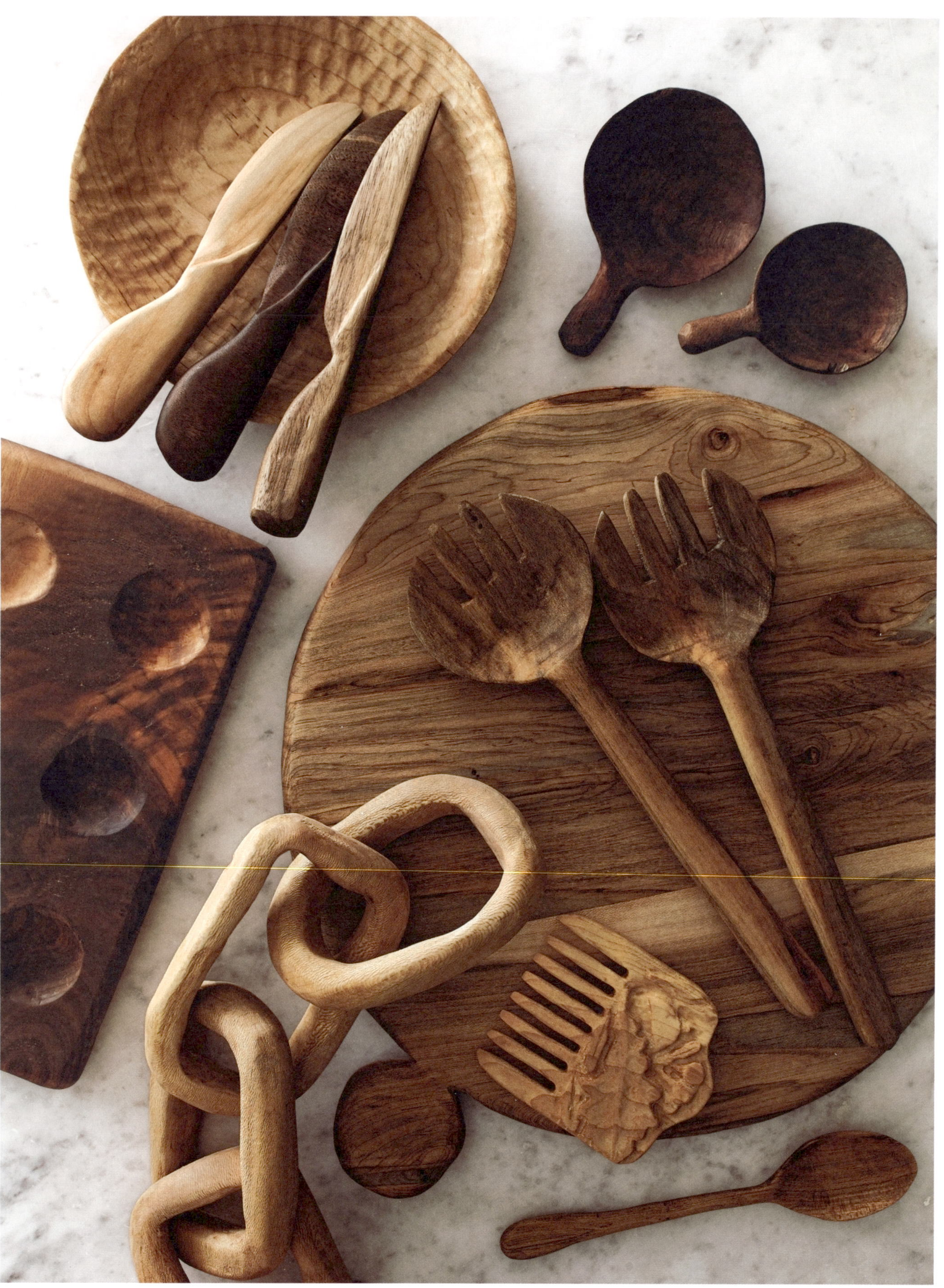

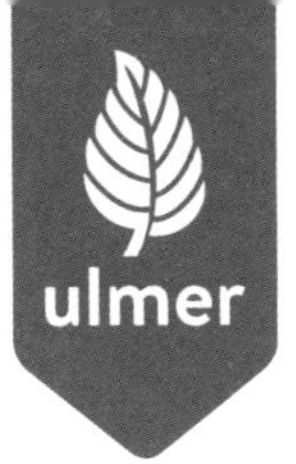

EINFACH SCHNITZEN

12 KLEINE KUNSTWERKE FÜR EINSTEIGER

CELINA MUIRE

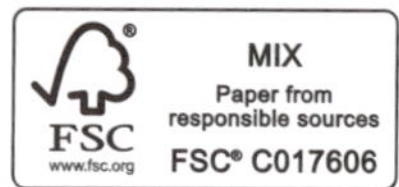

Erstmals im Jahr 2017 unter dem Titel „The Wood Carver's Dozen" bei Quarto Press veröffentlicht, einem Imprint der Quarto Gruppe.
The Old Brewery, 6 Blundell Street, London N7 9BH, Großbritannien.
T (0)20 7700 6700 **F** (0)20 7700 8066
www.QuartoKnows.com

Die in diesem Buch enthaltenen Empfehlungen und Angaben sind von der Autorin mit größter Sorgfalt zusammengestellt und geprüft worden. Eine Garantie für die Richtigkeit der Angaben kann aber nicht gegeben werden. Autorin und Verlag übernehmen keine Haftung für Schäden und Unfälle. Bitte setzen Sie bei der Anwendung der in diesem Buch enthaltenen Empfehlungen Ihr persönliches Urteilsvermögen ein.
Der Verlag Eugen Ulmer ist nicht verantwortlich für die Inhalte der im Buch genannten Websites.

Bibliografische Information der Deutschen Nationalbibliothek
Die Deutsche Nationalbibliothek verzeichnet diese Publikation in der Deutschen Nationalbibliografie; detaillierte bibliografische Daten sind im Internet über http://dnb.d-nb.de abrufbar.

Wollgrasweg 41, 70599 Stuttgart (Hohenheim)
E-Mail: info@ulmer.de
Internet: www.ulmer.de
Übersetzung: Claudia Händel
Lektorat: Claus Keller, Lisa Seibel
Herstellung: Katharina Merz
Umschlag-Konzeption: Ruska, Martín, Associates GmbH, Berlin
Umschlag-Gestaltung: Eugen Ulmer Verlag
Satz: r&p digitale medien, Echterdingen
Printed in China

ISBN 978-3-8186-0148-5

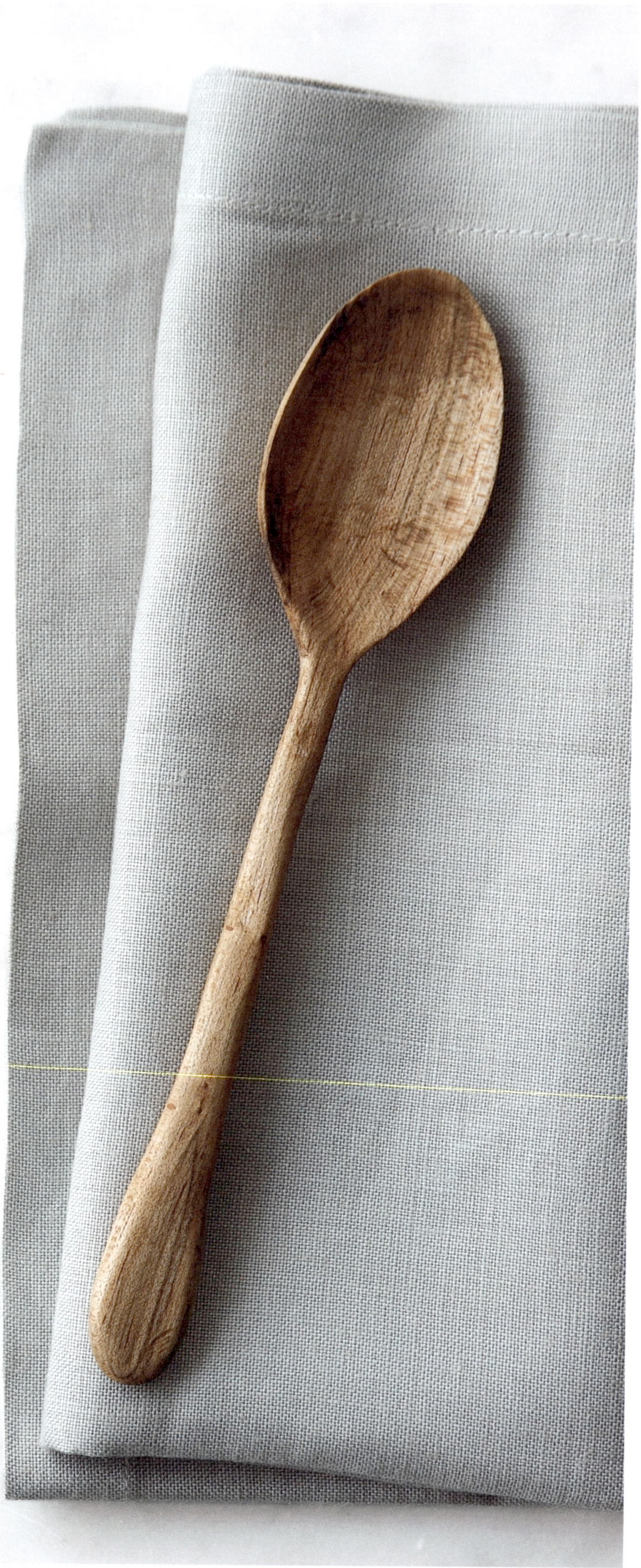

INHALT

MEIN ANLIEGEN

Mein Name ist Celina Muire und ich habe mir das Holzschnitzen selbst beigebracht. In einem kleinen Atelier in Austin (Texas, USA) fertige ich verschiedene Haushaltsutensilien aus wunderschönen Harthölzern und lokal gefundenem Altholz an. Ich betreibe einen Internet-Shop, in dem ich viele verschiedene Produkte verkaufe – von Wandskulpturen über Holzlöffel bis hin zu Bettgestellen.

Meine schöpferischen Ambitionen habe ich in der Vergangen mit unterschiedlichen Materialien und Techniken ausgelebt, unter anderem mit Lederarbeiten, Malerei und Illustrationen, aber diese Beschäftigungen trugen entweder keine Früchte oder konnten mein Interesse nicht auf Dauer fesseln. Vor einigen Jahren intensivierte ich meine Suche nach einem Material, in das ich mich verlieben könnte. Ich lebte in einer kleinen Wohnung in Austin, als ich meine Freude am Arbeiten mit Holz entdeckte, und bald träumte ich davon, mein eigenes Atelier zu besitzen, in dem ich große Elektrowerkzeuge benutzen könnte, ohne Rücksicht auf den Wunsch meiner Nachbarn nach Ruhe und Frieden nehmen zu müssen. Vorübergehend beschäftigte ich mich mit Pyrografie (Brandmalerei), da dies eine großartige Möglichkeit war, sich mit dem Material vertraut zu machen, ohne große, lärmende Werkzeuge zu verwenden.

Als ich in ein mit einem kleinen Atelier ausgestattetes Haus zog, baute ich in fieberhafter Eile meine Werkstatt auf. Nach stundenlangem Üben, Experimentieren und Rätselraten erkannte ich, dass ich nicht wirklich jedes Werkzeug auf dem Markt brauchte – ein paar wenige einfache Werkzeuge würden genügen, um meine Projekte herzustellen. Nach wochenlangen Versuchen und Irrwegen stellte sich schließlich der Erfolg ein. Mein erster zufriedenstellender Holzlöffel (der nicht so aussah, als ob ein Lastwagen darübergefahren sei) war mein ganzer Stolz und meine große Freude. Seither habe in ganz Austin Workshops über Holzschnitzen gegeben.

Holz ist kein Material, das man über Nacht beherrscht, es erfordert viel Geduld und Übung, um seine Stärken und Schwächen zu verstehen. Ich habe gelernt, dass Holz ein Werkstoff ist, der eine ständige Herausforderung darstellt, ein mühsamer Prozess, aber dennoch ein wunderschönes Phänomen. Holzschnitzen ist eine gleichermaßen bereichernde wie lohnende, kreative Tätigkeit.

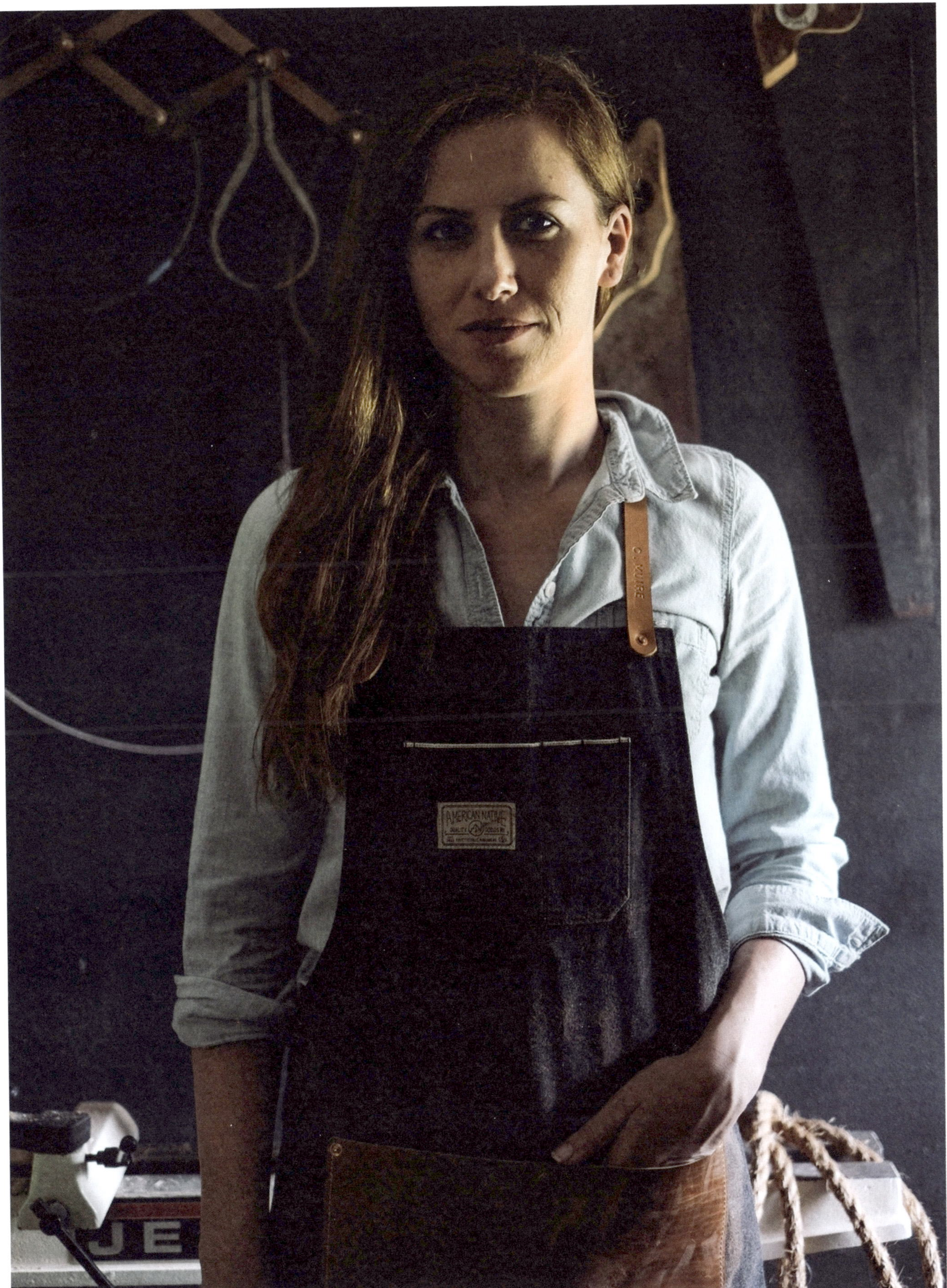
AMERICAN NATIVE

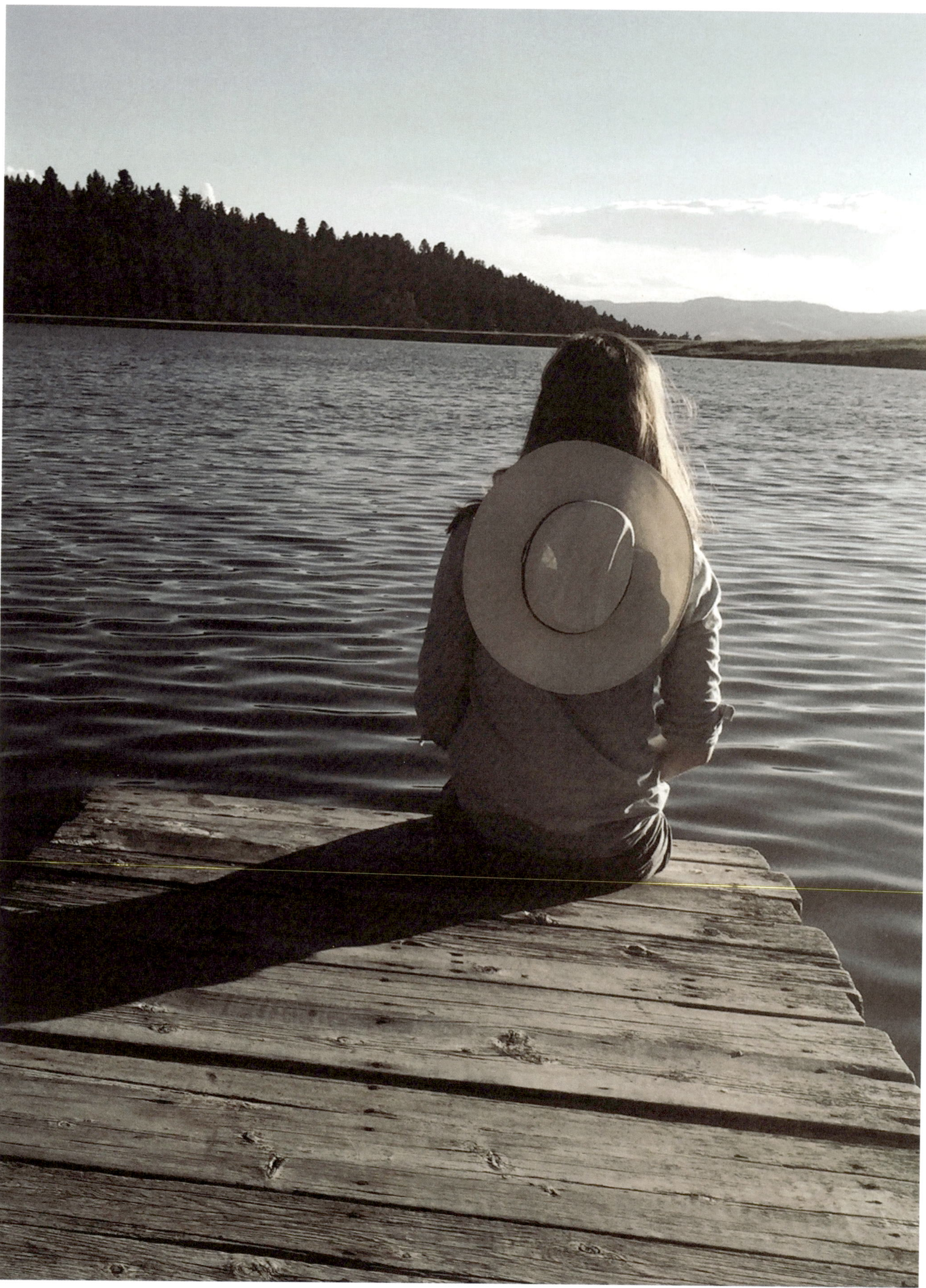

Holzschnitzen ist aufwendig, komplex und häufig arbeitsintensiv, das Hunderte von Werkzeugen und Tausende von Techniken beinhaltet. Das große Mosaik der Holzbearbeitung umfasst viele kleinere Ableger, darunter Drechseln, Intarsienarbeiten, Brandmalerei, (Über-)Leben in der Natur und Holzschnitzen. Wegen der Unberechenbarkeit des Materials kann das elementare Handwerk des Holzschnitzens manchmal schwierig sein, aber es ist eine lohnende und praktikable Kunstform. Ich habe dieses Buch als Leitfaden für Schnitzanfänger geschrieben, die sich auf dieses faszinierende Abenteuer einlassen möchten.

In diesem Buch werden Sie durch verschiedene Anleitungen für Anfänger in die Grundlagen des Holzschnitzens eingeführt. Nicht jeder erschafft auf Anhieb hochwertige Holzgegenstände. Es braucht viel Übung, diese Fertigkeit zu vervollkommnen. Keine Arbeit ist daher ohne Makel, seien Sie dennoch stolz. Wenn Sie mit der Hand über eine Holzschnitzerei streichen, können Sie die anerkennenswerte Mühe und die schöpferische Intimität fühlen, die ein anderer Mensch in ein Werk gesteckt hat, das einzigartig ist.

Holzschnitzen kann anstrengend sein, aber wir müssen die Tatsache respektieren, dass dieses Material weitaus länger auf der Erde gelebt hat als wir. Denken Sie daran, dass Ihre kleinen und zierlichen Holzschnitzereien einmal Teil eines massiven Baumes waren, der wild auf der Erde gewachsen ist. Wenn Sie schließlich ein fertiges Produkt hervorbringen, das eine Kombination aus Menschenwerk und Natur ist, ist das eine beachtliche Leistung - und der größte Lohn, den dieses Handwerk bieten kann.

Dieses Buch ist eine Anleitung sowohl für das Anfertigen einfacher Arbeiten als auch für das Erlernen wesentlicher Techniken. Mit etwas Zeit, viel Schweiß, jeder Menge Hartnäckigkeit, einem Schuss Entschlossenheit und einem guten Sinn für Humor werden Sie im Stande sein, ein wildes Element der Natur zu zähmen - das können sich nur die geduldigsten Holzschnitzer auf die Fahne schreiben.

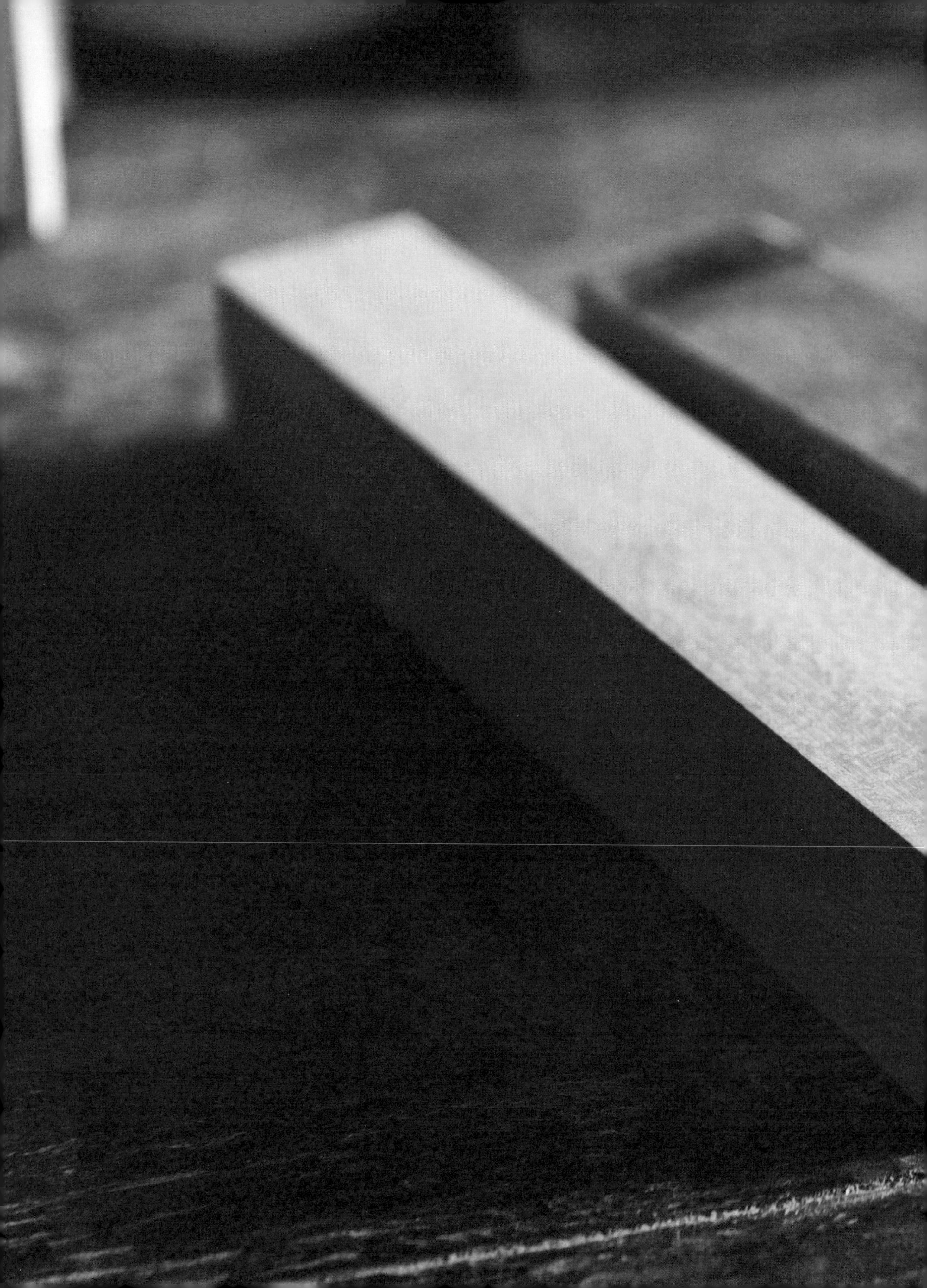

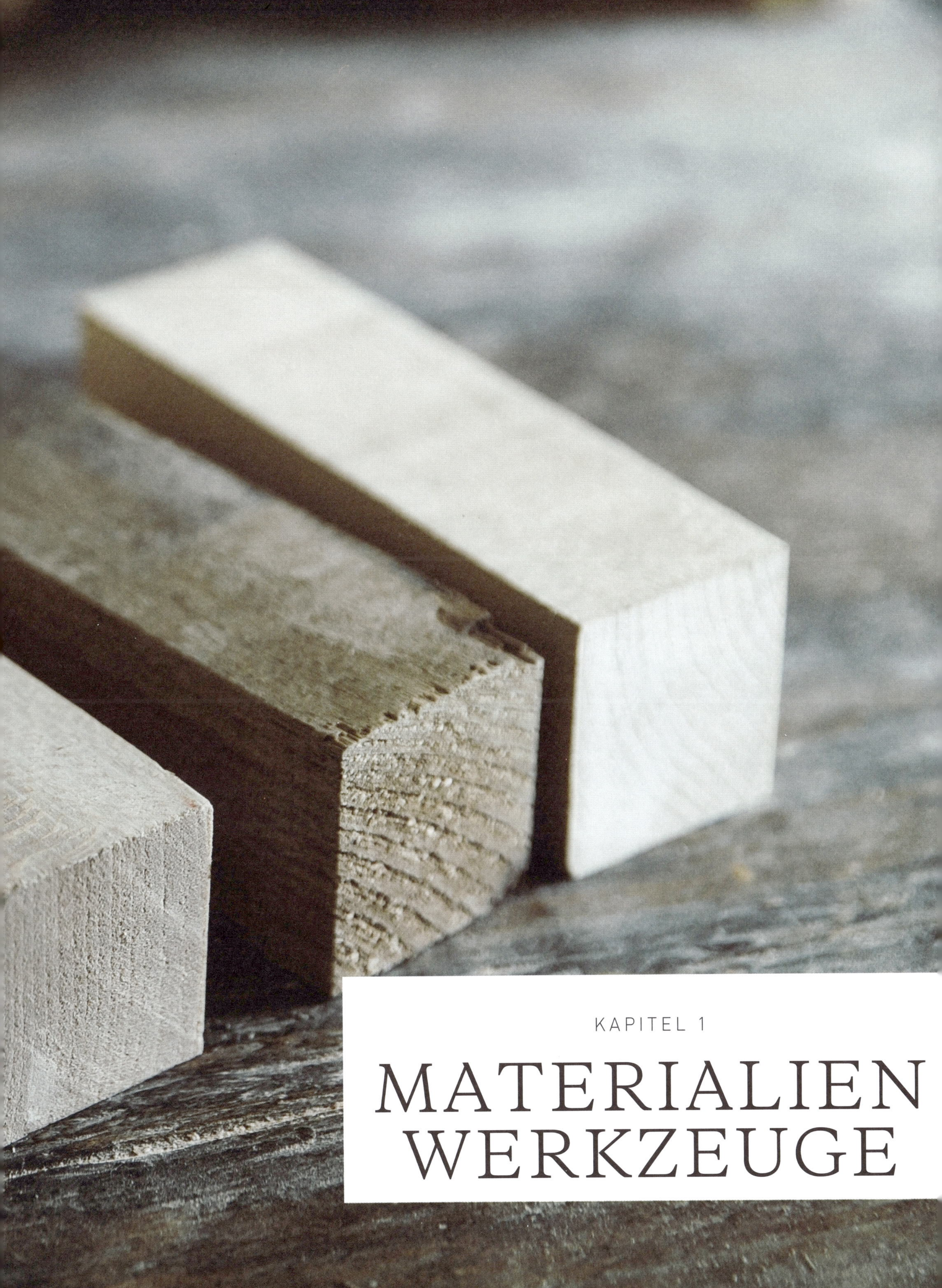

KAPITEL 1

MATERIALIEN WERKZEUGE

HOLZARTEN

Holzwerker können zwischen zwei Holzarten wählen: Hartholz und Weichholz. Obwohl Harthölzer im Allgemeinen fester als Weichhölzer sind, ist ihre Unterteilung doch deutlich differenzierter. Eine kluge Auswahl Ihres Holzes hat ein haltbareres Ergebnis zur Folge.

Alle Bäume wachsen aus Samen und jede Samenstruktur hat entweder eine Bedeckung oder bleibt nackt. Harthölzer sind Bedecktsamer (Blütenpflanzen), die sich über Samen vermehren, die eine Art äußere Schale haben. Manche Samen sind innerhalb der Frucht versteckt wie beim Apfelbaum, andere haben eine harte Bedeckung wie Eicheln und Walnüsse. Harthölzer sind Laubbäume, was bedeutet, dass sie jedes Jahr ihr Laub abwerfen und eine Vegetationsruhe haben. Aus diesem Grund wachsen Harthölzer in der Regel langsamer als Weichhölzer, und diese langsame Wachstumsgeschwindigkeit fördert dichteres, härteres Holz.

Die dichte Faser und natürliche Schönheit von Hartholz eignet sich für Gegenstände, die häufig einem hohen Verschleiß unterliegen. Gängige Anwendungen sind unter anderem Küchenutensilien, Möbel und Bodenbeläge.

Weichhölzer sind Nacktsamer - eine bildhafte Bezeichnung für immergrüne Sträucher und Bäume. Stellen Sie sich Weichholz als das luftige, unbekümmerte Gegenstück zu Hartholz vor. Diese Bäume tragen das ganze Jahr hindurch Blätter und bringen nackte Samen hervor, die sich mit dem Wind verbreiten können oder einfach zu Boden fallen und dort zu keimen beginnen. Die gängigste Art von Weichholzbäumen sind Koniferen (wie Kiefer und Zypresse). Weichholzbäume wachsen schnell und machen etwa 80 Prozent allen Bauholzes aus.

Weichhölzer dienen häufig für Konstruktionen im Außenbereich - Zeder beispielsweise ist sehr widerstandsfähig gegenüber den Elementen der Natur und wird für Terrassen verwendet. Weichhölzer eignen sich für raffinierte Detailschnitzereien, was ihre Beliebtheit für dekorative Arbeiten erklärt, und sie sind ebenfalls hervorragend zum Grünholzschnitzen.

GÄNGIGE HARTHÖLZER

Esche
Buche
Birke
Kirsche
Mahagoni
Ahorn
Eiche
Pekannuss
Amerikanische Platane
Teak
Walnuss

GÄNGIGE WEICHHÖLZER

Zeder
Douglasie
Kiefer
Fichte
Westamerikanische Hemlocktanne
Eibe

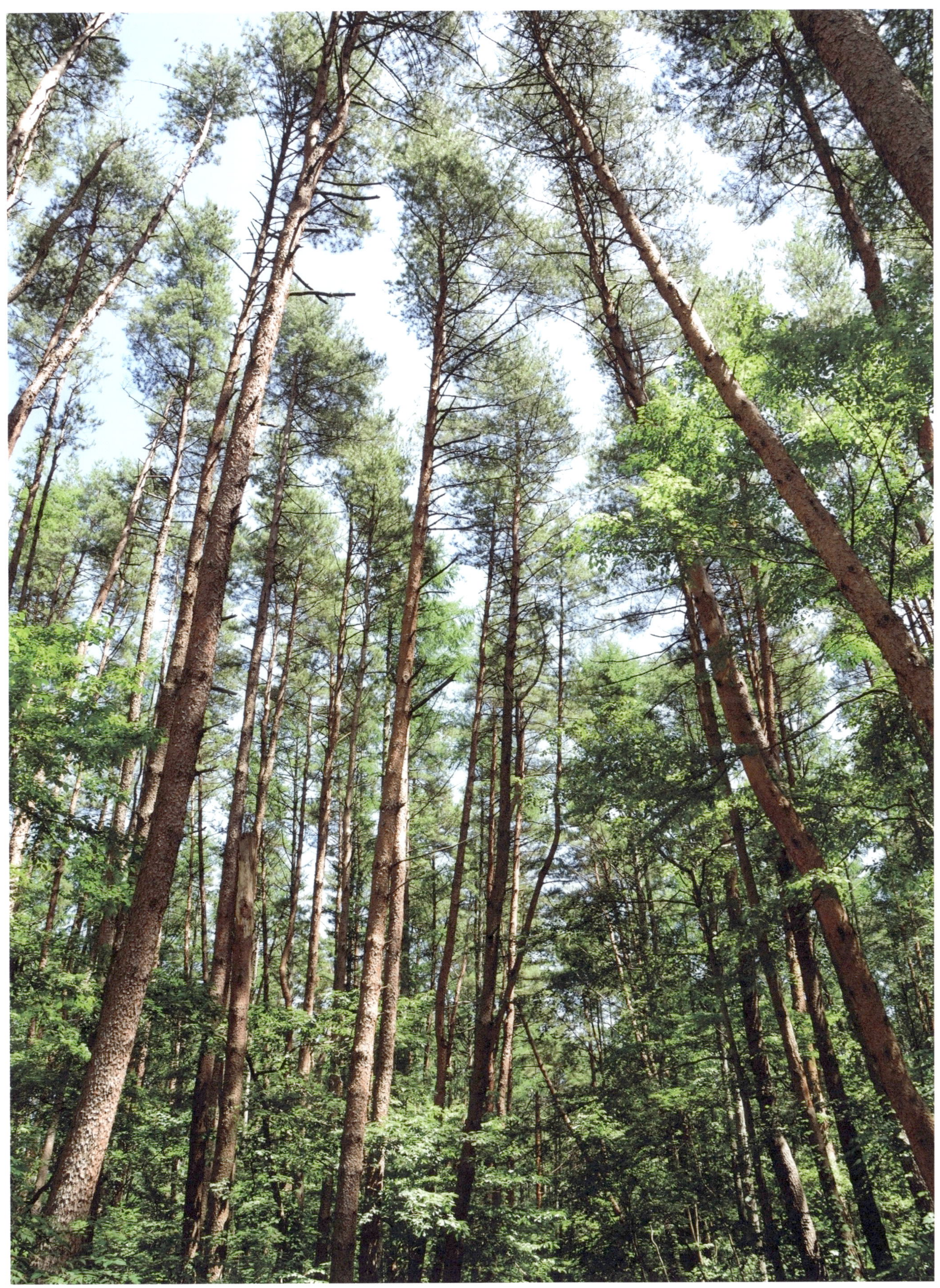

HOLZ AUSWÄHLEN

Die auf den nächsten Seiten aufgeführten Hölzer sind einige meiner Lieblingshölzer, mit denen ich arbeite und die ich verwendet habe, um die Arbeiten in diesem Buch anzufertigen, aber sie sind nur ein kleiner Ausschnitt der breiten Auswahl, die dem Schnitzer zur Verfügung steht. Sie werden fraglos Ihr eigenes Lieblingsholz entdecken, wenn Sie verschiedene Hölzer ausprobieren.

Überlegen Sie bei der Auswahl von Holz für ein Projekt, wie das Endprodukt verwendet wird. Wenn Sie beispielsweise einen Löffel, ein Schneidbrett oder irgendetwas für die Küche herstellen möchten, nehmen Sie am besten Hartholz. Wird Ihr Projekt im Außenbereich verwendet, schnitzen Sie es lieber aus einem Weichholz wie Kiefer oder Zeder.

Staubpartikel mancher (meist exotischer) Hölzer können gesundheitsschädlich sein, es empfiehlt sich, dies im Vorfeld mit Ihrem Holzhändler abzuklären. Ich persönlich bevorzuge Harthölzer mit einzigartigen Merkmalen und Farben. Bei diesen kann ich eine transparente Oberflächenbehandlung verwenden, um die natürliche Schönheit des Holzes zu betonen. Für reine Zierarbeiten könnten Farbe und Faser die maßgebenden Faktoren bei Ihrer Holzauswahl sein.

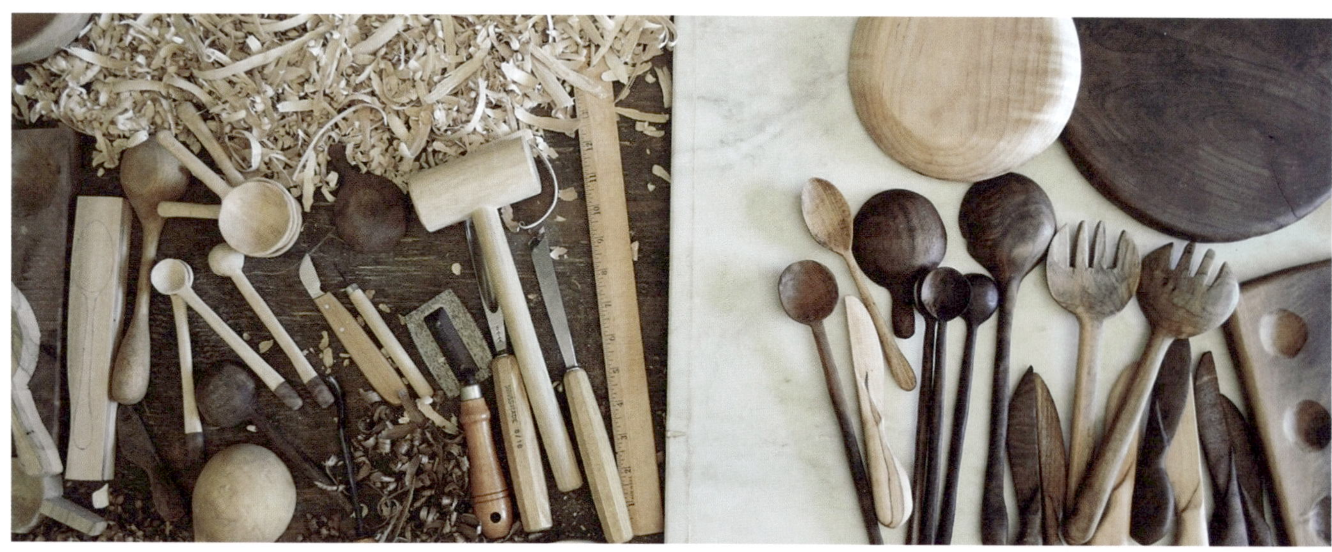

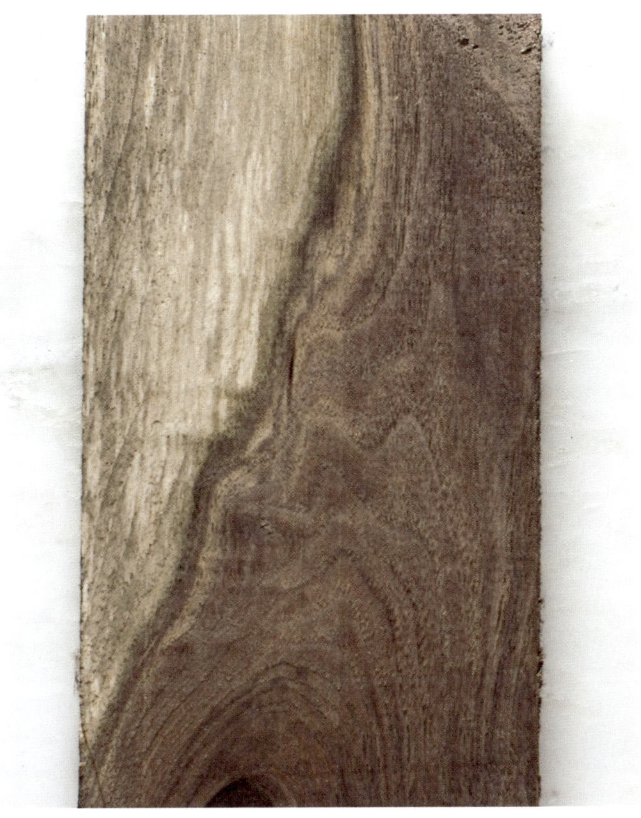

LINDE

Tilia spp.

Die Amerikanische Linde (*T. americana,* oben abgebildet) und die Holländische Linde *(T. europaea),* auch einfach als Linde bekannt, sind perfekte (sich weich anfühlende) Harthölzer für Schnitzanfänger. Das im östlichen Nordamerika, in Europa und Asien wachsende Holz hat eine blassgelbe bis weißliche Farbe. Die Faser ist sehr fein, unter Umständen müssen Sie es genau untersuchen, um den Verlauf der Faser festzustellen. Insgesamt lässt es sich schnitzen wie Butter und oberflächenbehandeln. Es wird am besten mit einem glänzenden Polyurethanlack und/oder einer Beize eingelassen. Wenn Sie vorhaben, das Holz zu beizen, tragen Sie zuvor eine leichte Schicht Polyurethanlack auf, da das Holz sehr porös sein kann. Wird das Auftragen einer Grundierung versäumt, führt das dazu, dass die Beizfarbe Schlieren hinterlässt.

WALNUSS

Juglans spp.

Die Echte Walnuss *(J. regia)* und die Schwarznuss (*J. nigra,* oben abgebildet) sind gängige, in Europa und Nordamerika vorkommende Harthölzer. Die Farben variieren von dunklen schokoladenfarbenen Wirbeln auf Holz aus der Mitte des Baums und hellgelben Streifen auf Holz von dem äußeren Teil des Baums. Die Schwarznuss ist dunkler und nicht so hart wie die Echte Walnuss. Walnuss ist eines der teureren Harthölzer, aber die natürliche Schönheit der Faser ist außergewöhnlich. Ich rate davon ab, Walnuss zu beizen. Das Finish mit Öl oder Klarlack hebt seine natürlichen Farben wirkungsvoll hervor.

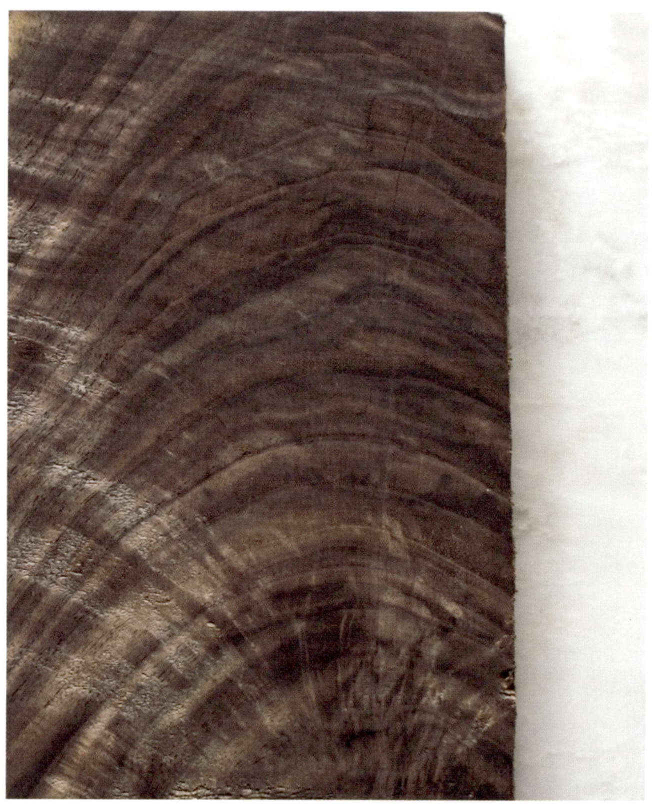

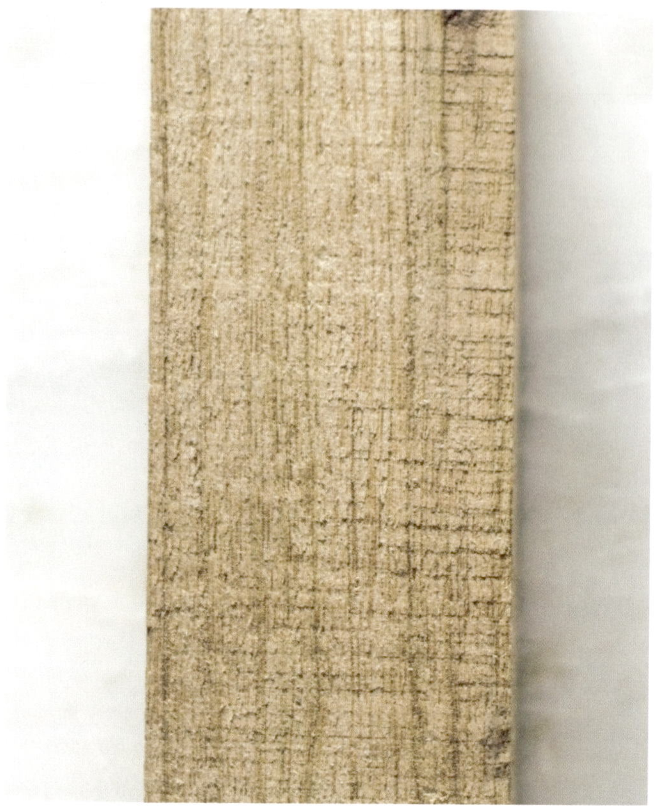

CLARO-WALNUSS

Juglans hindsii

Zweifellos mein Lieblingshartholz ist Claro-Walnuss. Dieses Holz kommt nur in Nordkalifornien und Oregon vor. Diese Bäume wachsen häufig am Fuß von normalen Walnussbäumen und sehen sehr ungewöhnlich aus. Sie bilden eine dunkle, bauschige Struktur am Fuß des gewöhnlichen Baums, was so aussieht, als ob er eine dicke schwarze Socke trägt. Die Faser ist unvergleichlich mit ihren knorrigen Wirbeln aus Braun, Violett, Gelb und Pink. Die wilde Faser und Textur dieses Holzes kann manchmal schwer zu bearbeiten sein, aber der Anblick des fertigen Produkts lohnt die Mühe. Jede Maserknolle - ein aus dem Wachstum von Fehlern, in der Regel am Fuß des Baums, gebildetes Holz und im Grunde genommen eine Masse kleiner Knoten - kann stattdessen verwendet werden. Maserknollen der Eiche *(Quercus spp.)* wären ein weiterer guter Ersatz.

BUTTERNUSS

Juglans cinerea

Die Butternuss ist ein Mitglied der Walnussfamilie, die in Nordamerika wächst und eine sehr süße Nuss hervorbringt. Obwohl Butternuss zu den Harthölzern zählt, hat es eine sehr weiche Faser und ist leicht zu schnitzen. Es hat eine hellbraune Farbe und eine leicht erkennbare Faser. Es lässt sich gut oberflächenbehandeln und zeigt dabei einen leichten Glanz. Ich empfehle Butternuss sehr für Anfänger, da es eines der wenigen leicht zu schnitzenden Harthölzer ist. Jelutong *(Dyera costulata)*, das in Asien heimisch ist, könnte alternativ verwendet werden. Es hat keine sehr interessante Faser oder Farbe, ist aber ein sich weich anfühlendes Hartholz, das sich für Schnitzanfänger eignet.

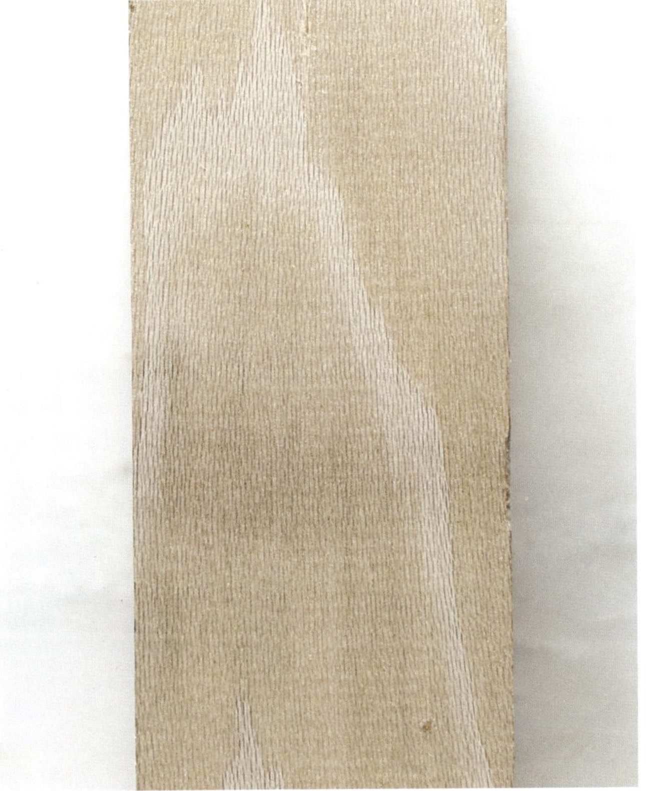

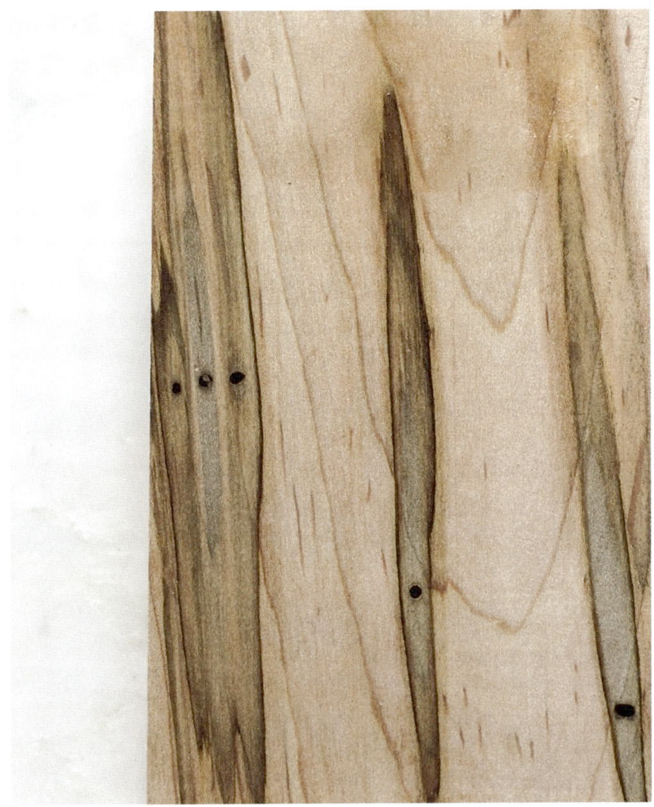

AMERIKANISCHE PLATANE

Verschiedene Spezies

Die auch als Amerikanische Platane bekannte Westliche Platane (*Platanus occidentalis*, oben abgebildet) ist ein ähnliches Hartholz wie Ahorn, das in Nordamerika wächst. Es hat eine einfache blasse Faser mit deutlichen roten Flecken, ich nenne es das Sommersprossenholz. Nach meiner Erfahrung arbeitet es sich sehr angenehm mit diesem Holz und es bereitet kaum Probleme. Es lässt sich schön oberflächenbehandeln und hat eine feine und gleichmäßige Textur. Berg-Ahorn (*Acer pseudoplatanus*) ist eine komplett andere Spezies, auch wenn seine lateinische Bezeichnung ihn „wie ein Platanenbaum" nennt. Anstelle der Westlichen Platane kann schlicht gemaserter Berg-Ahorn verwendet werden.

AMBROSIA-AHORN

Acer spp.

Dieses Hartholz ist bei Weitem das abwechslungsreichste wegen seiner auffälligen Besonderheiten, die Ausdruck seiner Entstehungsgeschichte sind. Der Baum selbst ist eigentlich nur ein einfacher Ahorn, der von dem Nutzholzborkenkäfer (auch Ambrosiakäfer) befallen wurde. Die Käfer bohren sich in den Baum, hinterlassen winzige Löcher im Holz und schleppen einen Pilz ein, der das Holz verfärbt und ihm ein streifiges Aussehen verleiht. Keine zwei Stücke Ambrosia-Ahorn sehen gleich aus. Wie jeder Ahorn hat er eine glatte Oberfläche und wirkt am besten mit einer transparenten Öl- oder Lackschicht. Ambrosia-Ahorn ist in Europa erhältlich, aber nicht gängig, wo die von Pilzen verursachte Verfärbung häufiger bei Buche auftritt, sie wird als gestockte Buche bezeichnet.

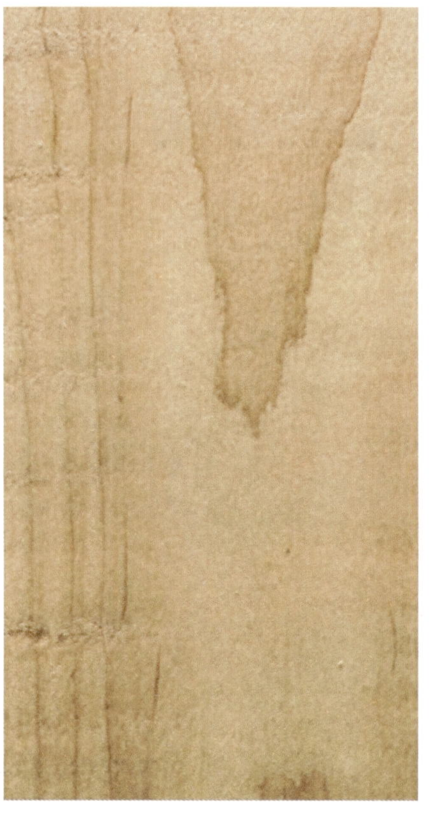

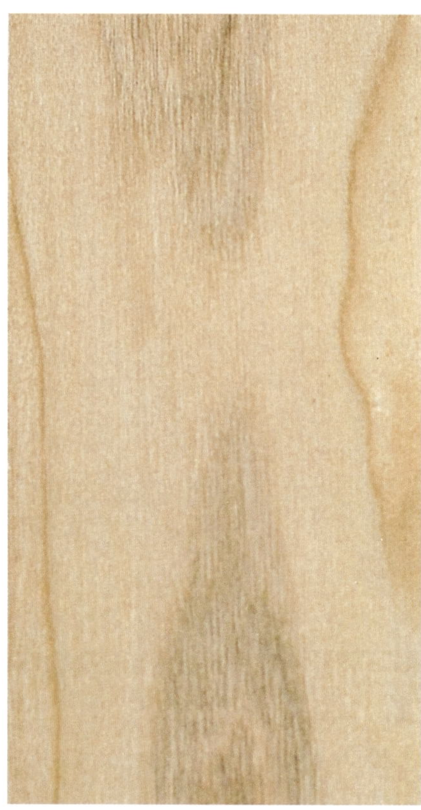

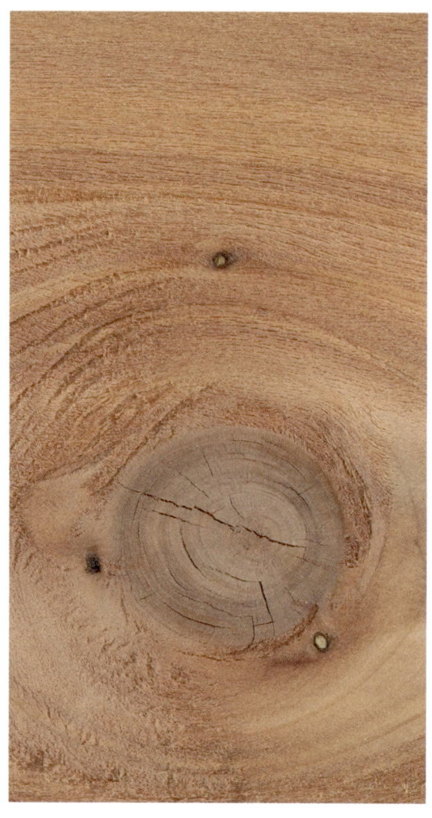

RIEGEL-AHORN

Acer spp.

Der auch als geflammter Ahorn, Tiger-Ahorn oder in den USA Fiddleback Maple(Ahorn) bezeichnete Riegel-Ahorn ist keine eigene Art, sondern ein Ahorn mit einer unverwechselbaren Faser. Das gern für Musikinstrumente verwendete Holz zeigt faszinierende Wellen, die in Erscheinung treten, wenn das Brett ins Licht gelegt wird, wodurch das Holz lebendig zu werden scheint. Die Wellen sehen aus wie Tigerstreifen und zeigen sich, wenn das Holz poliert und versiegelt ist. Wie die meisten Ahorne lässt sich Riegel-Ahorn gut oberflächenbehandeln, kann aber aufgrund seiner welligen Faser und Textur für komplizierte Schnitzvorhaben schwierig sein.

KIRSCHE

Prunus spp.

Kirsche ist ein erdbeerblondes Hartholz, das in Europa, Nordamerika und Asien wächst. Es hat eine feine, gerade Faser, wodurch es leicht zu bearbeiten ist. Es lässt sich gut schnitzen und oberflächenbehandeln. Frisch geschnittenes Kirschholz ist von blasser, weißlicher Farbe. Mit der Zeit oxidiert es, wenn es stärker der Luft ausgesetzt ist, wodurch sich seine Farbe zu Rosarot verändert. Daher „errötet“ Kirschbaum, wenn es bei Licht aufgedeckt wird. Man weiß noch nicht, warum dieses Holz so schnell in Verlegenheit gerät, seine einfache Faser hat eine wunderschöne und klassische Optik. Die Vogel-Kirsche *(P. avium)* ist im Allgemeinen von leicht dunklerer, wärmerer Farbe als die Amerikanische Traubenkirsche (*P. serotina,* oben abgebildet).

ZEDER

Verschiedene Spezies

Zeder ist ein Weichholz, das in vielen Teilen der Welt verbreitet ist und eine Vielzahl verschiedener Arten umfasst - zum Beispiel Virginische Zeder (*Juniperus virginiana,* oben abgebildet), Riesenlebensbaum *(Thuja plicata)* und Libanon-Zeder *(Cedrus libani)*. Zeder ist leicht zu schnitzen und verströmt einen phänomenalen süßen Duft, wenn sie frisch geschnitten ist. Wegen ihres starken Dufts, der Insekten abschreckt, kann man Zeder gut im Garten verwenden. Zeder ist von leichtem Gewicht und eignet sich gut im Außenbereich, da das Holz fäulnisresistent ist. Die Farben variieren, besonders wenn das Holz austrocknet, von Weiß bis Cremegelb, Rosa und kräftigen Rottönen.

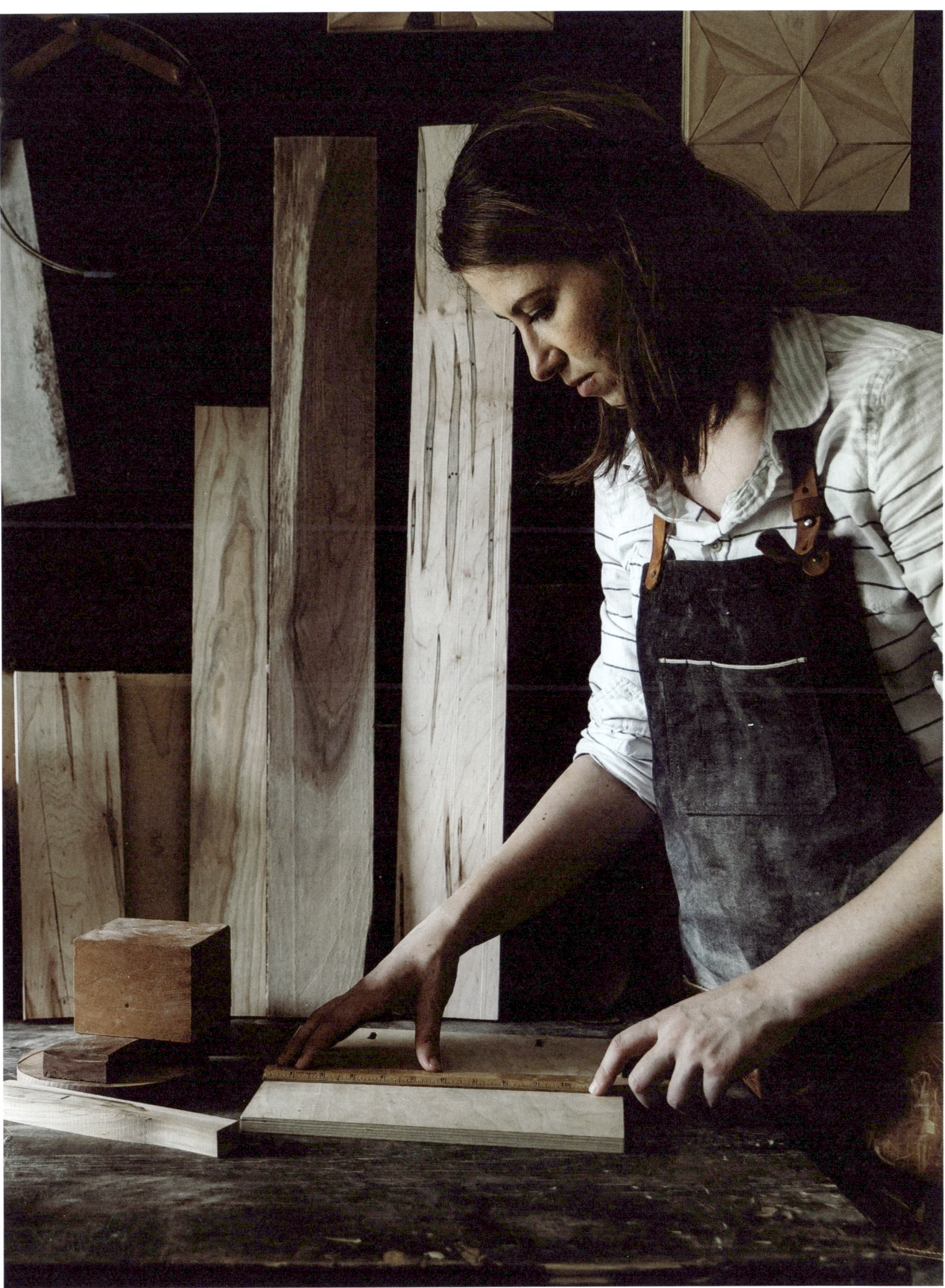

WERKZEUGE DES SCHNITZERS

In der Welt des Holzwerkens gibt es buchstäblich Tausende von Werkzeugen für Tausende von Anwendungen. Es gibt einige Basiswerkzeuge, die notwendig sind – Flacheisen, Hohleisen und Schnitzmesser –, aber man muss nicht jedes Werkzeug besitzen, das auf dem Markt ist. Die Zahl der zur Herstellung der Projekte in diesem Buch verwendeten Werkzeuge wurden absichtlich niedrig gehalten – perfekt für den Schnitzanfänger.

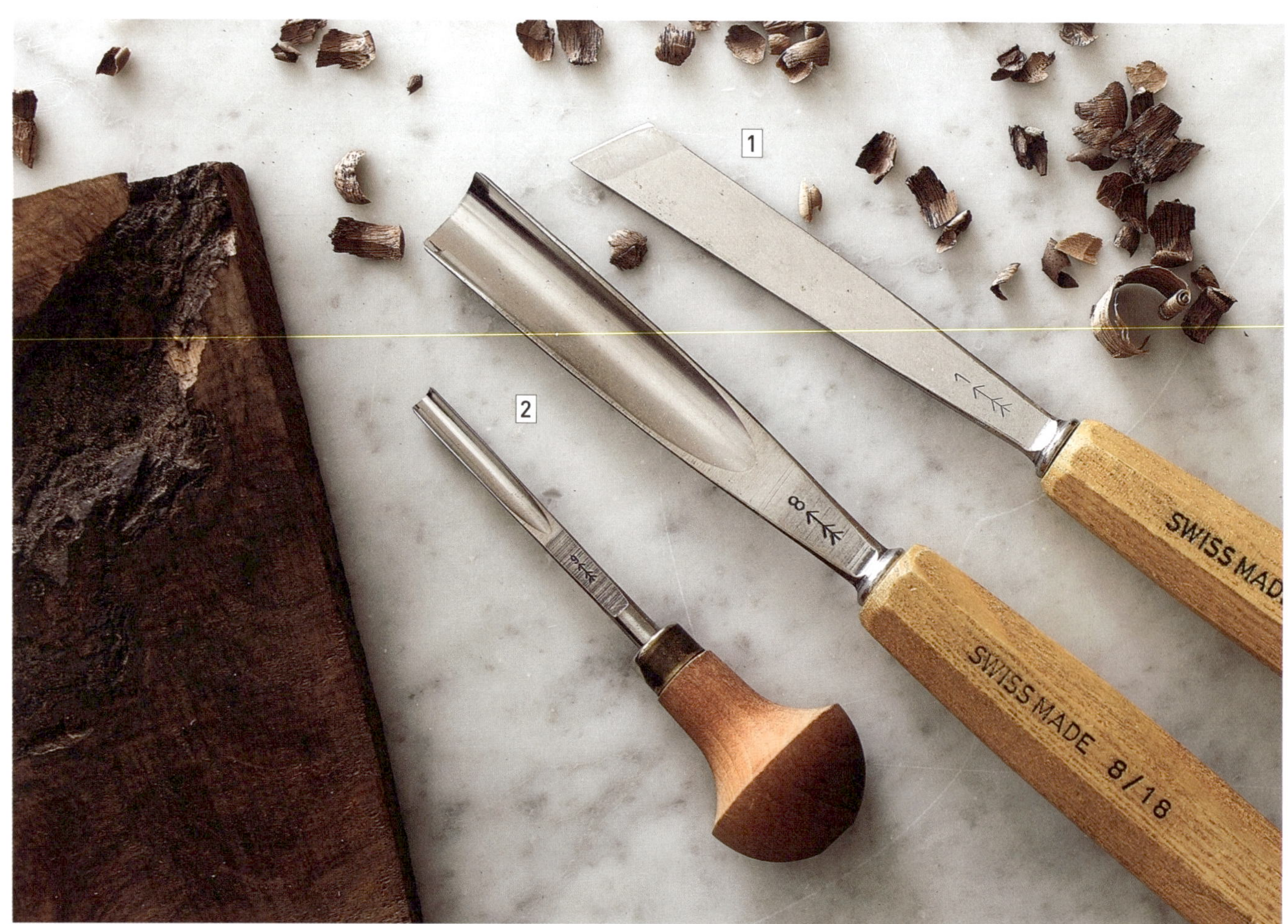

STICHNUMMERN

Flacheisen (auch Balleisen genannt) haben eine gerade Schneide, Hohleisen eine gebogene. Die Krümmung der Schneide von Bildhauereisen wird mit der „Stich"-Nummerierung ausgedrückt. Die Nummerierung beginnt bei Nr. 1 und steht für ein Flacheisen ohne Krümmung. Je höher die Stichnummer, umso enger der Bogen. Es sind zwei hauptsächliche Nummerierungssysteme in Gebrauch (siehe rechts). Die in diesem Buch verwendeten Werkzeuge folgen dem Schweizer System. Zu beachten ist, dass die Stichnummer ungeachtet der Breite des Werkzeugs gleich bleibt.

WERKZEUG	ENGLISCHES (SHEFFIELD) SYSTEM	SCHWEIZER (PFEIL) SYSTEM
Flacheisen	Nr. 1	Nr. 1
Flacheisen schräg	Nr. 2	Nr. 1s
Hohleisen	Nr. 3	Nr. 2
Hohleisen	Nr. 4	Nr. 3
Hohleisen	Nr. 5	-
Hohleisen	Nr. 6	Nr. 5
Hohleisen	Nr. 7	Nr. 7
Hohleisen	Nr. 8	Nr. 8
Hohleisen	Nr. 9	Nr. 9

FLACHEISEN (1)

Ein Flacheisen ist ein langes Werkzeug aus Stahl mit einer angeschliffenen Schneide am Ende und einem hölzernen Griff. Im Gegensatz zum Stemmeisen des Tischlers mit einseitigem Anschliff (angeschliffen auf einer Seite, flach auf der anderen) hat das Flacheisen des Schnitzers oder Bildhauers einen zweiseitigen Anschliff (angeschliffen auf beiden Seiten). Beide können zum Formen und Glätten der Projekte in diesem Buch, je nach Aufgabe mit oder ohne Holzhammer oder Klüpfel, verwendet werden.

Stemmeisen sind Mehrzweckwerkzeuge mit einer einseitig angeschliffenen Schneide. Sie sind in verschiedenen Größen erhältlich und für allgemeine Holzarbeiten bestimmt. Lochbeitel haben eine lange, viel dickere Klinge, werden gewöhnlich mit einem Holzhammer verwendet und dienen zum Ausstemmen von tiefen Schlitzen.

Für die Projekte in diesem Buch wurde nur eine Art von Eisen verwendet: ein schräges Flacheisen Stich 1S mit zweiseitigem Anschliff und 16 mm Breite. Es ist 16 mm breit und weist auf beiden Seiten der Schneide einen Anschliff auf. Es wird als schräges Flacheisen bezeichnet, weil die Schneide nicht abgeschrägt zur Achse des Eisens steht, statt im rechten Winkel dazu zu verlaufen. Die Stichnummer bezieht sich auf die Krümmung der Klinge; gibt es keine Krümmung, hat das Eisen die Stichnummer 1 (siehe oben). Dieses spezielle Eisen ist leicht, lässt sich mit einem Hammer aufgrund der Schräge einfach in das Holz treiben und ist leicht zu schärfen.

HOHLEISEN (2)

Hohleisen haben eine gekrümmte, angeschliffene Schneide am Ende der Klinge. Die unterschiedlichen Krümmungen an der Schneide sind für Schnitte von unterschiedlicher Größe bestimmt. Ein Hohleisen ist sehr nützlich, wenn Sie Holz in Bereichen abtragen müssen, wo ein Flacheisen nicht eingesetzt werden kann. Es ist auch nützlich, um die Laffe eines Löffels auszuhöhlen. Kurze Hohleisen (Kerbschnitzeisen) haben ein kleines Heft, das bequem in die Handfläche passt, und werden zum Ausstemmen kleiner Bereiche verwendet. Hohleisen mit Standardheft können mit oder ohne Hammer verwendet werden; kurze Hohleisen werden nicht mit einem Hammer verwendet.

Bei den Projekten verwende ich zwei verschiedene Hohleisen: ein Hohleisen Stich 8 mit 18 mm Stichbreite und ein kurzes Hohleisen Stich 9 mit 5 mm Stichbreite. Die für uns gebräuchlichen Stichnummern, die die Form der Schneide bezeichnen, gehen von Nr. 1 bis Nr. 9 (siehe oben). Spezielle Hohleisen mit u- und v-förmiger Klinge und Schneide haben noch höhere Stichnummern, werden in diesem Buch jedoch nicht verwendet. Für jeden Stich gibt es Werkzeuge in unterschiedlicher Breite, oft von 2 mm bis 40 mm. Wenn Sie sich nun vorstellen, dass sich unter jeder Stichnummer mehrere Eisengrößen finden, werden Sie verstehen, dass es nahezu unmöglich wäre, jedes Bildhauereisen zu besitzen. Deshalb ist es wichtig, mit wenigen Basiswerkzeugen einzusteigen, um herauszufinden, wie Sie die Arbeit mit jedem Werkzeug beurteilen.

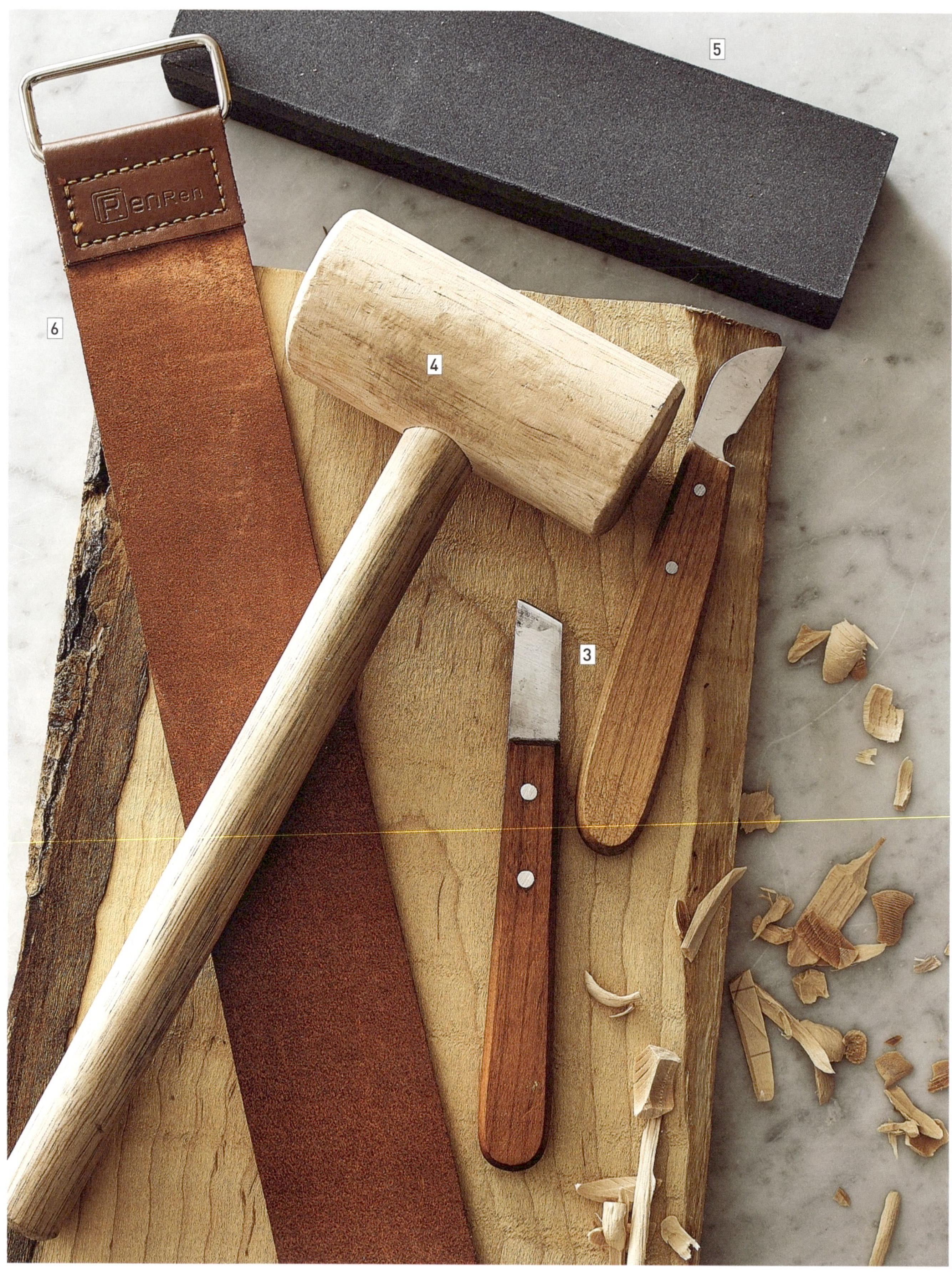
5
RenRen
6
4
3

SCHNITZMESSER (3)

Ein Schnitzmesser wird zum Schnitzen kleiner Holzstücke verwendet. Das Messerheft ist klein und die Klinge äußerst scharf. Obwohl mit Schnitzmessern eine hohe Flexibilität bei der Schnitztechnik gegeben ist, stammen die meisten ungewollten Kerben und Einschnitte von diesen Messern. Es ist sehr wichtig, sie mit Vorsicht zu verwenden, da die Klinge leicht abrutschen und Ihre Haut verletzen kann. Achten Sie darauf, dass Ihr Holz am Tisch fixiert ist oder, wenn Sie auf dem Schoß arbeiten, dass Sie auf einem großen Stück Abfallholz oder Leder arbeiten.

Bei den Projekten werden zwei Schnitzmesser verwendet: Nr. 2 (Universal-Kerbschnitzmesser) und Kerbschnitzmesser Nr. 6, beide von Pfeil hergestellt (diese Nummern sind herstellerspezifisch). Das Universalmesser hat eine 36 mm lange gebogene Klinge mit einer scharfen Schneide auf der Innenseite der Krümmung. Das Messer Nr. 6 hat eine 40 mm lange Klinge mit drei Schneiden und einem abgeschrägten Ende. Kerbschnitzen bedeutet einfach, dass Holz von einer flachen Oberfläche abgetragen wird. Diese zwei Kerbschnitzmesser eignen sich hervorragend zum Herausarbeiten kleiner Schnitzdetails und für die Formgebung von Löffelgriffen und Schneidbrettern. Allgemeine Schnitzmesser werden für gewöhnlich für Grünholzarbeiten verwendet.

HAMMER (4)

Ein Hammer wird mit einem Hohleisen oder Flacheisen verwendet, wenn Sie große Mengen an Holz ausstemmen müssen. Der Hammer bringt einfach mehr Kraft auf die Klinge als Ihre Handfläche. Neben einem schnelleren Abtragen von größeren Abfallmengen kann ein Hammer äußerst wertvoll sein, wenn sehr kontrolliert gearbeitet werden muss. Obwohl zumeist mit zwei Händen am Flach- oder Hohleisen geschnitzt wird - eine Hand drückt stark, die andere hält das Werkzeug zurück und führt es -, ist es manchmal effektiver, das Werkzeug leicht mit einem Hammer anzutippen. Mit den Schnitzwerkzeugen kann entweder ein Holz- oder Gummihammer verwendet werden, ebenso ein runder Klüpfel.

ABZIEHSTEIN (5)

Im Laufe der Zeit müssen alle Schnitzwerkzeuge überholt und geschärft werden. Meist werden Steine zum Schärfen wirklich stumpfer Klingen verwendet. Es gibt eine Reihe verschiedener Abziehsteine mit verschiedenen Körnungen, aber nahezu alle Steine müssen - entweder mit Öl oder Wasser - befeuchtet werden, damit sich keine Metallpartikel auf der Oberfläche festsetzen. Sie entstehen während des Schärfens und können den Kontakt zwischen Stein und Klinge stören.

Schnitzanfänger müssen nur einen oder zwei Abziehsteine kaufen. Ein doppelseitiger Abziehstein mit einer groberen Körnung auf der einen Seite und einer feineren Körnung auf der anderen ist sehr nützlich. Ölsteine sind oft nur in die Kategorien grob, mittel und fein eingeteilt. Ein kombinierter Ölstein mit einer groben oder mittleren Körnung auf einer Seite und einer feinen Körnung auf der anderen würde sich für einen Anfänger gut eignen. Wassersteine gibt es mit Körnungen zwischen etwa 200 und 8000. Ein Kombinations-Wasserstein mit Körnung 1000 auf einer Seite und 4000 auf der anderen wäre eine ideale Wahl. Werkzeuge, die für typische Basisanwendungen benutzt werden, müssen nicht mit einer Körnung unter 1000 geschärft werden.

STREICHRIEMEN (6)

Ein Stoß- oder Streichriemen ist sehr nützlich für das schnelle Abziehen von Werkzeugen. Der Riemen ist einfach ein auf Holz aufgeklebtes Stück Leder, auf dessen Oberfläche ein Poliermittel (auch als Abzieh- oder Schleifmittel oder -paste bekannt) aufgetragen ist. Werkzeuge müssen nach dem Schärfen auf dem Streichriemen poliert werden, um die von dem Abziehstein hinterlassenen feinen Grate zu entfernen. Mit dem Riemen können Sie einen Hochglanz erreichen. Gelegentliches Abziehen zwischen einzelnen Projekten hält die Schneide scharf.

ZWINGEN (7)

Eine Zwinge ist ein zuverlässiges extra Paar Hände, um das Holz am Tisch zu fixieren. Ich empfehle jedem Holzschnitzer, sich mindestens zweite hochwertige Zwingen zuzulegen. Hinter einem Schnitzwerkzeug steckt viel Kraftaufwand, daher muss man Zwingen haben, die stark sind und das Holz richtig festhalten können.

Ich habe für die Projekte Einhandzwingen verwendet - entweder eine oder zwei, je nach Holzgröße. Diese Zwingen haben einen Schnelllösehebel zum Öffnen der Klemmbacke und einen Spann- und Rastmechanismus, um die Zwinge fest anzuziehen. Sie sind bequem zum Schnitzen zu verwenden, da Sie im Verlauf eines Projekts das Holz öfter neu ausrichten und neu einspannen müssen. Übliche C-Zwingen und F-förmige Zwingen, die mit einer Schraube gespannt werden, können ebenso verwendet werden. Türenspanner oder Rohrschraubzwingen sind praktisch, wenn Sie mehrere Holzstücke zusammenleimen und fixieren müssen. Insgesamt finde ich, dass Einhandzwingen für viele Projekte am besten geeignet sind, weil sie am schnellsten gelöst werden und das Holz sicher festhalten können.

HANDBOHRMASCHINE (8)

Bei einigen Projekten werden Bohrlöcher benötigt - zum Einstecken von Streichhölzern in den Igel als Teelichthalter und um die Lampenfassung in der Naturholzlampe unterzubringen. In dem Kamm und der Kette als Pflanzenhalter werden Führungslöcher dort gebohrt, wo Sie das Holz mit einem Schnitzmesser oder Hohleisen wegschnitzen müssen.

RASPELN (9)

Obwohl nur bei einem der Projekte (dem Servierbrett) eine Raspel angegeben ist, kann dieses Werkzeug praktisch sein, wenn die Faser sich als schwierig erweist oder es eine Stelle an Ihrer Schnitzarbeit gibt, die ein Schnitzwerkzeug nicht erreichen kann. Raspeln sind aus Stahl mit kleinen erhabenen Zacken (dem Hieb) auf der Oberfläche, die denen einer Käsereibe ähneln. Riffelraspeln können auch nützlich sein, es sind spezielle Raspeln mit gebogenen Enden, die in der Mitte angefasst werden und sich gut für schwierig zu erreichende Stellen und konkave oder konvexe Formen eignen. Raspeln können eine ordentliche Menge an Holz abtragen, hinterlassen die Oberfläche jedoch sehr rau, daher müssen Sie mit Schleifpapier nacharbeiten.

SÄGEN (10)

Sägen werden in den Projekten verwendet, um überflüssiges Holz schnell abzuschneiden, wenn das Entfernen mit Schnitzwerkzeugen zu zeitaufwendig, anstrengend oder schwierig wäre. Sie brauchen zwei Arten von Sägen: eine Handsäge und eine Laubsäge. Die Projektanleitungen geben immer an, welche Art von Säge für eine bestimmte Aufgabe zu verwenden ist - es wäre zum Beispiel äußerst schwierig, einen Kreis mit einer Handsäge auszusägen.

Es versteht sich, dass nicht in allen Ateliers, Werkstätten oder Wohnzimmern große Elektrowerkzeuge untergebracht werden können. Für keines der Projekte in diesem Buch wird eine Bandsäge benötigt, wenn Sie jedoch eine in Ihrer Werkstatt haben, wird sie manche Aufgaben erleichtern, wie zum Beispiel die Zinken eines Kamms auszusägen.

ELEKTROWERKZEUGE

Dieses Buch konzentriert sich auf die Verwendung von Handwerkzeugen und den gelegentlichen Einsatz eines Elektrowerkzeugs. Manchmal macht ein Elektrowerkzeug die Arbeit schneller und leichter (zum Beispiel ein Elektroschleifer). Wenn Sie also das Werkzeug besitzen und es anwenden können, empfehle ich Ihnen, es einzusetzen. Denken Sie daran, dass Elektrowerkzeuge viel Staub erzeugen und laut sind. Elektrowerkzeuge können auch gefährlich sein, daher ist es wichtig zu wissen, wie sie sicher verwendet werden, und entsprechende Vorsichtsmaßnahmen zu treffen.

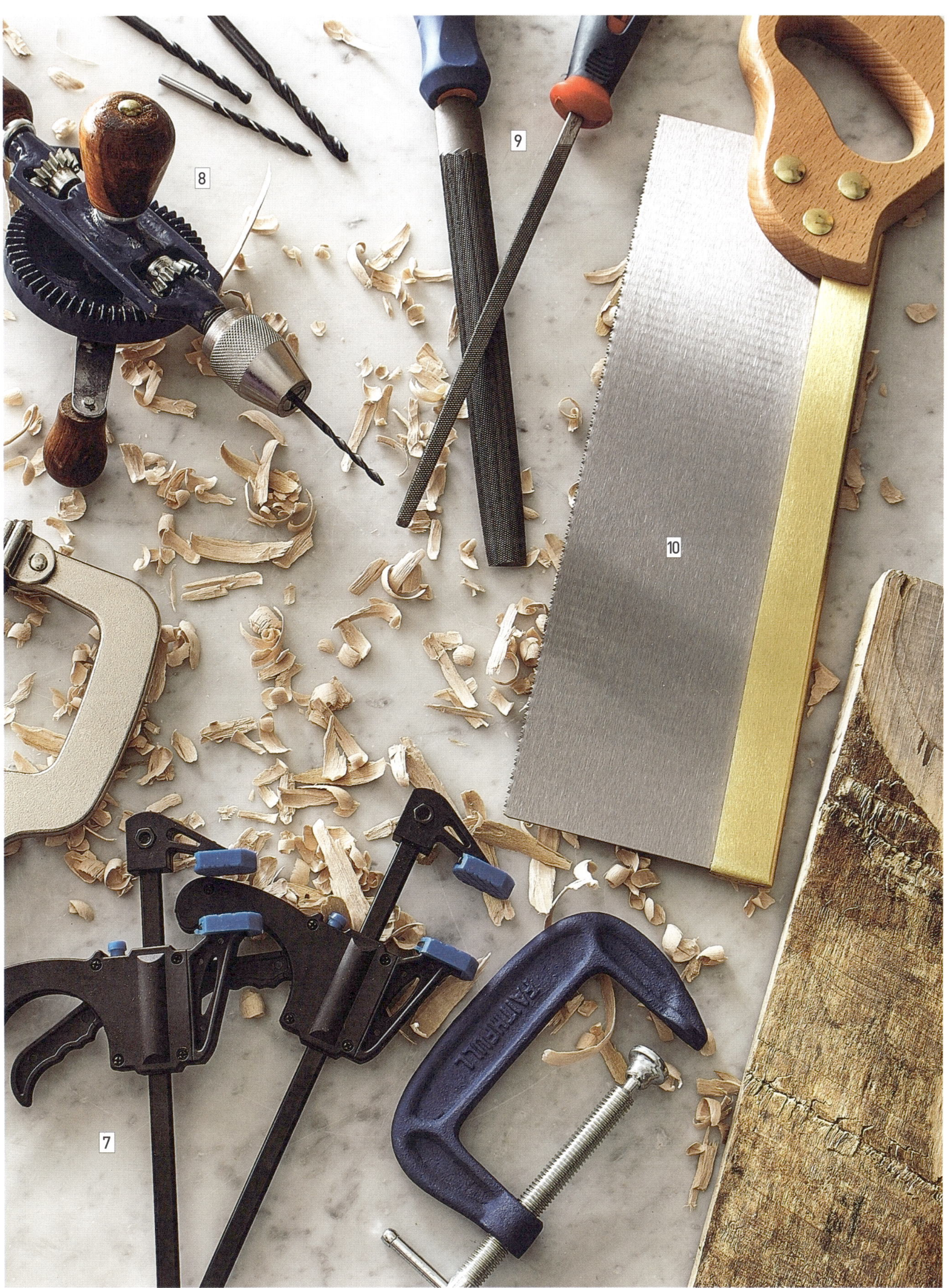
8
9
10
7

MATERIALIEN ZUR OBER-FLÄCHEN-BEHANDLUNG

Der vielleicht unspektakulärste Teil beim Schnitzen ist das Schleifen, alle Holzschnitzarbeiten brauchen – leider – Schleifpapier. Nach dem Schleifen allerdings beginnt der Spaß. Für mich ist die Oberflächenbehandlung der aufregendste und lohnendste Teil beim Schnitzen. Die Auswahl des richtigen Finishs kann jedes Projekt in ein Meisterstück verwandeln.

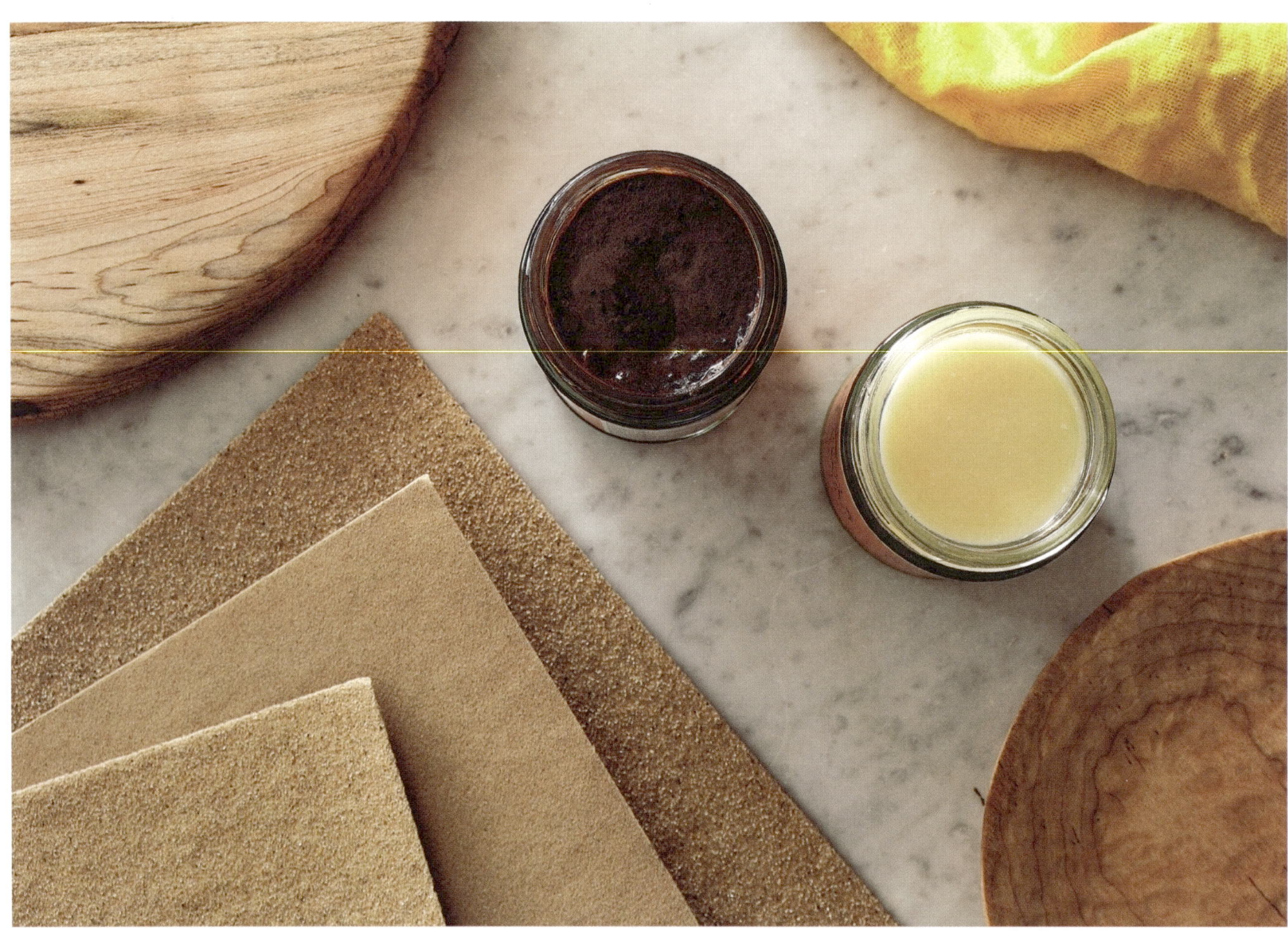

SCHLEIFPAPIER-EINTEILUNG	KÖR-NUNG	ANWENDUNG
Grob	40 60 80 100	Konturieren und Formgebung
Mittel	120 150 180	Glätten der Oberfläche
Fein	220 240 320 360 400	Abschließende Bearbeitung; Schleifen zwischen einzelnen Finish-Aufträgen

SCHLEIFPAPIER

Schleifpapiere werden nach ihrer Körnung (Abriebpartikel) eingeteilt. Die Körnung ist auf einer Skala von 40-400 (oder höher) angegeben. Je höher die Zahl, umso feiner die Körnung. Die Körnung kann weit über 400 gehen, wird aber selten in einem Projekt benötigt. In der Regel arbeiten Sie der Reihe nach mit den Graden grob bis mittel bis fein, bis das Holz so glatt wie nötig ist. Meistens kann man mit dem Schleifen mit einer groben Körnung von 80-100 beginnen, um die raue Oberfläche des Holzes größtenteils zu entfernen. Danach können Sie zu einer mittleren Körnung von 120-150 übergehen. Hier sollten alle Arbeitsspuren verschwinden. Mit einer feinen Körnung von 220-400 schließen Sie Ihre Arbeit ab und glätten alle noch verbliebenen Unebenheiten. Die meisten Projekte können Sie mit einer Körnung von 220 abschließen, aber wenn Sie eine absolut superglatte Oberfläche haben möchten, kann eine höhere Körnung verwendet werden. Ein Elektroschleifer kann recht hilfreich sein, produziert allerdings auch viel Staub.

FINISHS

Bei der Auswahl der richtigen Oberflächenbehandlung gilt es einiges zu beachten. Denken Sie immer daran, wie das Stück verwendet wird - innen, außen oder auf dem Küchentisch. Wird das Stück in der Küche verwendet, muss es mit einem lebensmittelechten Finish behandelt werden. Das bedeutet ungiftige Öle und Wachse. Übliche lebensmittelechte Finishs enthalten Bienenwachs, Carnaubawachs, Mineralöl, Schellack, Tungöl und Walnussöl. Mein persönlicher Favorit ist eine Kombination aus Mineralöl und Bienenwachs.

Alle anderen Projekte können nach Wunsch mit einer Beize gefärbt und anschließend mit einem schützenden Polyurethanlack eingelassen werden. Zu den üblichen allgemeinen Finishs zählen wasserbasierter Lack, Polyurethanlack, Schellack, Teaköl und Firnis.

Tipp: Polieren Sie ein Arbeitsstück möglichst nicht, wenn es außen noch feucht ist; es wird lange dauern, bis es zwischen den Anstrichen trocknet.

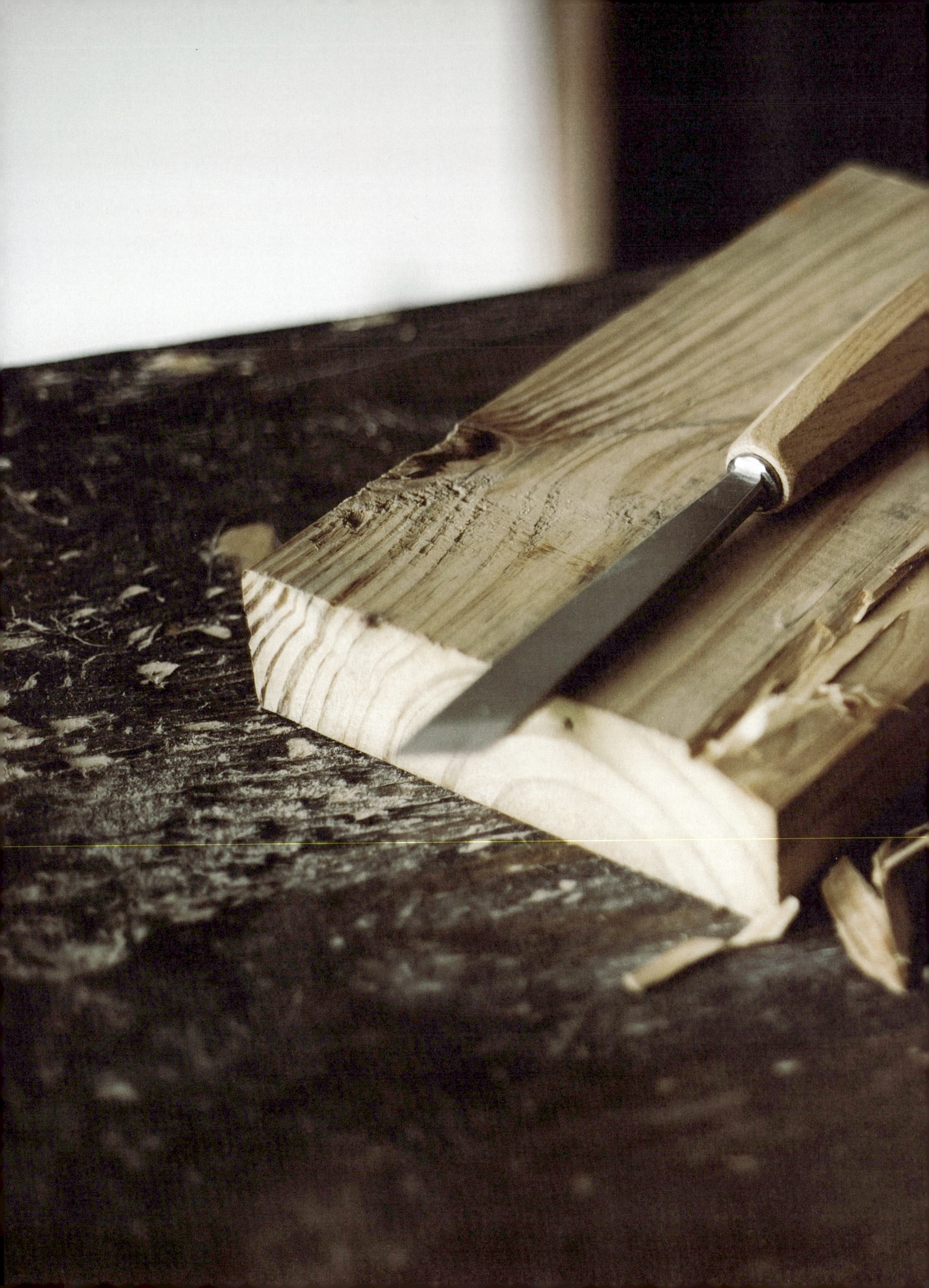

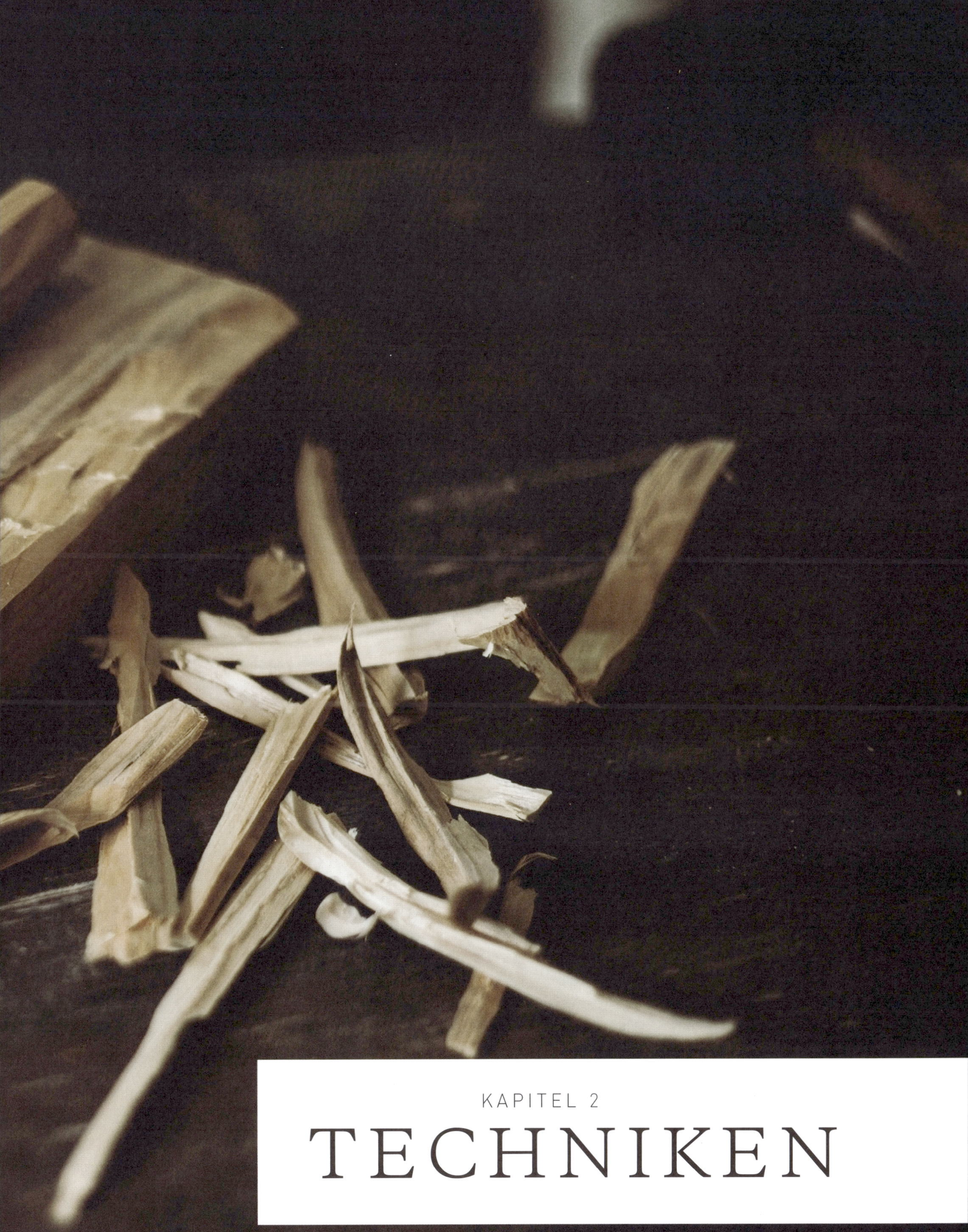

KAPITEL 2

TECHNIKEN

DAS HOLZ VORBEREITEN

Ist das richtige Holz (hart oder weich) ausgesucht und ist sein Faserverlauf für den Entwurf geeignet, sollte jedes Projekt ein Erfolg sein. Zu versuchen, aus einem Organismus, der wild in der Natur gewachsen ist, feine Schnitzereien herzustellen, ist an sich schon ein anspruchsvolles Unterfangen; die folgenden einfachen Vorgehensweisen helfen Ihnen dabei, Ihre Entwürfe und den von Natur aus komplexen Aufbau des Holzes miteinander in Einklang zu bringen.

DEN FASERVERLAUF FESTSTELLEN

Damit Ihr Projekt erfolgreich verwirklicht werden kann, ist es sehr wichtig, die Richtung des Faserverlaufs festzustellen. Um zu verstehen, warum es so entscheidend ist, den Verlauf der Holzfasern zu beachten, müssen wir zuerst ihre Struktur verstehen. Wie alle Pflanzen bestehen auch Bäume großteils aus Cellulose. Holz besteht aus Millionen von Zellen, die mit einer klebstoffähnlichen Substanz namens Lignin zusammengehalten werden. Die Zellen selbst sind viel fester als Lignin. Wenn Sie Holz mit der Faserrichtung schnitzen, spalten Sie nur das schwächere Lignin. Schnitzen Sie jedoch quer zur Faser, schneiden Sie durch die Cellulosefasern sowie das Lignin, was weitaus schwieriger sein kann.

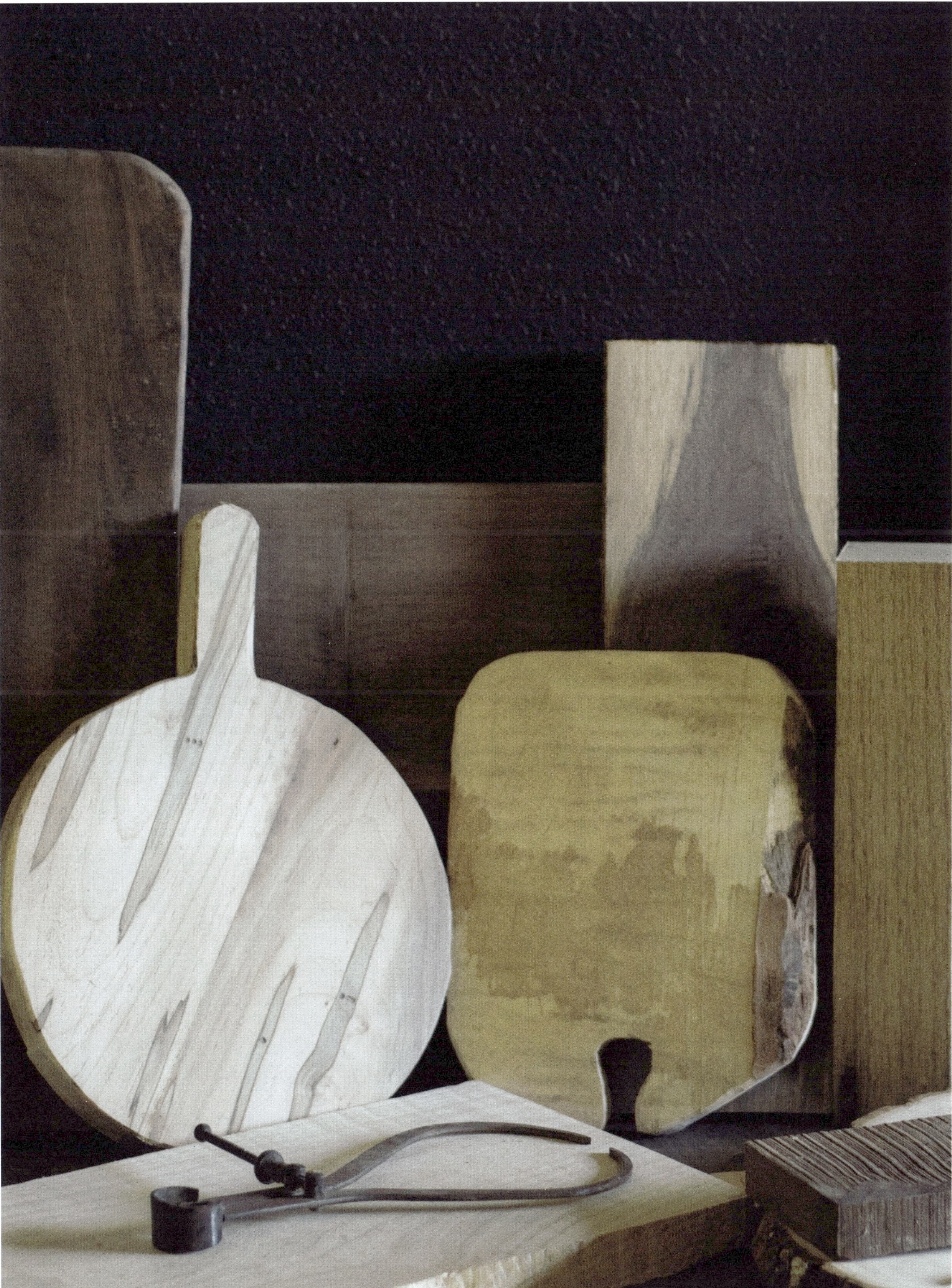

AUSRICHTEN DES ENTWURFS

Im Sägewerk werden die meisten Stämme zu Schnittholz verarbeitet, das heißt, der Stamm passiert der Länge nach die Säge, um lange, parallele Bretter oder Kanthölzer herzustellen. So kann aus einem Baumstamm das meiste brauchbare Holz gewonnen werden. Die Bretter haben eine leicht erkennbare Längsholzseite (in dieser Richtung verlaufen die Fasern) und Hirnholzseite (die Enden, quer zur Faser geschnitten).

Die ideale, am besten zu bearbeitende Seite des Holzes ist die, bei der die Fasern längs verlaufen - die Längsholzseite. Das sind in der Regel die längsten und breitesten Flächen eines Bretts - und sozusagen unsere Leinwand, auf der wir unsere Entwürfe mit einem Bleistift skizzieren. Vorlagen für Kämme, Löffel und andere Gegenstände werden auf die Längsholzseite gezeichnet.

Wenn Sie einen Löffel oder etwas Ähnliches mit einem langen dünnen Griff schnitzen möchten, skizzieren Sie den Löffel immer so auf der Längsholzseite, dass die Spitze des Löffels und das Ende des Griffs in der gleichen Richtung wie die Fasern verlaufen. Legen Sie den Entwurf möglichst nicht quer auf die Längsholzseite auf. Nach dem Schnitzen könnte der Löffelgriff leicht in zwei Hälften zerbrechen, wenn er nicht in der gleichen Richtung wie die Faser verläuft.

Die zwei Enden des Holzes sind die Hirnholzseiten. Am besten ignoriert man diese Enden, während man schneidet oder schnitzt - anders ausgedrückt, zeichnen Sie keinen Entwurf auf die Hirnholzseite, denn Sie würden Schwierigkeiten beim Schnitzen haben.

ÜBERTRAGEN DER VORLAGE

Vor dem Schnitzen müssen Sie Ihren Entwurf auf das Holz zeichnen. Am Ende dieses Buches finden Sie alle nötigen Vorlagen für die Projekte. Die meisten dieser Vorlagen sind einfache Umrissskizzen und lassen sich leicht auf das Holz übertragen. Man kann die Vorlagen einfach heraustrennen und verwenden, aber wenn Sie die Vorlagen gerne mehrmals benutzen wollen oder einfach das Buch gerne intakt ließen (sehr empfohlen), können Sie auf einem Stück Papier die Originalvorlagen nachzeichnen und stattdessen das Papier zum Übertragen des Bildes benutzen.

1 Legen Sie die Vorlage auf die Längsholzseite des Holzes. Wenn Sie möchten, können Sie eine Ecke festkleben, damit die Vorlage nicht verrutscht.

2 Zeichnen Sie mit einem Stift den Umriss nach und drücken Sie fest auf, um einen Abdruck auf dem Holz zu hinterlassen.

3 Entfernen Sie die Vorlage und zeichnen Sie mit einem Stift oder Bleistift die Linienabdrücke auf dem Holz nach. Ich empfehle Ihnen, keinen Markierstift zu verwenden, da die Tinte leicht in die Holzporen eindringen kann. Wenn Sie Ihr Arbeitsstück schließlich abschleifen, wird es sehr schwierig werden, die Tinte verschwinden zu lassen.

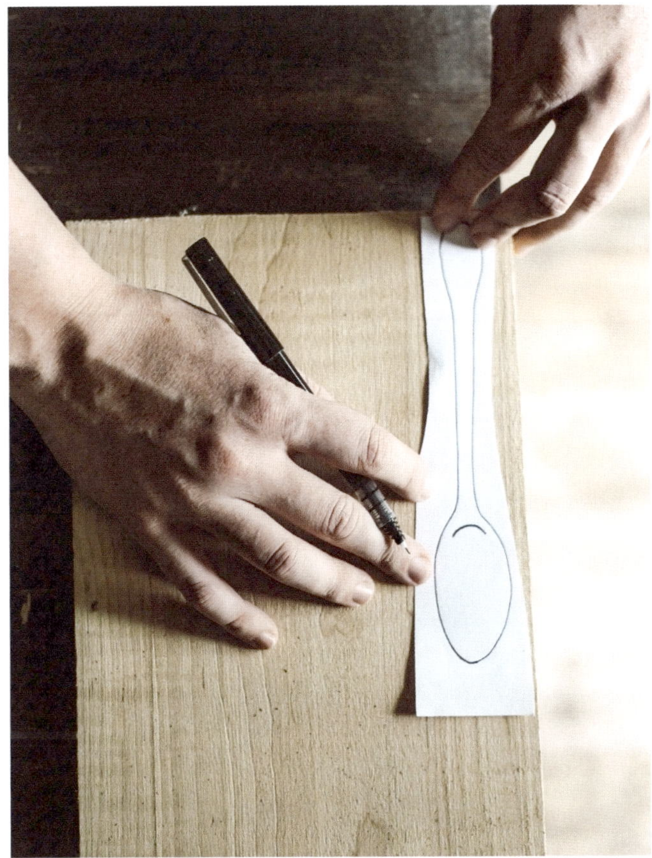

1

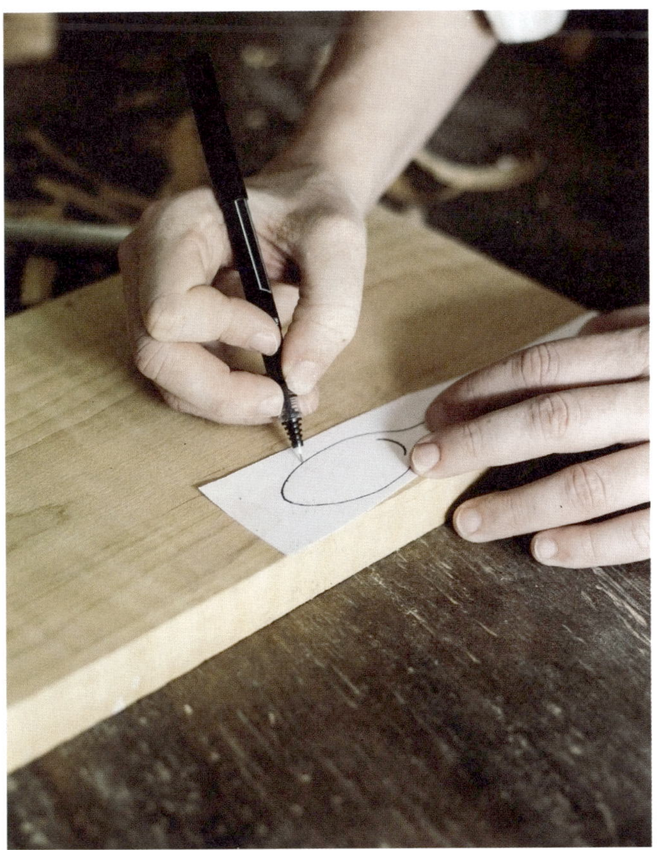

2

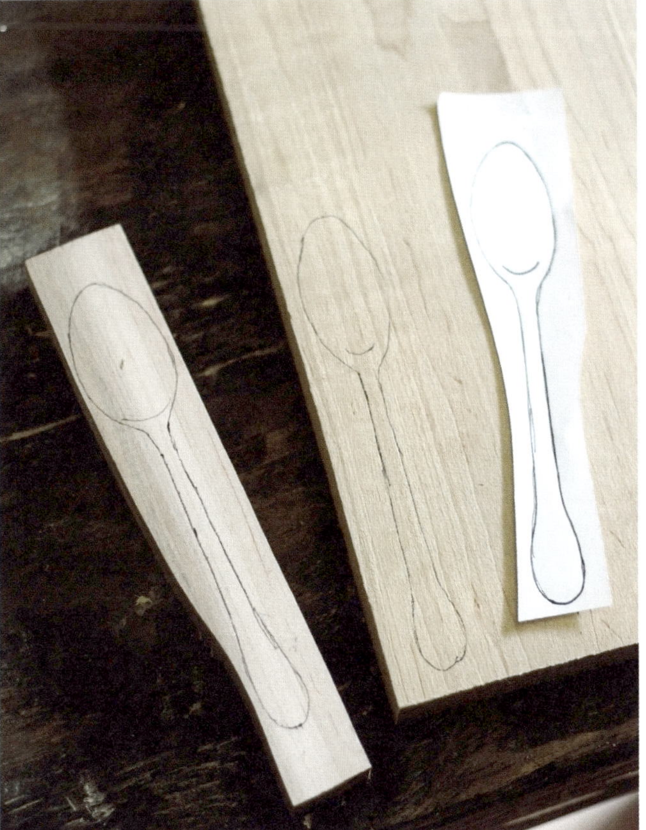

3

DAS HOLZ FIXIEREN

Beim Schnitzen mit einem Flach- oder Hohleisen sollte das Holz sicher flach auf Ihrer Werkbank festgespannt sein. Das ist wichtig, weil mit diesen Werkzeugen viel Kraft ausgeübt werden kann. Wenn Sie das Holzstück um Ihren Entwurf herum ausschneiden, lassen Sie möglichst viel Holzfläche für die Zwinge stehen. Überlegen Sie, welchen Teil des Projekts Sie zuerst ausführen können, bei dem die Form nicht vollständig ausgedünnt werden muss. Zwingen können bei einem dünnen Holzstück zwar verwendet werden, aber richtig gut geht das nicht, weil das Holz während des Schnitzens ständig verrutscht.

Manchmal ist eine Schraubzwinge praktisch, um Objekte in einer aufrechten Position zu halten, wie für das Schleifen und Herausarbeiten von Kammzinken. Die meisten richtigen Werkbänke für Holzarbeiten verfügen über einen Schraubstock, wenn das bei Ihrer nicht der Fall ist, können Sie einfach ein Stück Abfallholz an der Kante des Tischs mit zwei Zwingen fixieren. Legen Sie das Schnitzholz zwischen Tisch und Abfallholz und ziehen Sie die Zwingen an, wodurch alles sicher zusammengepresst wird.

1 Um ein Stück flach auf Ihrer Werkbank einzuspannen, legen Sie den oberen Teil der Zwinge auf das Holzstück und befestigen Sie den unteren Teil der Zwinge unterhalb der Werkbank. Die Position der Zwinge kann variieren, versuchen Sie es möglichst an einer Ecke oder eher an einem Ende des Holzes anstatt in der Mitte. Sie brauchen Platz, um die Werkzeuge zu verwenden, und Sie möchten nicht ständig an der Zwinge anstoßen.

2 Ziehen Sie die Zwinge an, damit sich das Holz nicht bewegt, wenn Sie darauf Druck ausüben. Bei einem Projekt müssen Sie das Holz möglicherweise öfter neu ausrichten und neu einspannen, damit Sie aus jeder Richtung schnitzen können.

3 Bei Projekten wie einem Löffel, die einen schmalen Griff haben, sollte die Zwinge etwa über die halbe Länge des Griffs reichen. Es ist wichtig, dass Sie nicht den ganzen Löffelgriff auf seine richtige Breite ausschnitzen, bevor Sie nicht die Laffe ausgehöhlt haben. Den Griff zuerst auszudünnen wäre unvorsichtig, da er wegen des Drucks während des Aushöhlens brechen kann.

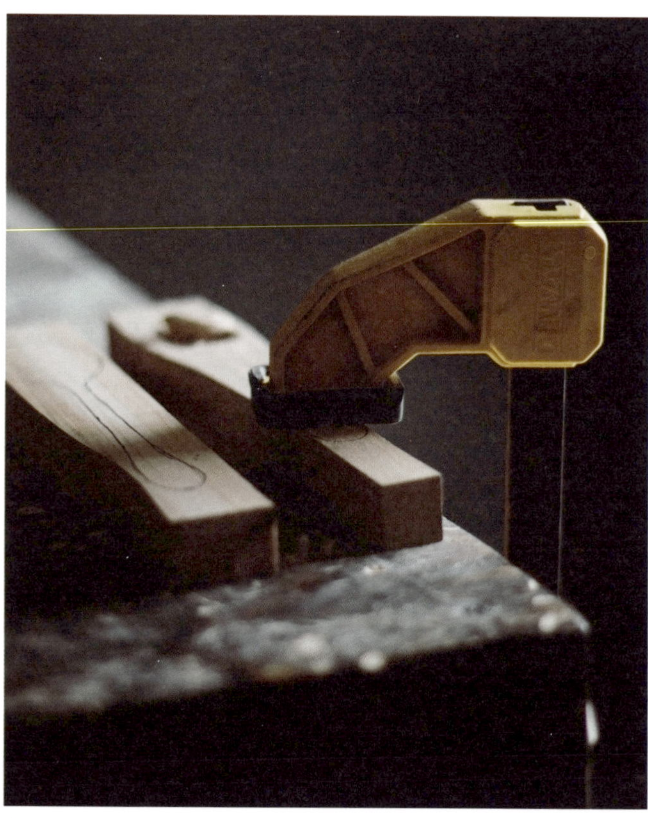

1

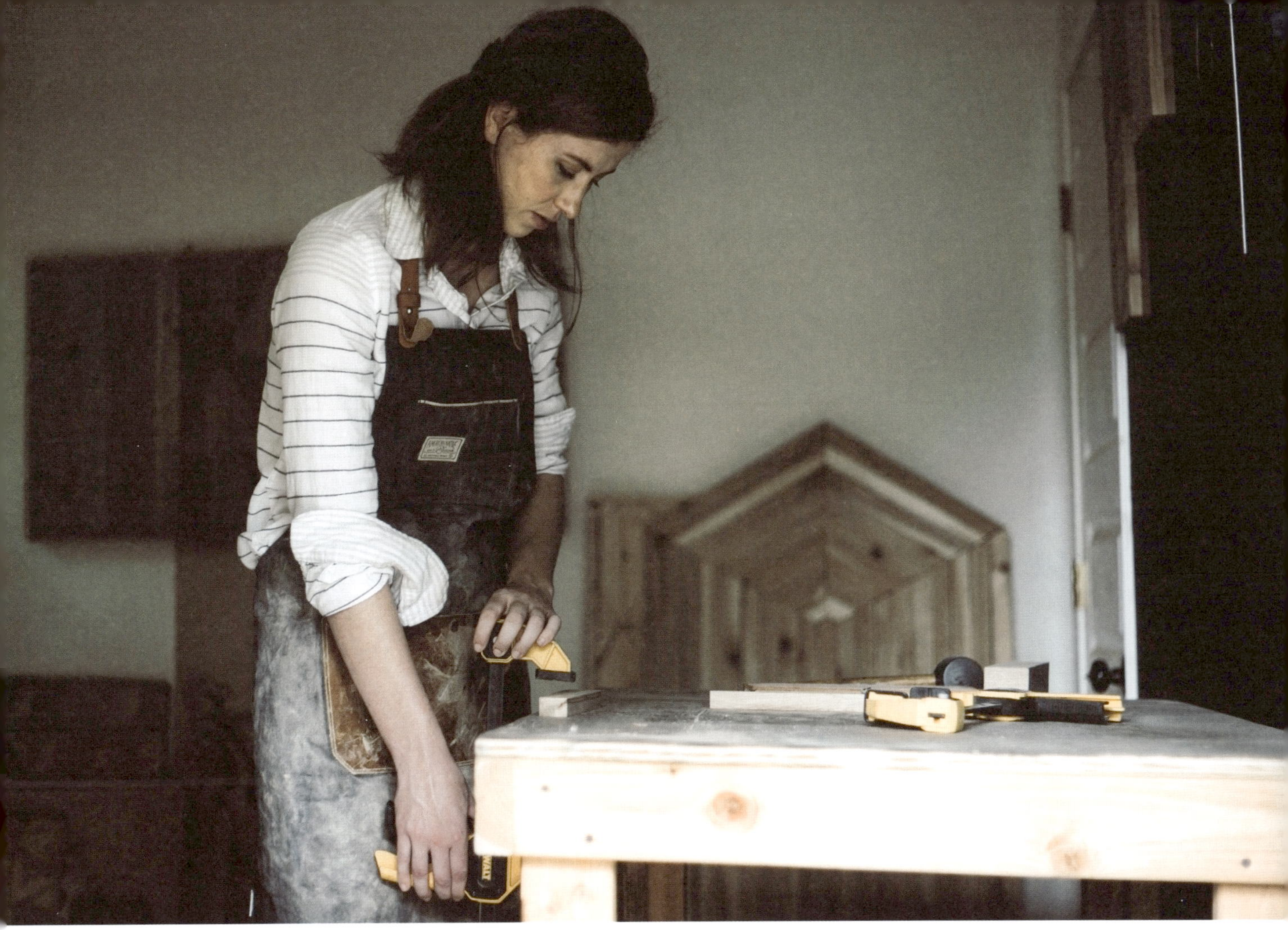

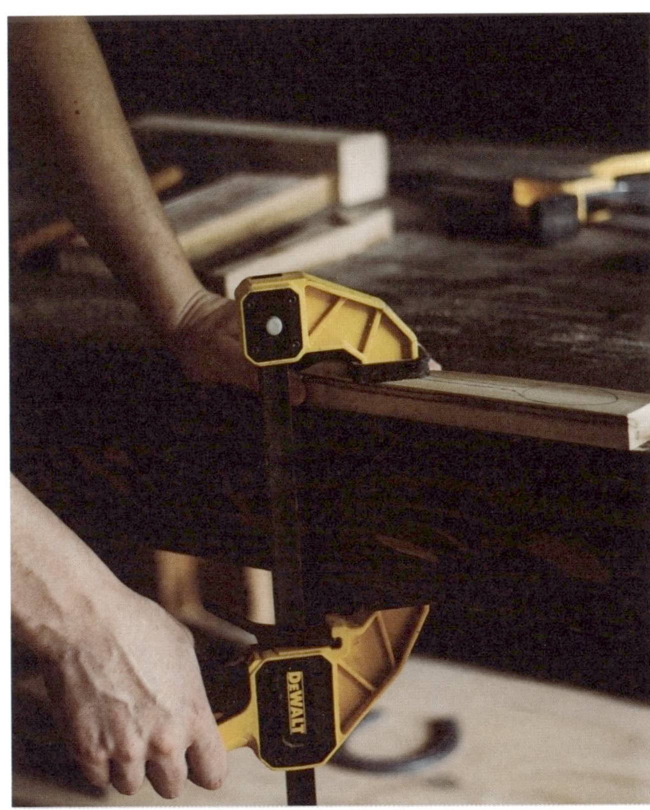

2

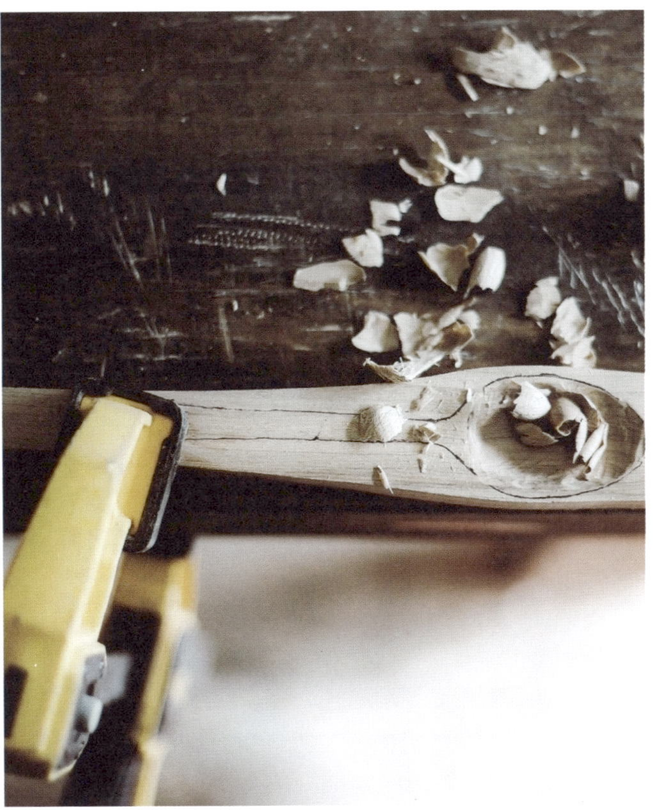

3

GRUND-LEGENDE SCHNITZ-TECHNIKEN

Sie werden die Schnitztechniken nicht über Nacht beherrschen. Es braucht viel Übung, bis Ihre Muskeln die ungewohnten Bewegungen gespeichert haben. Seien Sie daher nicht entmutigt, wenn Sie anfangs Schwierigkeiten mit der Anwendung der Werkzeuge haben. Die hier gezeigten Beispiele zeigen einige allgemeine Grundlagen für das Schnitzen mit einem Hohleisen, einem Flacheisen und einem Schnitzmesser.

SCHNITZEN MIT EINEM HOHLEISEN

Ein Hohleisen ist eines der am leichtesten anzuwendenden Werkzeuge und sehr hilfreich, um entweder große oder kleinen Mengen an Holz abzutragen. Es kann nur mit den Händen oder zusammen mit einem Holzhammer verwendet werden. Manchmal kann es schwierig sein, mit einem Hohleisen zu schnitzen, wenn eine Oberfläche vollkommen flach ist. Dann können Sie einen Hammer verwenden, um die Oberfläche „aufzubrechen" – damit erhält der Schnitt mit dem Hohleisen etwas mehr Kraft. Hohleisen können parallel zur Faserrichtung verwendet werden, mit ihnen kann man aber auch gut quer zur Faserrichtung arbeiten.

VERWENDUNG NUR MIT DEN HÄNDEN

1 Achten Sie darauf, dass das Holz am Tisch mit einer Zwinge fixiert ist. Greifen Sie die Zwinge mit Ihrer nicht dominanten Hand und legen Sie die Handfläche Ihrer dominanten Hand auf das Werkzeug. Die Fase (die abgeschrägte Kante am Ende der Klinge) sollte immer nach unten auf das Holz zeigen. Beginnen Sie mit der Schneide in einem Winkel von etwa 45 Grad auf dem Holz und drücken Sie mit Ihrer dominanten Hand das Werkzeug mit einer schnellen Schöpfbewegung in das Holz. Kontrollieren und führen Sie mit Ihrer anderen Hand das Hohleisen.

2 Bei der Verwendung eines Hohleisens kommt es darauf an, kleine Mengen an Holz am Stück abzutragen. Mit schnellen Schöpfbewegungen können Sie schöne saubere Späne herausarbeiten. Treiben Sie das Hohleisen nicht zu tief in das Holz, das führt zu einem ungleichmäßigen und unkontrollierten Schnitt.

3 Heben Sie das Holz mit dem Hohleisen heraus. Die Späne sollten klein und gekräuselt sein. Beginnen Sie beim Schnitzen einer Schalenform an einem Ende der Schale und wiederholen Sie den Vorgang vom gegenüberliegenden Ende her.

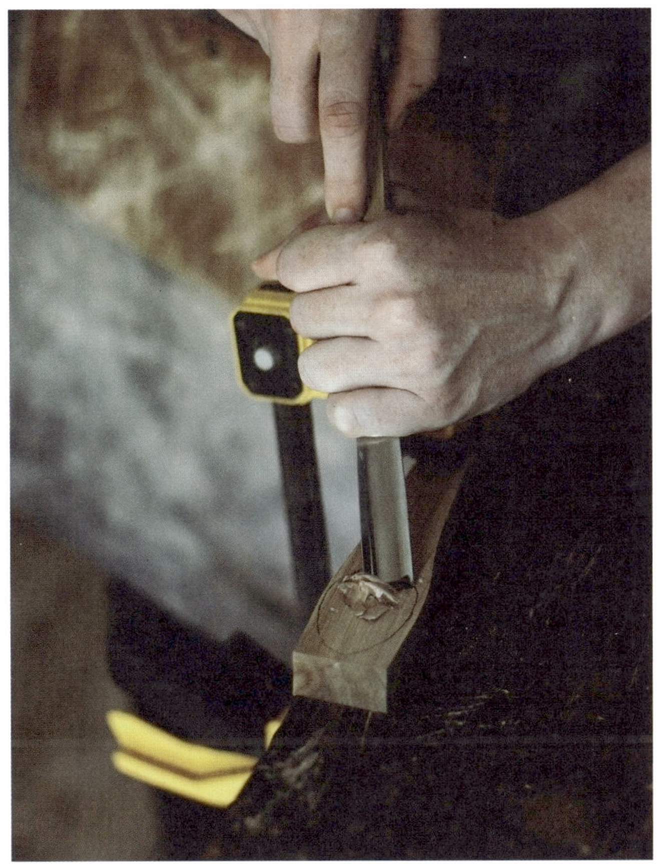

1

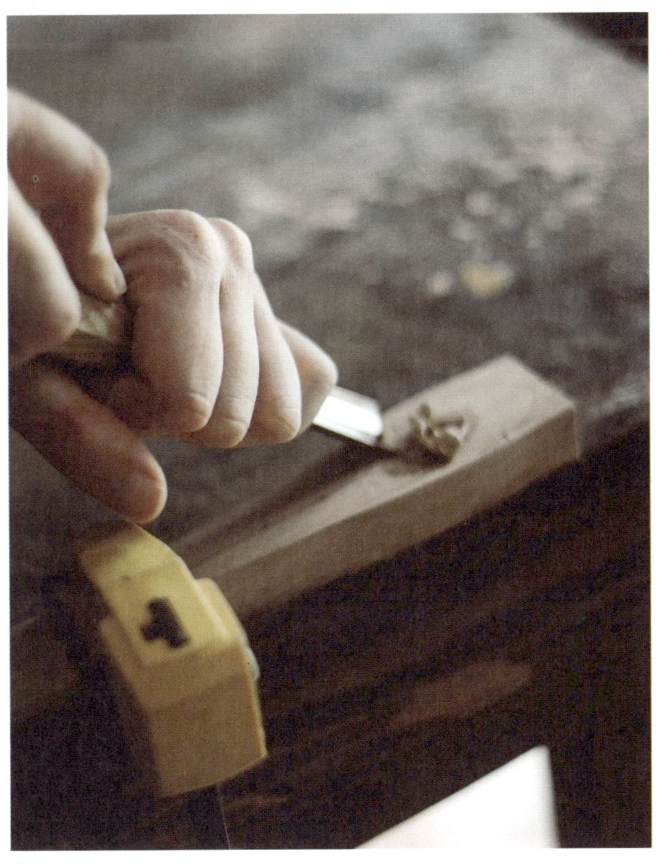

2

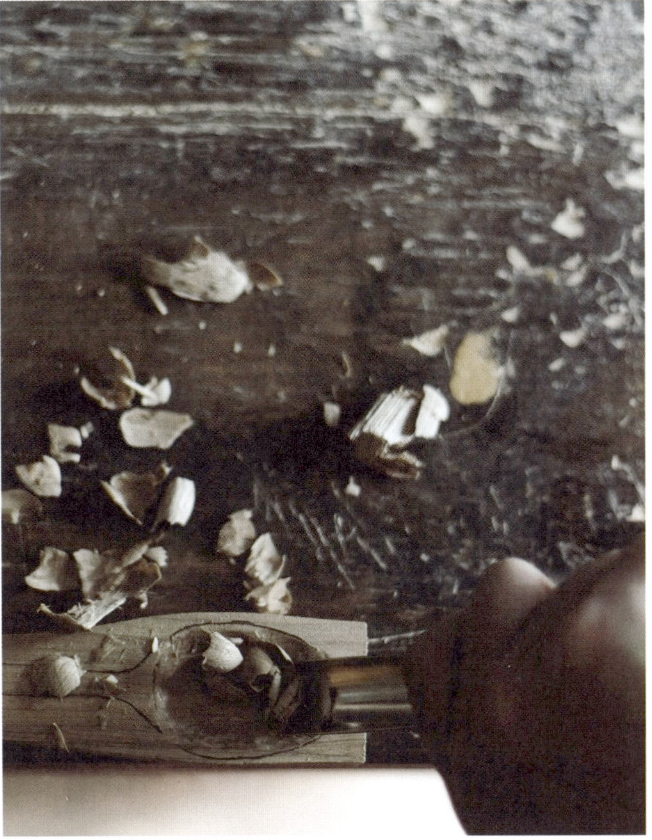

3

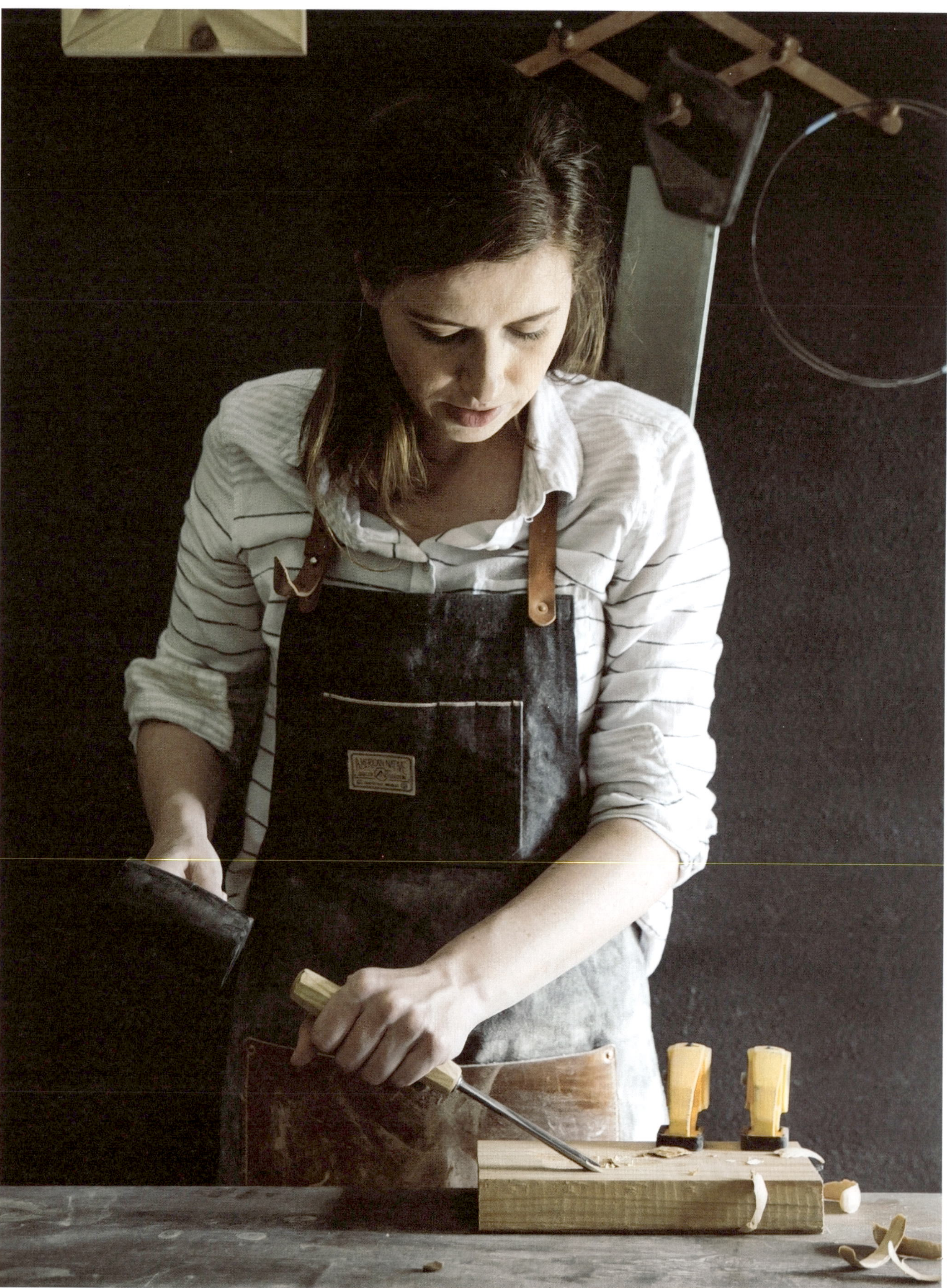

VERWENDUNG EINES HOLZHAMMERS

4 Um einen Holzhammer zusammen mit dem Hohleisen zu verwenden, halten Sie das Heft des Hohleisens locker mit Ihrer nicht dominanten Hand umfasst. Halten Sie den Hammer mit Ihrer dominanten Hand.

5 Klopfen Sie mit dem Hammer auf das Ende des Hohleisenhefts und heben Sie dann mit dem Hohleisen das Holz aus. Ein einfaches Antippen mit dem Hammer genügt, Sie müssen nicht stark zuschlagen. Gehen Sie mit dem Hohleisen wieder an den Ausgangspunkt und wiederholen Sie den Vorgang so oft, bis die notwendige Tiefe im Holz ausgearbeitet ist.

VERWENDUNG EINES KERBSCHNITZHOHLEISENS

6 Kerbschnitzeisen mit ihrem kurzen Griff sind sehr nützliche Werkzeuge zum Schnitzen von kleinen Details. Mit diesem Hohleisen wird kein Hammer verwendet. Sein Heft hat eine perfekte runde Form und passt genau in die Handfläche Ihrer dominanten Hand. Damit drücken Sie gegen das Werkzeug und mit Ihrer anderen Hand führen Sie es.

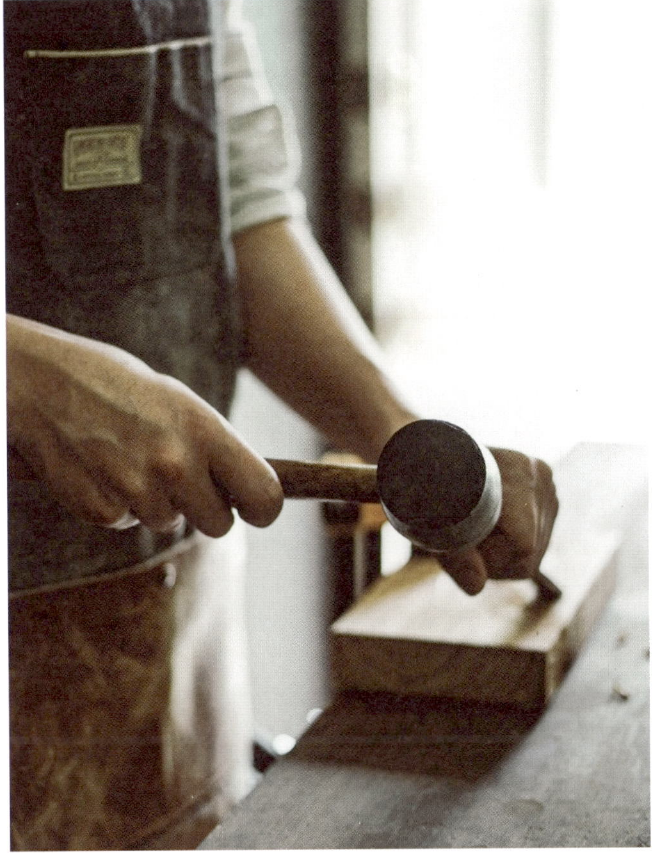

5

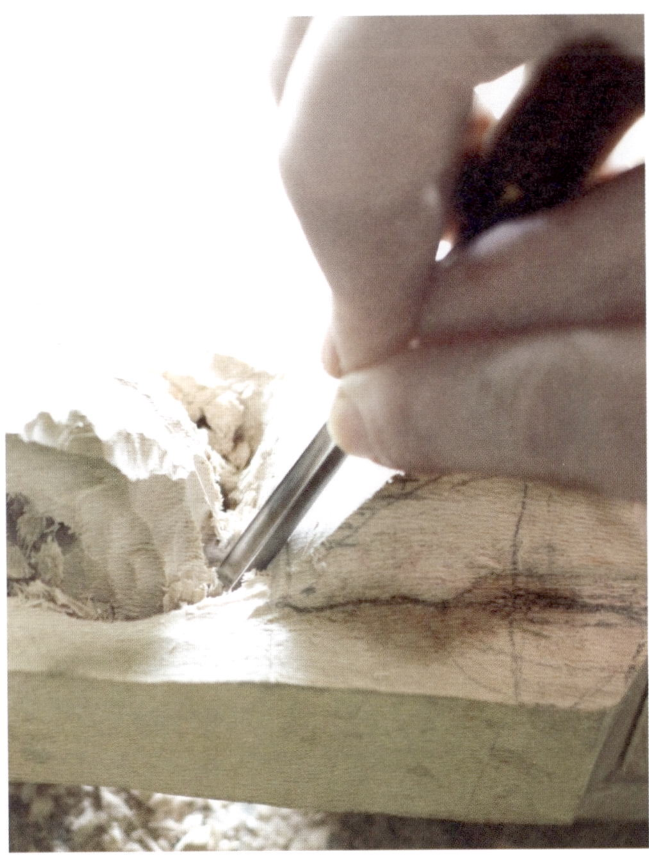

6

SCHNITZEN MIT EINEM FLACHEISEN

Flacheisen sind vielseitige Werkzeuge, mit denen große Holzspäne oder dünne Holzschichten abgetragen werden können. Für Letzteres spannen Sie das Holz fest ein, setzen das Flacheisen in einem Winkel von etwa 45 Grad gegen das Holz an und drücken das Flacheisen mit Ihrer dominanten Hand (so wie Sie es mit einem Hohleisen machen würden), anstatt mit einem Hammer dagegen zu klopfen.

1 Um große Mengen an Holz abzutragen, fixieren Sie das Holz am Tisch mit einer Zwinge und verwenden Sie einen Hammer am Ende des Flacheisens. Halten Sie das Flacheisen mit Ihrer nicht dominanten Hand locker umfasst und setzen Sie die Klinge an der Ecke des Hirnholzes an. In dem gegenüberliegenden Beispiel (oben links) ist der Winkel des Flacheisens auf dem Holz nahezu parallel zu dem Holzklotz.

2 Das Ansetzen der Fase hängt von der Art von Eisen ab, das Sie verwenden. Wenn Sie ein zweiseitig angeschliffenes Eisen verwenden, wie in allen Projekten in diesem Buch angegeben, gibt es auf beiden Seiten eine Fase. Wenn Sie ein einseitig angeschliffenes Eisen benutzen (flach auf einer Seite, Fase auf der anderen), setzen Sie die flache Seite des Eisens gegen das Holz mit der Fase nach oben an. Dadurch kann das Holz, das abgetragen wird, in Ihre Richtung die Fase heraufgleiten.

3 Wenn Sie mit dem Hammer auf das Heft des Eisens klopfen, treiben Sie das Eisen langsam mit jedem Schlag in das Holz. Die Späne sollten lang und unterschiedlich breit sein.

SCHNITZEN MIT EINEM MESSER

Verwenden Sie ein Kerbschnitzmesser, um Ihren Projekten Form zu geben, indem Sie jedes Mal eine dünne Holzschicht abtragen. Schnitzmesser können verwendet werden, wenn das Holz an einem Tisch mit einer Zwinge fixiert ist oder wenn Sie das Holz einfach in der Hand halten. Schnitzmesser können sehr scharf sein, also achten Sie darauf, sich nicht zu verletzen. Wenn Sie auf Ihrem Schoß arbeiten, schnitzen Sie aus Sicherheitsgründen über einem großen Stück Abfallholz oder Leder.

1 Halten Sie bei kleinen Schnitzarbeiten das Holzstück in Ihrer nicht dominanten Hand und ein Universal-Kerbschnitzmesser in der anderen. Stützen Sie Ihren Daumen auf dem Holz ab und ziehen Sie das Messer in einer flüssigen Schälbewegung in Richtung des Daumens. Der Vorgang gleicht sehr dem Schälen einer Kartoffel. Ich habe in meinem Leben viele Kartoffeln geschält, aber ich finde Holzschnitzen mit einem Schnitzmesser wesentlich lohnender.

2 Das Schnitzmesser kann auch ohne die Daumentechnik bei langen, dünnen Holzstücken wie Löffelgriffen (siehe gegenüber, rechts) angewendet werden. Stützen Sie das Holz einfach mit einer Hand ab und schälen Sie das Holz mit dem Schnitzmesser.

3 Es sind viele unterschiedliche Kerbschnitzmesser erhältlich, aber trotz der verschiedenen Klingenformen verwendet man meist die gleiche Technik. Um ein Kerbschnitzmesser Nr. 6 mit einer schrägen Klinge zu benutzen, stabilisieren Sie die Messerklinge mit Ihrem Zeigefinger, während Sie es in das Holz drücken, um einen Schnitt in das Holz zu machen, und schälen Sie immer eine dünne Holzschicht auf einmal ab. Sie können auch das schräge Ende der Klinge in das Holz eindrücken, um Vertiefungen zu schnitzen (siehe gegenüber, unten links).

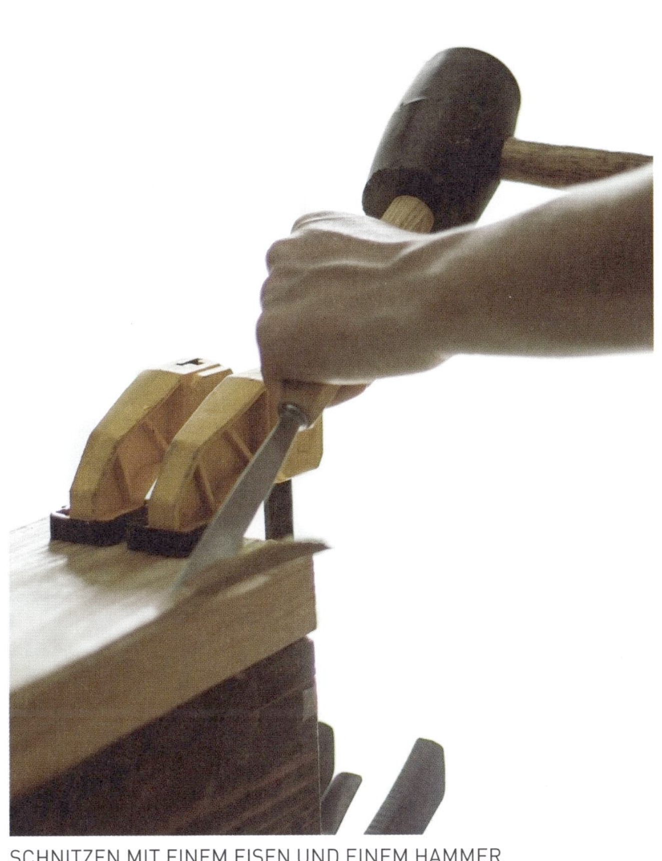

SCHNITZEN MIT EINEM EISEN UND EINEM HAMMER

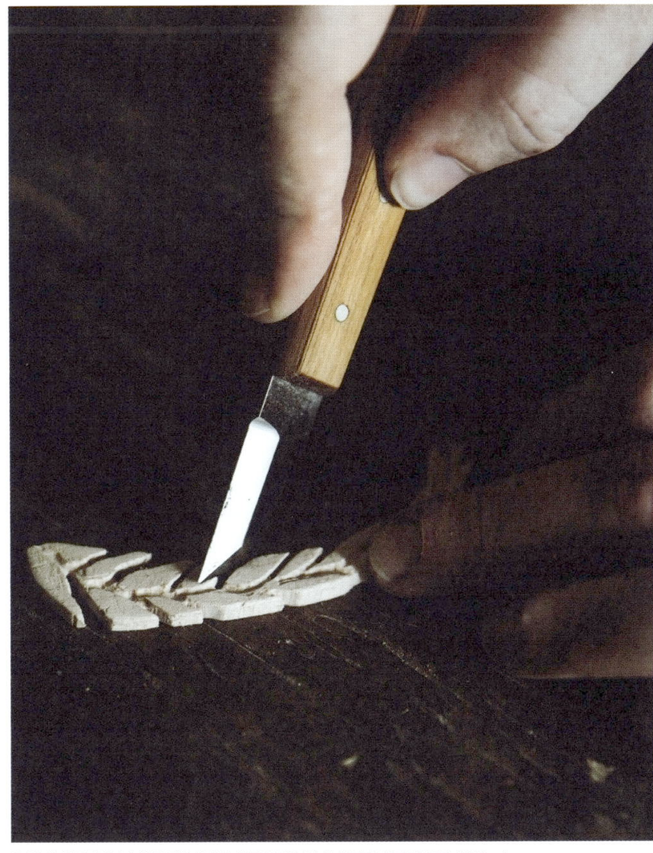

SCHNITZEN MIT EINEM KERBSCHNITZMESSER NR. 6

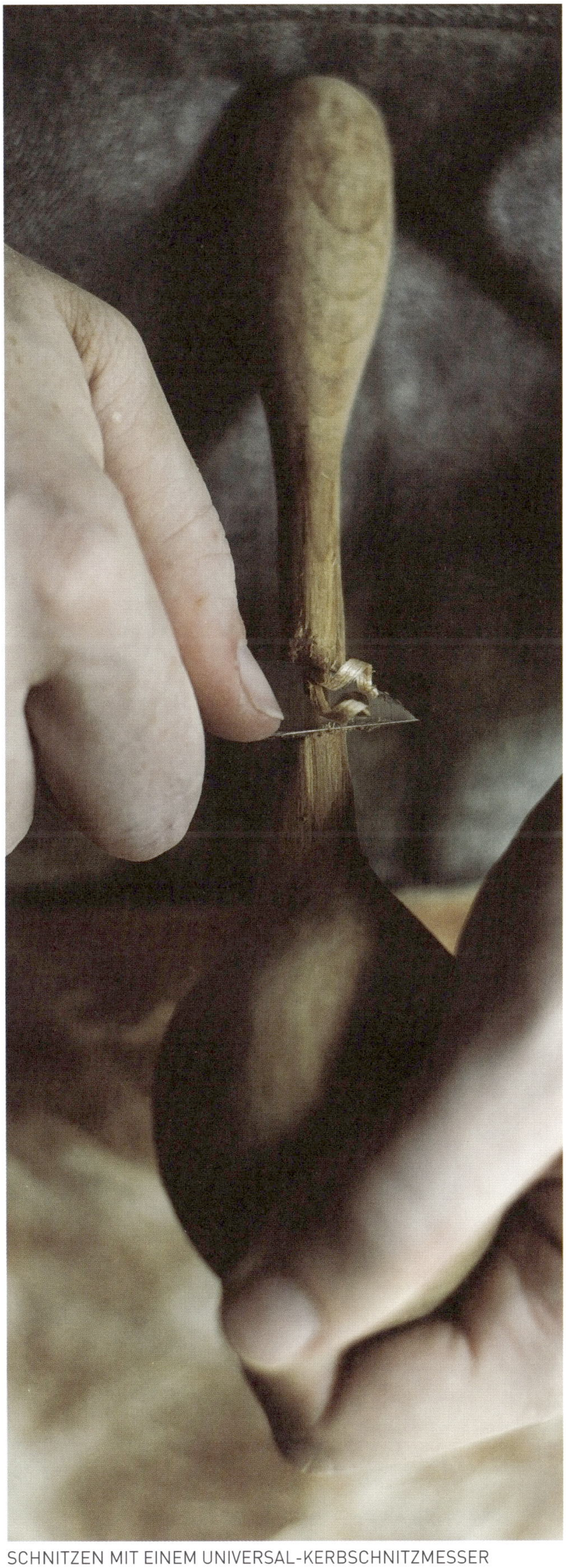

SCHNITZEN MIT EINEM UNIVERSAL-KERBSCHNITZMESSER

DIE WERKZEUGE SCHÄRFEN

Von Zeit zu Zeit müssen Ihre Werkzeuge geschärft werden. Es ist sehr wichtig, die Werkzeuge scharf zu halten, um Verletzungen zu vermeiden. Bei einem Werkzeug mit stumpfer Klinge ist mehr Kraft notwendig, daher ist es entscheidend, das Schärfen der Klingen nicht zu versäumen.

Sie müssen nicht immer nach dem Schleifstein greifen, um Ihre Werkzeuge zu schärfen. Stellen Sie sich vor, Ihre Mutter bittet Sie, Ihr Zimmer in Ordnung zu bringen. Normalerweise würden Sie nicht zuerst die Gardinen saugen - das wäre etwas übertrieben. Stattdessen würden Sie vermutlich Ihr Bett machen oder etwas anderes ganz Einfaches tun, um die Unordnung einzudämmen und das Murren zu besänftigen. Genauso verhält es sich mit dem Schärfen Ihrer Werkzeuge. Benutzen Sie den Schleifstein erst nach jedem dritten oder vierten Projekt oder wenn die Klinge eine Scharte aufweist (was selten vorkommt). Es ist viel einfacher, nicht mehr gut schneidende Werkzeuge mit einem Streichriemen abzuziehen - so werden sie schnell und effizient für die Weiterarbeit einsatzbereit.

EIN EISEN ODER EIN MESSER SCHÄRFEN

Wenn Sie einen Wasserstein verwenden, wie gegenüber gezeigt, weichen Sie ihn etwa 10 Minuten vor Gebrauch in Wasser ein. Wenn der Stein feucht ist, setzen sich die von der Klinge abgeriebenen Metallpartikel nicht im Stein fest, sodass der Kontakt zwischen Stein und Werkzeug nicht beeinträchtigt ist. Obwohl die Metallpartikel mikroskopisch klein sein können, ist es wichtig, sie mit Wasser abzuwaschen, sonst kann es länger als nötig dauern, das Werkzeug zu schärfen. Die folgende Demonstration zeigt, wie ein Eisen geschärft wird, dieselbe Technik wird auch für ein Schnitzmesser verwendet.

1 Beginnen Sie mit einem weniger feinen Stein, zum Beispiel mit Korn 1000. Erspüren Sie den Winkel der Fase (etwa 20 Grad) an der Klinge und schieben die Fase auf dem Stein vor und zurück. Achten Sie darauf, dass Sie beim Schärfen den Winkel der Fase beibehalten, und konzentrieren Sie sich auf gleichmäßige, schnelle Bewegungen. Üben Sie leichten Druck aus und wiederholen Sie das Ganze so oft wie nötig.

2 Wenn Sie ein zweiseitig angeschliffenes Eisen verwenden, drehen Sie es um und wiederholen Sie den Vorgang. Wenn Sie ein einseitig angeschliffenes Eisen verwenden, muss die flache Seite des Eisens auf dem Stein auf dieselbe Weise bewegt werden. Legen Sie die flache Seite nach unten auf den Stein und reiben Sie die flache Klinge mit flüssigen Vorwärts- und Rückwärtsbewegungen auf dem Stein.

3 Wiederholen Sie den Vorgang mit einer feinen Polierkörnung wie Korn 4000. Untersuchen Sie beide Seiten des Eisens. Ist frisches glänzendes Metall auf der Klinge zu sehen? Sind die frischen Bereiche gleichmäßig an der ganzen Kante der Klinge? Wenn ja, können Sie das Werkzeug auf einem Streichriemen abziehen.

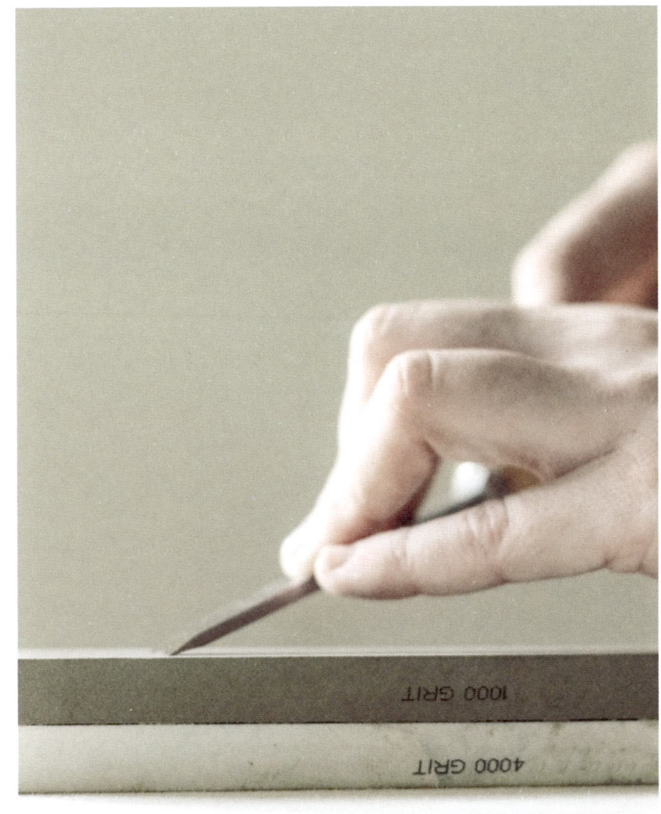

1

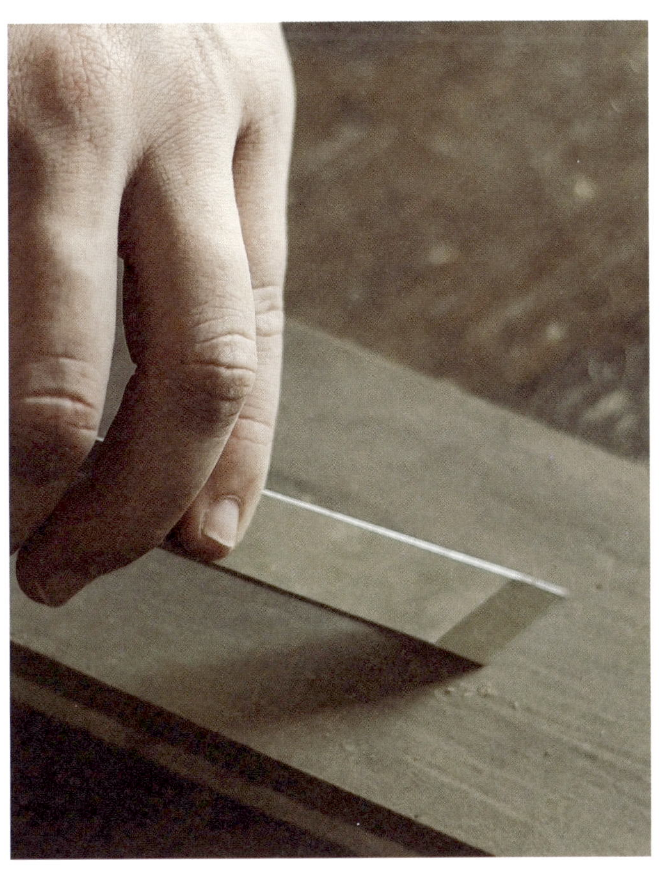

2

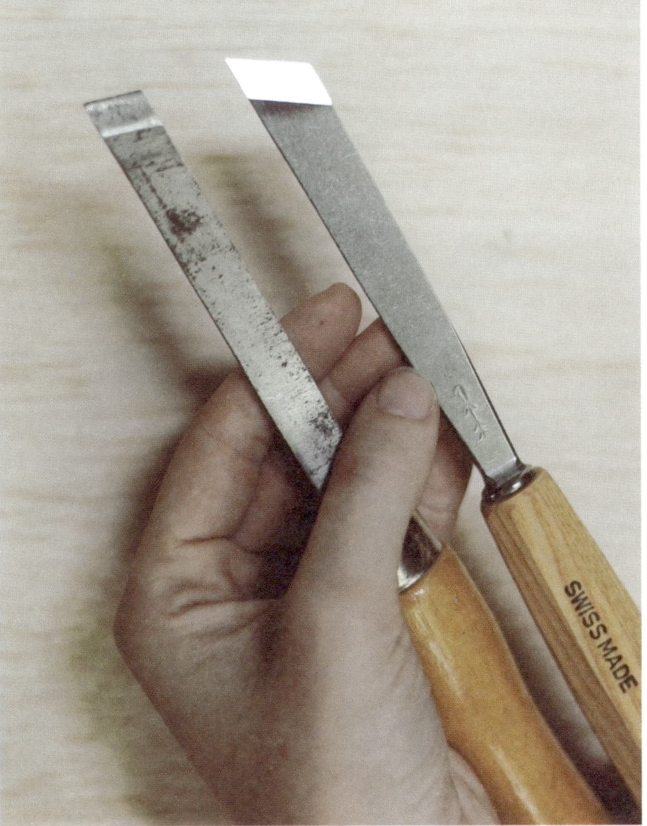

3

EIN HOHLEISEN SCHÄRFEN

Das Schärfen eines Hohleisens auf einem Wasserstein erfolgt nach den gleichen Grundsätzen wie das Schärfen eines Flacheisens, jedoch mit einer etwas anderen Methode aufgrund der gekrümmten Form des Hohleisens. Beginnen Sie mit einem Stein mit geringerer Körnung (1000) und wiederholen Sie den Vorgang dann auf einem Stein mit höherer Körnung (4000). Verwenden Sie viel Wasser, um genügend Feuchtigkeit zu haben, damit der Abrieb das richtige Schärfen nicht behindert.

1 Legen Sie die Fase des Hohleisens in einem Winkel von etwa 20 Grad auf dem angefeuchteten Stein an. Legen Sie Zeige- und Mittelfinger am Ende der Kehlung des Hohleisens auf. Bewegen Sie das Werkzeug mit Ihren zwei Fingern auf dem Hohleisen und Ihrer anderen Hand unter dem Heft in kleinen schnellen Kreisen (oder in einer Achter-Form) über den Stein.

2 Wiederholen Sie die Kreise an der gesamten Fase des Hohleisens, indem Sie die Fase auf dem Stein rollen, um die ganze gerundete Fläche zu erfassen. Aufgrund seiner Form kann ein Hohleisen knifflig zu schleifen sein. Sie müssen darauf achten, mit wie vielen Strichen auf dem Stein Sie jedes Teil der Fase bewegen. Möglicherweise müssen Sie anhalten und die Krümmung der Klinge auf stumpfe Stellen auf der Fase untersuchen. Achten Sie dann darauf, dass diese in Kontakt mit dem Stein kommen. Nach dem Schärfen sollten alle stumpfen Stellen der Klinge verschwunden sein.

ABZIEHEN MIT EINEM STREICHRIEMEN

Nach dem Schärfen Ihrer Werkzeuge auf einem Stein sollten Sie sie anschließend mit einem Streichriemen abziehen. Dies garantiert, dass verbliebene Grate entfernt werden, und erzeugt einen Hochglanz auf den Klingen. Verwenden Sie einen Streichriemen auch zwischen den einzelnen Projekten, damit die Werkzeuge immer top in Form sind.

1 Um einen Streichriemen herzustellen, nehmen Sie ein Stück Leder, das mindestens 5 cm breit ist, und kleben Sie es auf ein Stück Abfallholz. Tragen Sie etwas Poliermittel auf das Leder auf. Das Poliermittel besteht aus sehr feinen chemischen Schleifmitteln, die mit einer wachsartigen Substanz für leichtes Auftragen vermischt sind, und gibt den Werkzeugklingen einen letzten, sehr feinen Schliff.

2 Fangen Sie am abgewandten Ende an und ziehen Sie das Werkzeug auf dem Riemen in einem Winkel von etwa 20 Grad zu sich her. Wenn Sie das Ende erreichen, heben Sie das Werkzeug an und beginnen Sie erneut am anderen Ende des Riemens. Verwenden Sie keine Vorwärtsbewegungen wie beim Schleifstein, sonst zerschneiden Sie den Lederriemen mit der scharfen Schneide.

3 Wiederholen Sie dies, bis die Klinge sauber ist, glänzt und richtig spiegelt. Schnitzmesser, Hohleisen und Flacheisen können alle auf einem Riemen abgezogen werden.

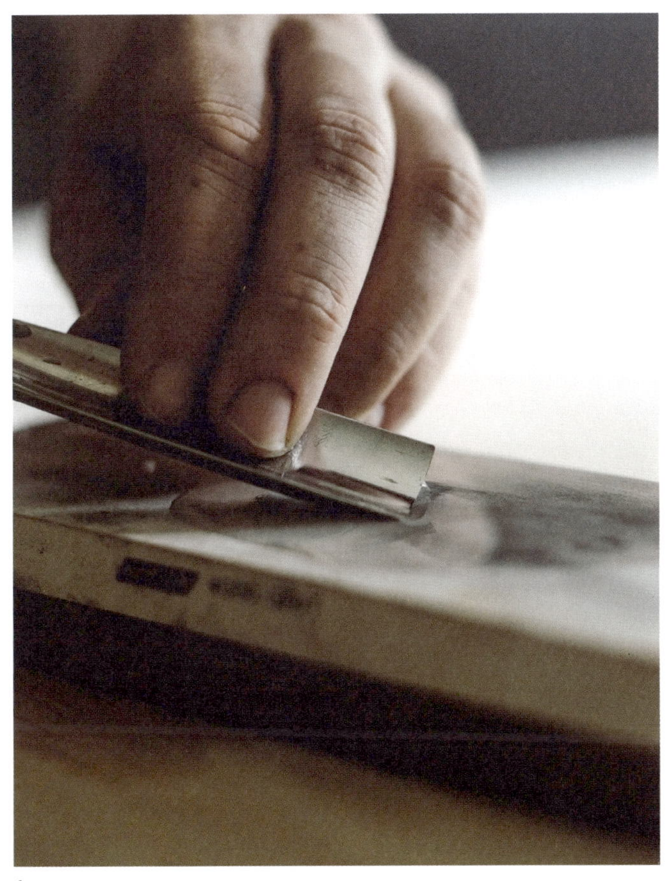

1

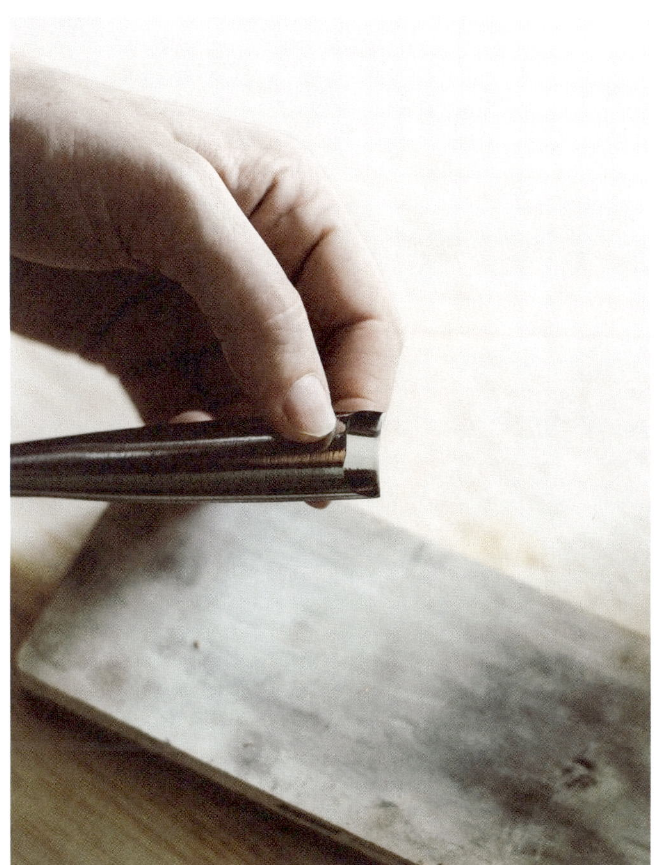

2

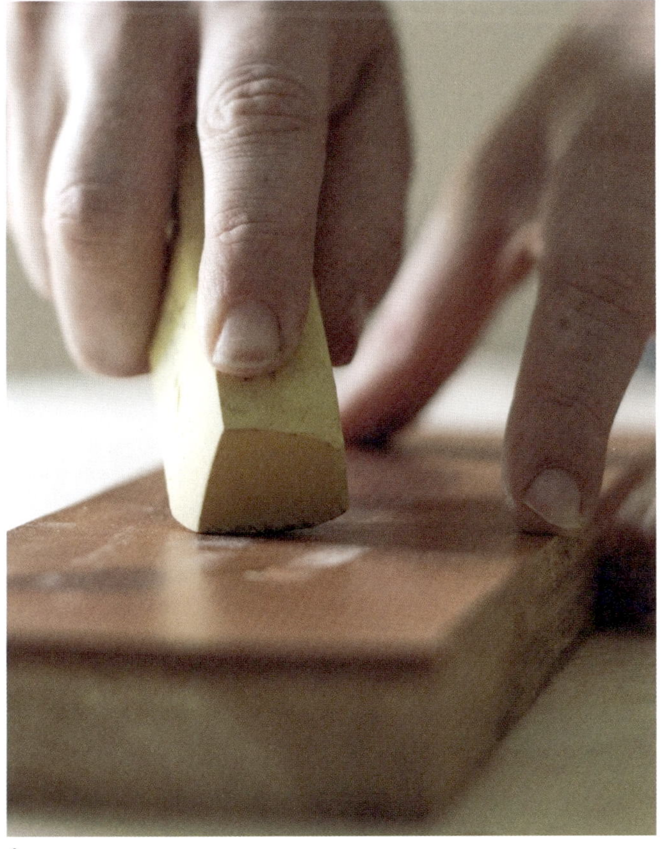

1

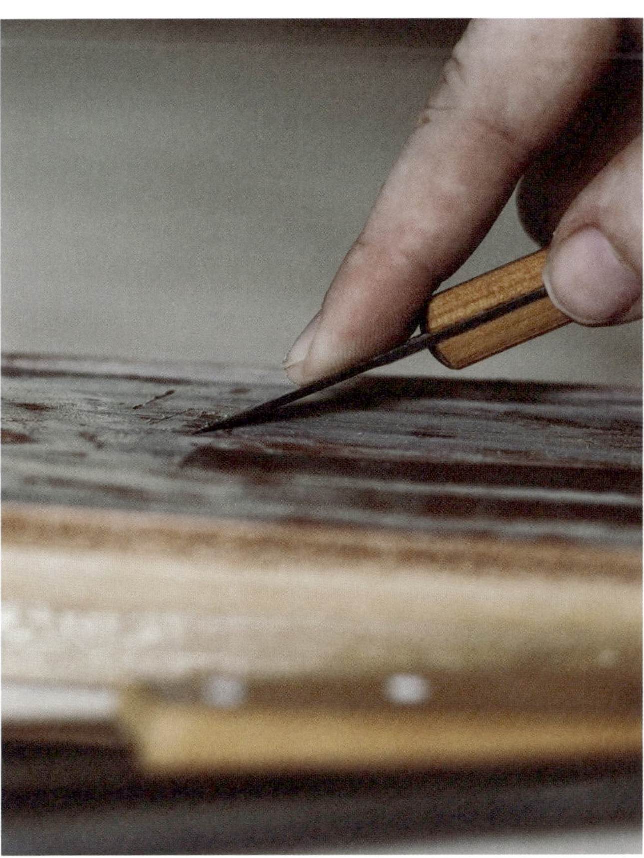

2

SCHLEIFEN UND OBER- FLÄCHENBE- HANDLUNG

Die Oberfläche einer Holzschnitzerei kann auf vielfältige Weise behandelt werden. Die Auswahl der richtigen Finishs kann den Ausschlag geben, dass Sie sehr lange Freude an Ihrer Arbeit haben. Das Schleifen im Vorfeld ist wichtig, weil es eine glatte Oberfläche ergibt, sodass das Finish gleichmäßig auf das Holz aufgetragen werden kann.

SCHLEIFEN

Holzschnitzereien müssen leider geschliffen werden. Ein Projekt ist bereit zum Schleifen, wenn die Form der Schnitzerei mit einem Hohleisen, Messer oder Flacheisen nicht weiter herausgearbeitet werden kann. Beim Schleifen kann viel Staub entstehen, achten Sie also darauf, in einem gut belüfteten Raum zu arbeiten.

1 Beginnen Sie mit einem groben Schleifpapier (Körnung 80 oder 100), um die Holzschnitzerei zu konturieren. Grobes Schleifpapier ist sehr rau, wenden Sie es daher möglichst in Faserrichtung an (auch wenn dies je nach Projekt schwierig sein kann).

2 Gehen Sie zu einer mittleren Körnung (120 oder 150) über. Damit werden nahezu alle Kratzer, die durch das grobkörnige Schleifpapier verursacht wurden, entfernt. Alle Spuren von den Schnitzwerkzeugen sollten ebenfalls verschwinden. Untersuchen Sie das Stück, ob Ihnen eventuelle Fehler auffallen.

3 Wenn alle Werkspuren geglättet wurden, können Sie eine feine Körnung nehmen. Manche Projekte können mit Körnung 220 abschließend bearbeitet werden, Sie können aber bis zu 320 oder sogar 400 gehen, wenn Sie eine superglatte Bearbeitung erreichen möchten. Wenden Sie das feinkörnige Papier in allen Richtungen auf dem Holz an. Es kann einfacher sein, das Papier zusammenzufalten oder in kleine Stücke zu reißen, um alle Teile der Schnitzerei zu erreichen.

4 Sie können das Papier auch auf die Hälfte falten, damit Sie auf bestimmte Bereiche der Holzschnitzerei mehr Druck ausüben können.

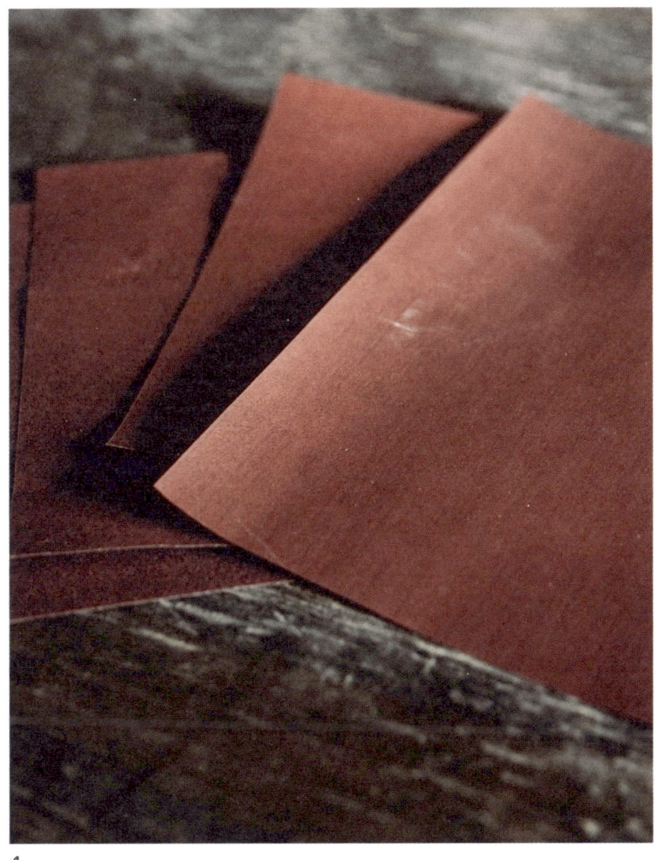

1

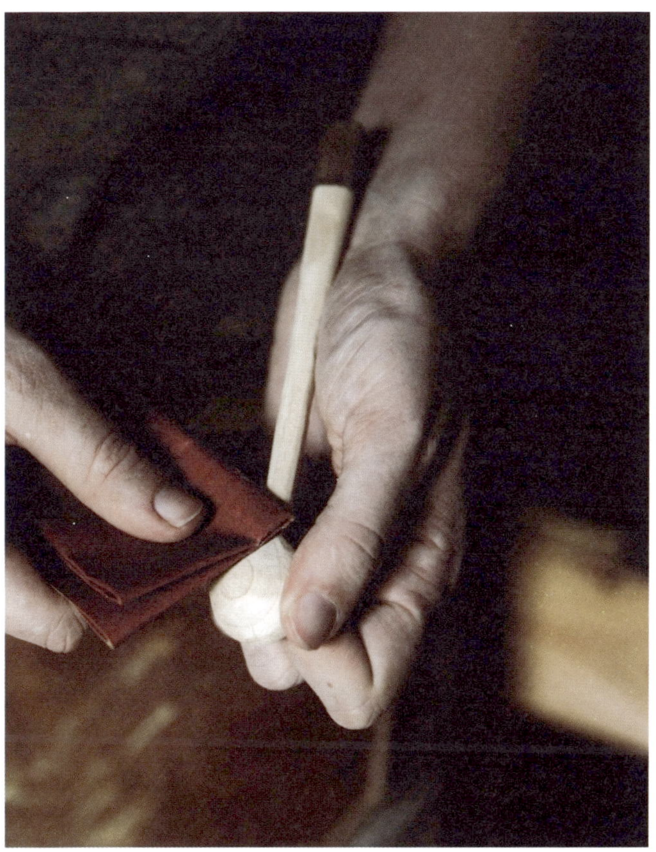

3

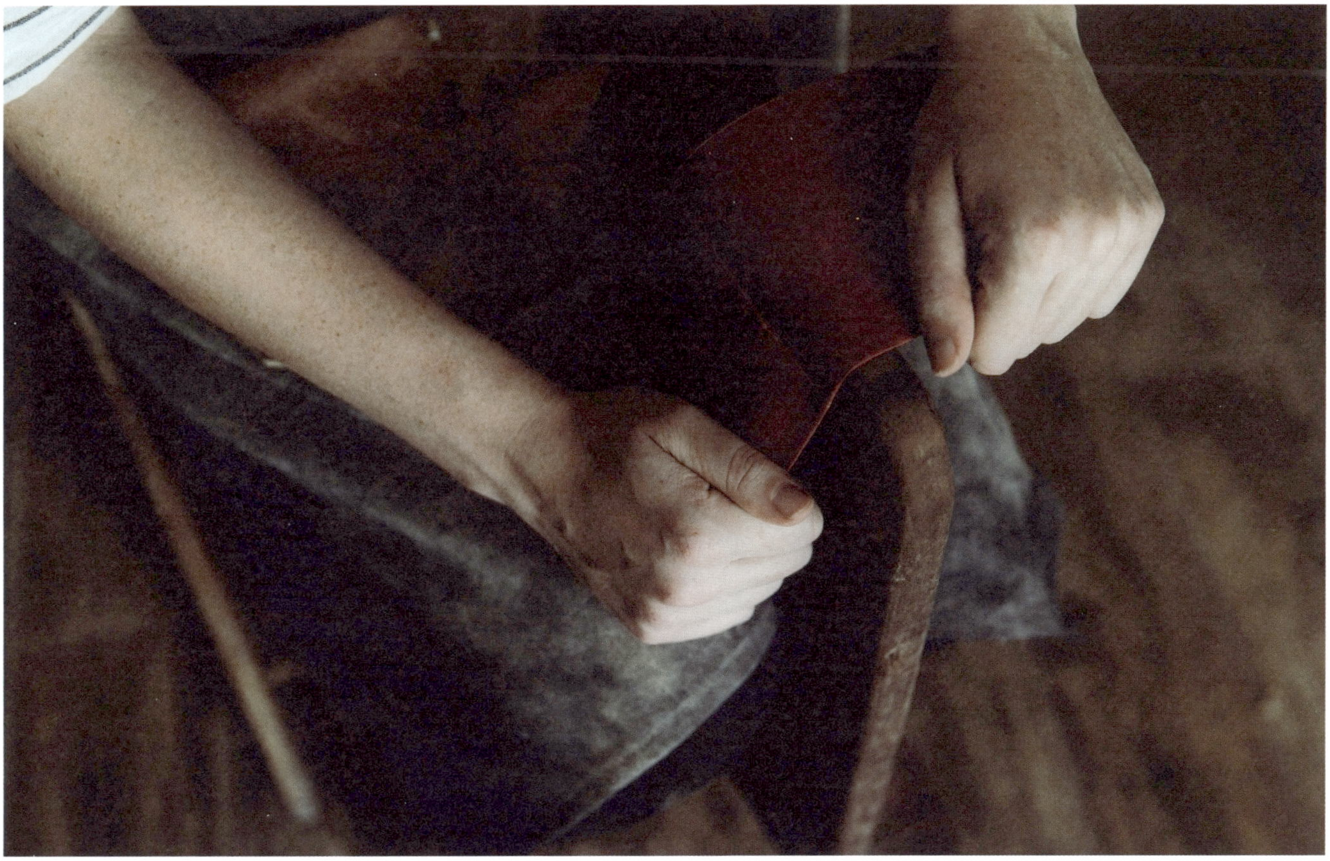

4

EINE BEIZE AUFTRAGEN

Wenn Sie eine Holzschnitzerei beizen möchten, führen Sie dies nach dem Schleifen und Entfernen des Staubs von der Holzoberfläche aus. Beizen können auf Holz verwendet werden, um ihm eine schöne gleichmäßige Farbe zu verleihen. Ich rate davon ab, Harthölzer zu beizen, einfach wegen der von Natur aus schönen Farben des Holzes.

Nach dem Schleifen und Entfernen aller Staubpartikel tragen Sie eine dünne Schicht Beize mit einem Schaumstoff- oder Borstenpinsel auf, und zwar in Richtung des Faserverlaufs. Manche wischen gerne mit einem fusselfreien Lappen die Farbe kurz nach dem Auftragen ab, damit die Beize nicht vollständig in das Holz eindringt, was eine hellere Tönung ergibt. Ich persönlich beize nicht auf diese Art und Weise. Wenn ich beize, trage ich mindestens zwei oder drei Schichten auf und bekenne mich zu der kräftigen Farbe. Lassen Sie jede Beizschicht vollständig austrocknen, bevor Sie eine weitere Schicht auftragen.

Denken Sie daran, dass Beizen das Holz nicht vor äußeren Einflüssen schützt, es verleiht ihm lediglich Farbe. Manche Beizen sind mit Polyurethanlack gemischt. Ich empfehle Ihnen sehr, diese Mischungen zu verwenden, da sie viel Zeit sparen. Anstatt eine Beize und eine Schutzschicht separat aufzutragen, können Sie beides in einem Durchgang erledigen.

OBERFLÄCHENSCHUTZ

Sowohl Hart- als auch Weichholz profitiert von einem Oberflächenschutz. Das kann eine Behandlung mit Klarlack, Öl, Wachs oder Polyurethanlack sein. Diese Finishs versiegeln das Holz und schützen es vor gefährlichen äußeren Einflüssen wie Wasser, Lebensmitteln oder schmutzigen Händen. Einige Projekte in diesem Buch verwenden Polyurethanlack als klare Versiegelung, aber achten Sie darauf, diesen oder andere Finishs nicht für Gegenstände zu verwenden, die mit oder in der Nähe von Lebensmitteln verwendet werden.

Nach Entfernen sämtlicher durch das Schleifen entstandener Staubpartikel tragen Sie mit einem Schaumstoff- oder Borstenpinsel eine dünne Schicht Polyurethanlack auf das Holz auf und lassen es trocknen. Tragen Sie drei oder vier weitere Schichten auf, aber lassen Sie jede Schicht vor dem Auftragen der nächsten Schicht trocknen. Für ein hochglänzendes Aussehen schleifen Sie den Gegenstand zwischen den einzelnen Schichten mit Schleifpapier mit einer Körnung von mindestens 220 ab, entfernen Sie alle Staubpartikel und tragen Sie die nächste Schicht Polyurethanlack auf. Tragen Sie insgesamt vier oder fünf Schichten auf, um einen Glanzeffekt zu erzielen.

LEBENSMITTELECHT EINLASSEN

1 Achten Sie darauf, dass der Gegenstand nach dem Schleifen staubfrei ist. Vielleicht möchten Sie mit einem leicht angefeuchteten Papiertuch die Holzoberfläche abreiben, um sicherzugehen, dass das Holz sauber und zum Einölen bereit ist. Bereiten Sie Ihr ausgewähltes Finish vor; hier abgebildet ist eine Mischung aus geschmolzenem Bienenwachs und Mineralöl.

2 Tragen Sie das Finish mit einem fusselfreien Tuch dick auf die Holzschnitzerei auf. Die erste Schicht darf ruhig großzügig sein. Lassen Sie den Auftrag nun mindestens eine Stunde lang in das Holz einziehen.

3 Tragen Sie danach eine weitere dicke Schicht Finish auf. Lassen Sie es diesmal etwa 15–20 Minuten lang einziehen.

4 Wiederholen Sie diesen Vorgang weitere drei bis vier Male, um den Gegenstand einzulassen. Da Holz dazu neigt, im Laufe der Zeit auszutrocknen, müssen Sie das Holz gründlich einlassen, damit es beständig ohne Austrocknen oder Reißen benutzt werden kann.

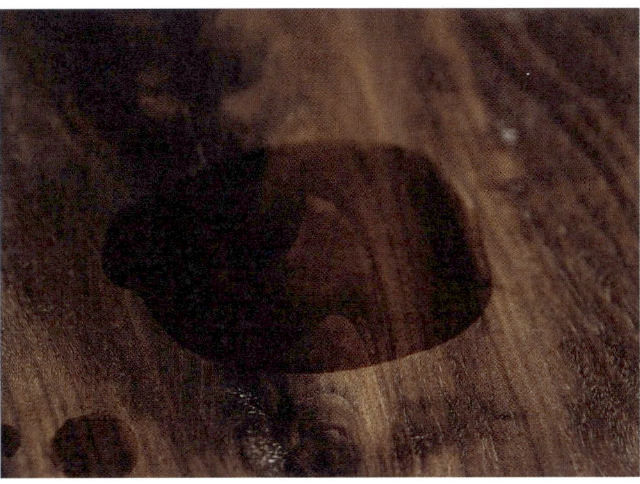

1

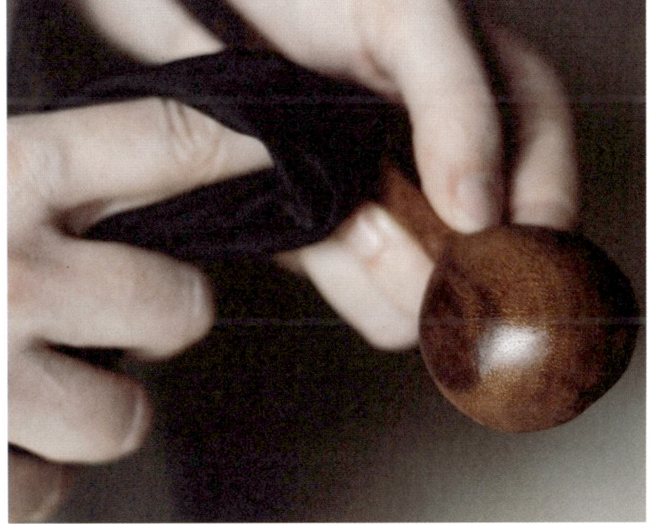

2

LEBENSMITTELECHTE FINISHS

Holzgegenstände für die Küche erfordern eine andere Oberflächenbehandlung. Diese Gegenstände müssen mit lebensmittelechten Ölen oder Wachsen behandelt werden. Es gibt verschiedene Arten von lebensmittelechten Finishs, aber einer meiner Favoriten ist eine Mischung aus geschmolzenem Bienenwachs und Mineralöl.

Die Pflege von Gegenständen, die mit einem lebensmittelechten Finish behandelten wurden, erfordert nicht viel. Weichen Sie sie nicht in Wasser ein oder geben Sie sie nicht in die Spülmaschine. Spülen Sie sie stattdessen mit flüssigem Spülmittel und Wasser ab. Tragen Sie nach mehrmaliger Benutzung erneut eine Schicht auf, damit der Gegenstand nicht austrocknet.

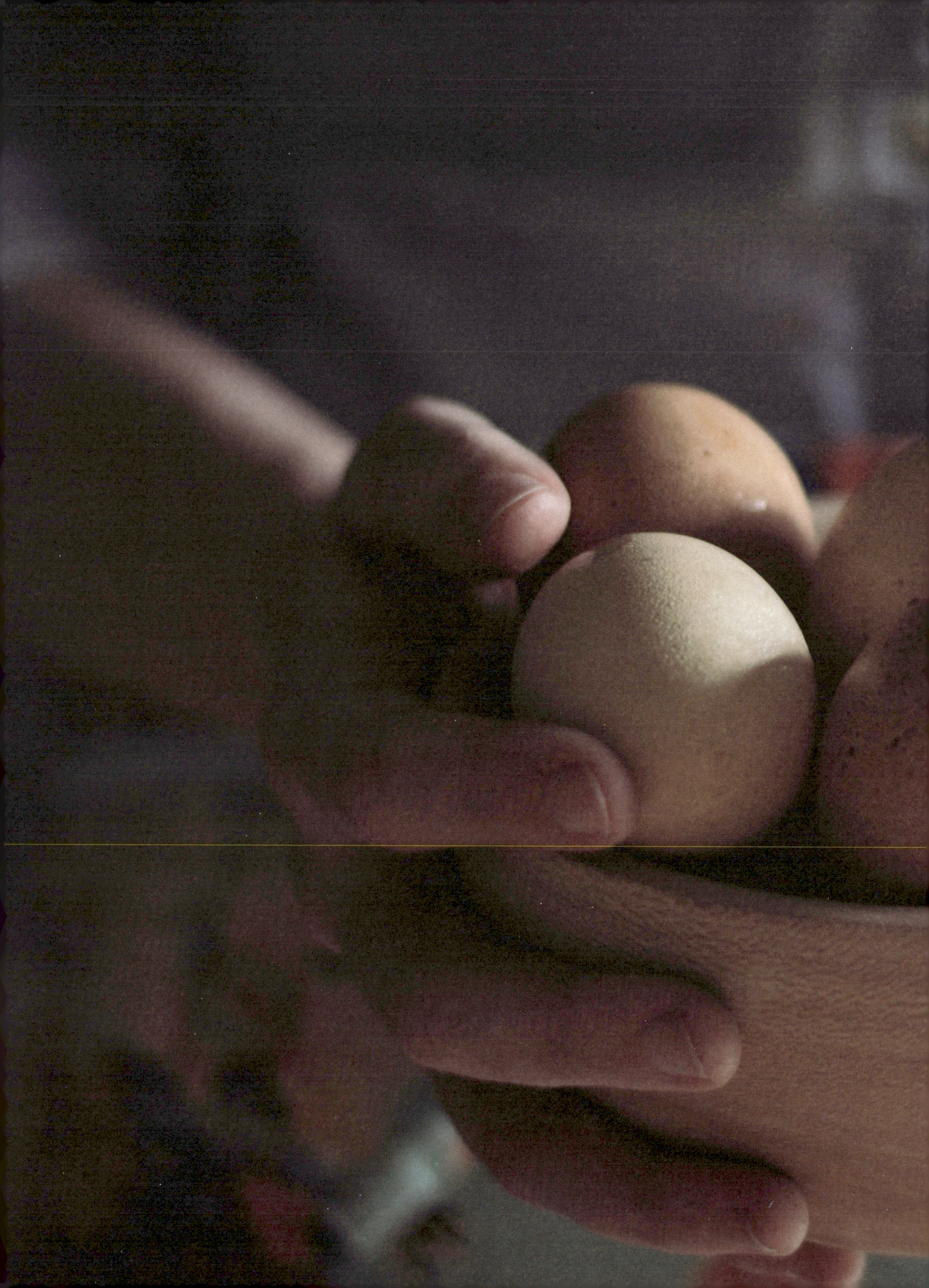

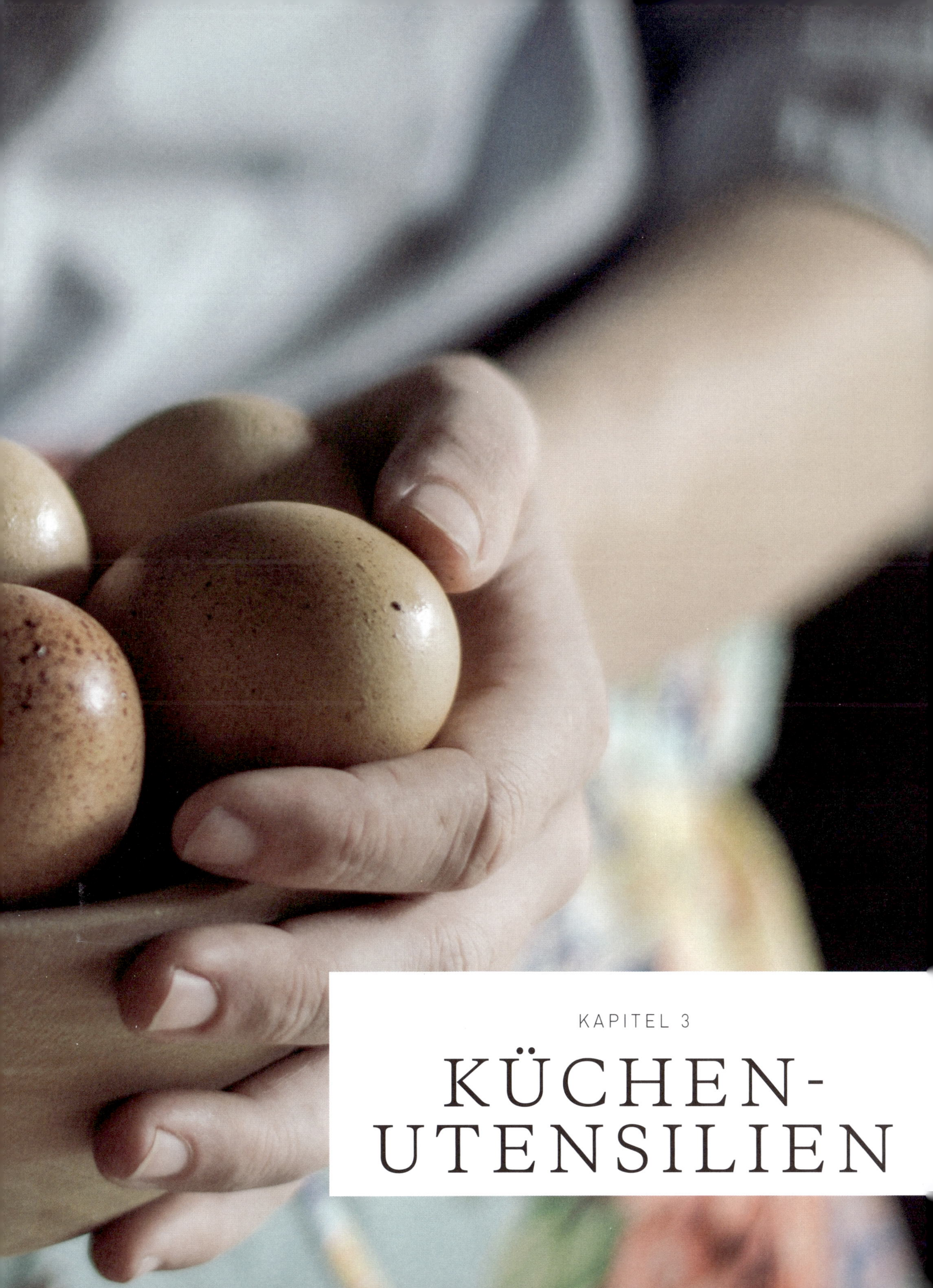

KAPITEL 3

KÜCHEN-UTENSILIEN

DESSERT-LÖFFEL

Dies ist die klassische Anleitung für einen Löffel. Es gibt viele Löffelvariationen, aber diese Grundlage zum Schnitzen der Laffe und des Griffs ist immer gültig.

WAS SIE BRAUCHEN

Hartholz: ca. 23 × 6 cm und 2 cm dick für einen Löffel; ein 23 × 12,5 cm großes Stück Ambrosia-Ahorn wurde hier verwendet, um drei Löffel herzustellen

Bleistift

Zwingen

Hohleisen Stich 8, 18 mm Stichbreite

Flacheisen schräg Stich 1S, mit zweiseitigem Anschliff, 16 mm Stichbreite

Universal-Kerbschnitzmesser

Band- oder Laubsäge

Schleifpapier: grob (Körnung 80–100), mittel (120–150) und fein (220–320)

Lebensmittelechtes Finish; hier wurden Mineralöl und Bienenwachs verwendet

Fusselfreies Tuch

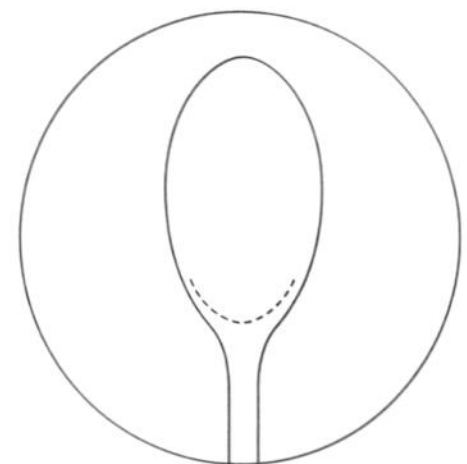

—

Vorlagen: Seite 133

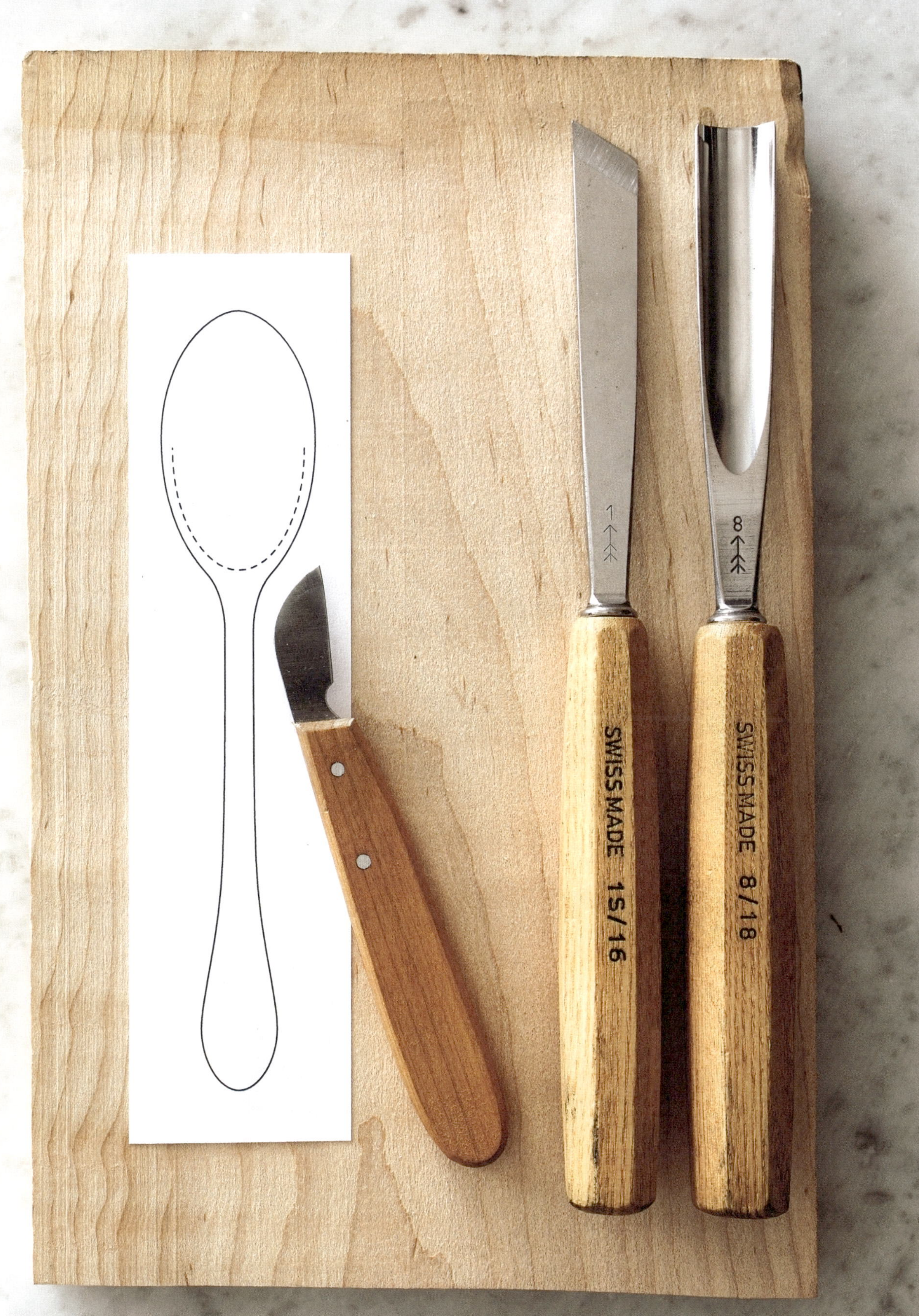
SWISSMADE 1S/16
SWISSMADE 8/18

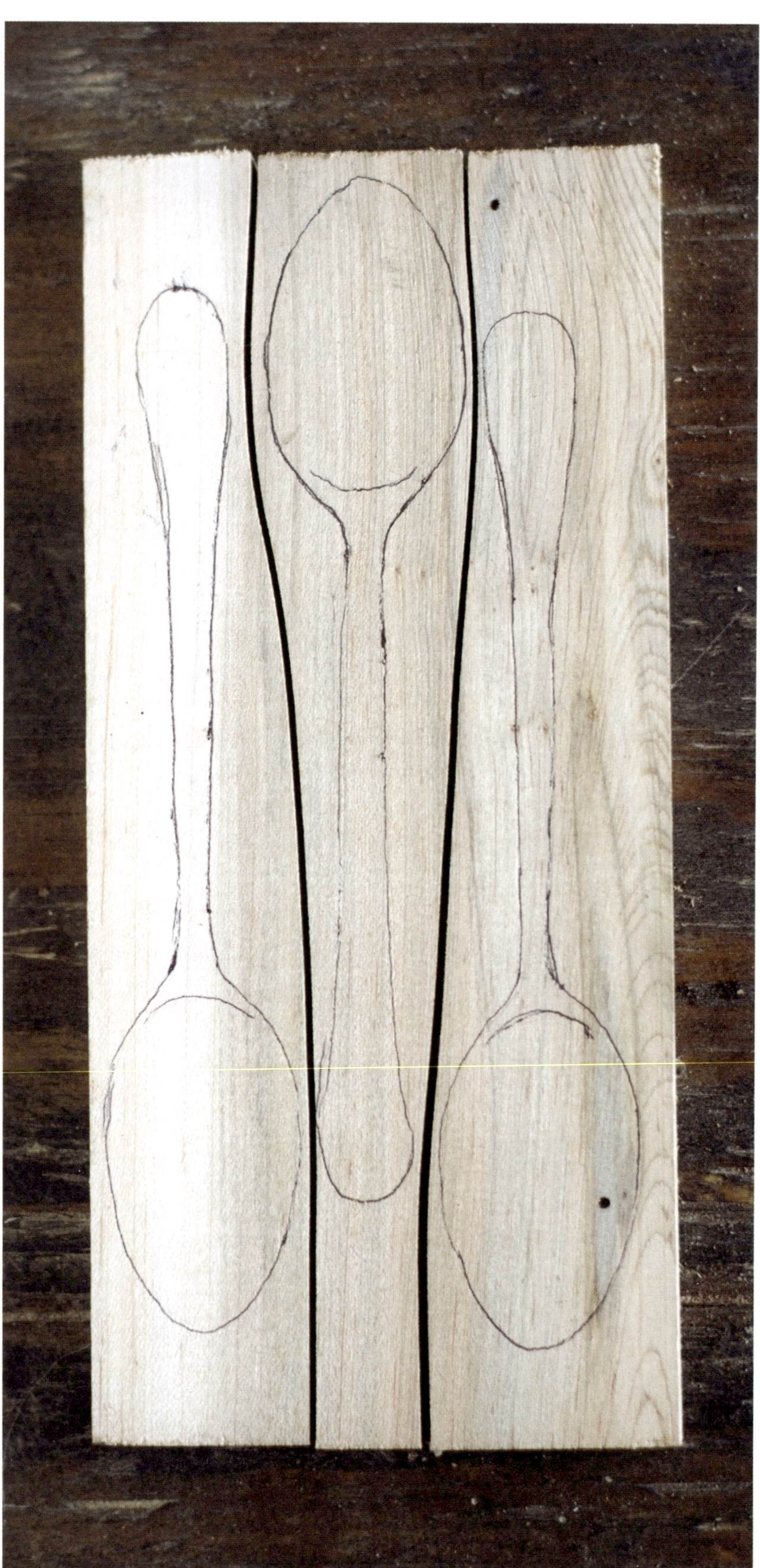

2

DIE FORM ZEICHNEN

1 Skizzieren Sie mithilfe der Vorlage die Vorderansicht des Löffels auf das Holz. Richten Sie die Zeichnung so aus, dass die Länge des Griffs in der gleichen Richtung wie die Faser des Holzes verläuft. Auf einem größeren Holzstück können Sie Platz sparen, indem Sie mehrere Löffel nebeneinander, Laffe zu Griff, zeichnen.

SCHNITZEN DER LAFFE

2 Wenn Sie mehrere Löffel auf einem einzelnen Holzstück gezeichnet haben, schneiden Sie mit einer Band- oder Laubsäge das Holz in separate Stücke für jeden Löffel. Schneiden Sie nicht direkt bis an den Umriss der Löffel, denn das extra Holz wird zum Aufsetzen der Zwinge benötigt.

3 Fixieren Sie das Holz mit Zwingen am Tisch. Arbeiten Sie das Holz aus der Laffe des Löffels mit einem Hohleisen heraus und beginnen Sie dabei am Griffende der Laffe. Verfahren Sie genauso an der anderen Seite der Laffe.

4 Höhlen Sie eine flache Laffe aus. Die Laffe eines Dessertlöffels ist nicht tief, sie ist am tiefsten am Griff und läuft in einer flachen Mulde an der Löffelspitze aus. Sobald Sie kleine, gekräuselte Holzspäne erhalten, wissen Sie, dass Sie mit dem Aushöhlen fertig sind.

5 Schneiden Sie mit einer Band- oder Laubsäge um die Form des Löffels herum. Lassen Sie jedoch extra Holz am Griffende übrig, damit Sie den Löffel noch mit Zwingen am Tisch fixieren können. Zeichnen Sie mithilfe der Vorlage die Seitenansicht des Löffels auf jede Holzseite. Diese Führungslinien zeigen Ihnen, wie viel Holz Sie von der Rückseite des Löffels abtragen müssen.

—

Dieser Löffel wurde aus Ambrosia-Ahorn hergestellt. Ahorn ist ein gängiges Hartholz, das schwer zu schnitzen sein kann, jedoch das beste dauerhafte Material für intensiven Gebrauch ist.

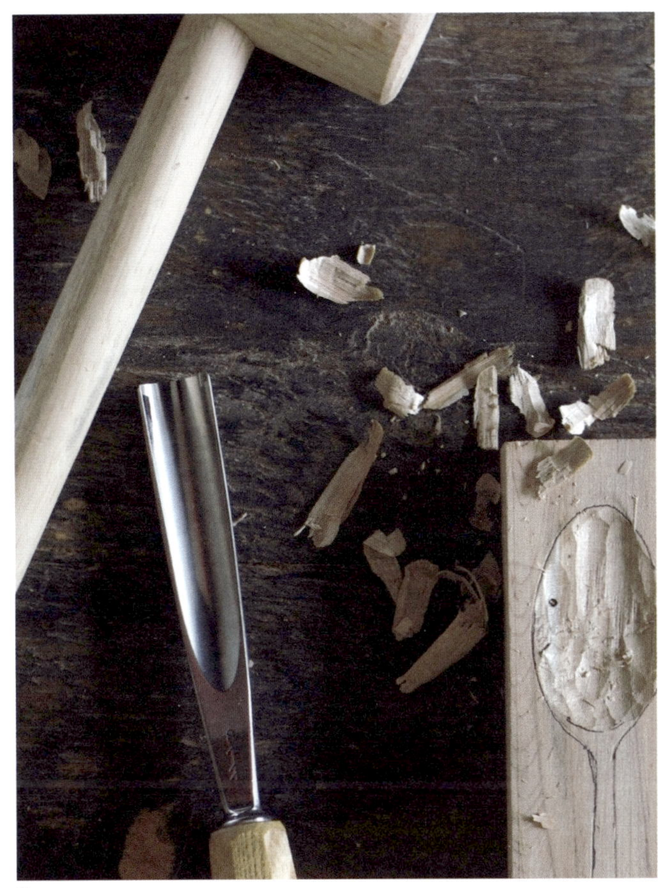

3

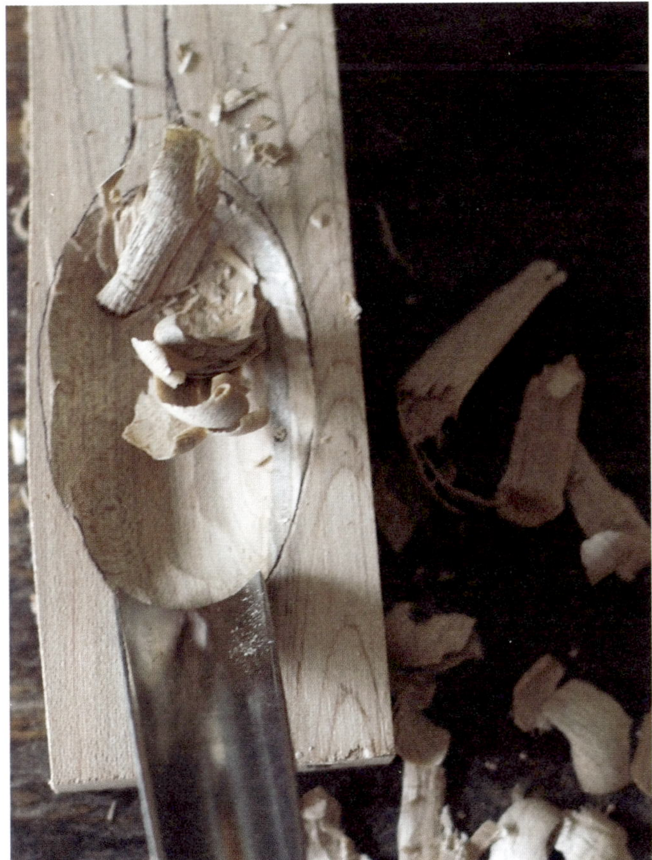

4

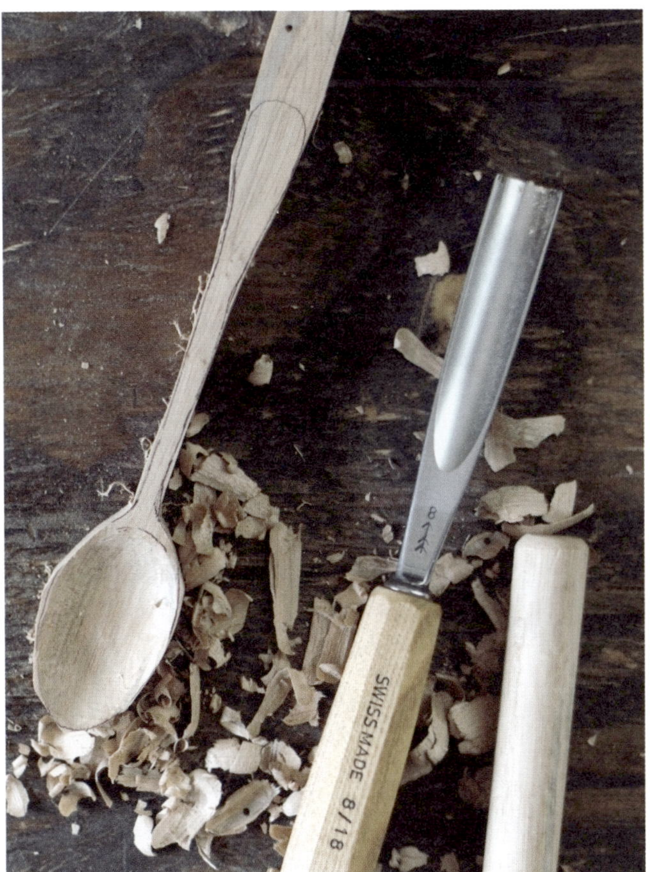

5

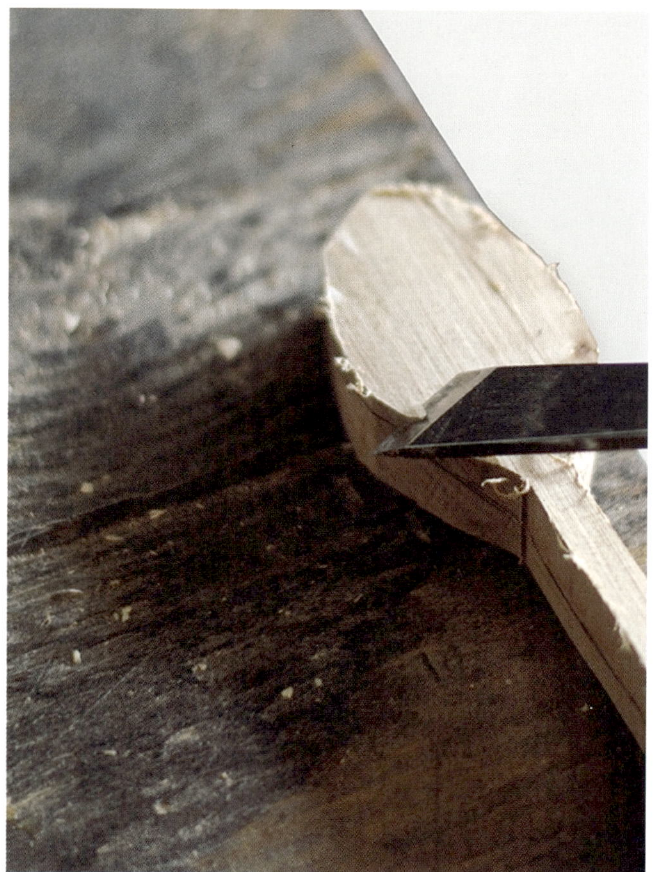

6

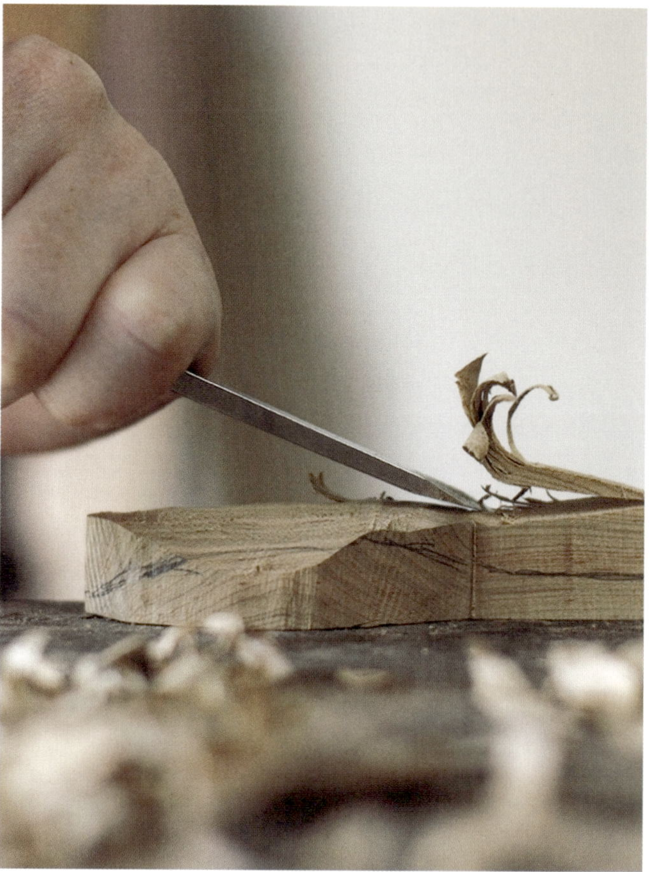

7

6 Fixieren Sie den Löffel mit der Laffenseite nach unten mit der Zwinge am Tisch. Vielleicht ist es für Sie hilfreich, zwei Zwingen am Griffende des Löffels zu verwenden, um das Holz zum Aushöhlen festzuhalten. Entfernen Sie das Holz an den Seiten mit einem Flacheisen, um die Unterseite der Laffe herauszuarbeiten. Beginnen Sie entweder auf der linken oder rechten Seite und verwenden Sie das Eisen in Faserrichtung, weg vom Griff. Tragen Sie nur kleine Späne auf einmal ab. Die Laffe ist in diesem Stadium empfindlich, und wenn Sie es mit dem Eisen übertreiben, haben Sie einen zerbrochenen Löffel. Hier ist Geduld gefragt!

DEN GRIFF SCHNITZEN

7 Geben Sie mit dem Eisen der Spitze der Laffe und der Rückseite des Griffs eine Form. Fangen Sie bei dem Griff an der Laffe an und arbeiten Sie sich vor bis zum Ende, um die Form zu verjüngen.

8 Modellieren Sie mit einem Schnitzmesser die Form des Griffs und arbeiten Sie dabei vom Griffhals an der Laffe bis zum Griffende. Halten Sie die Laffe des Löffels und schnitzen Sie die scharfen Kanten leicht mit einer fließenden Bewegung weg. Schneiden Sie nicht zu tief ein, sonst riskieren Sie, dass der Löffel zerbricht. Runden Sie mit dieser Technik die Wölbungen auf Laffe und Griff ab.

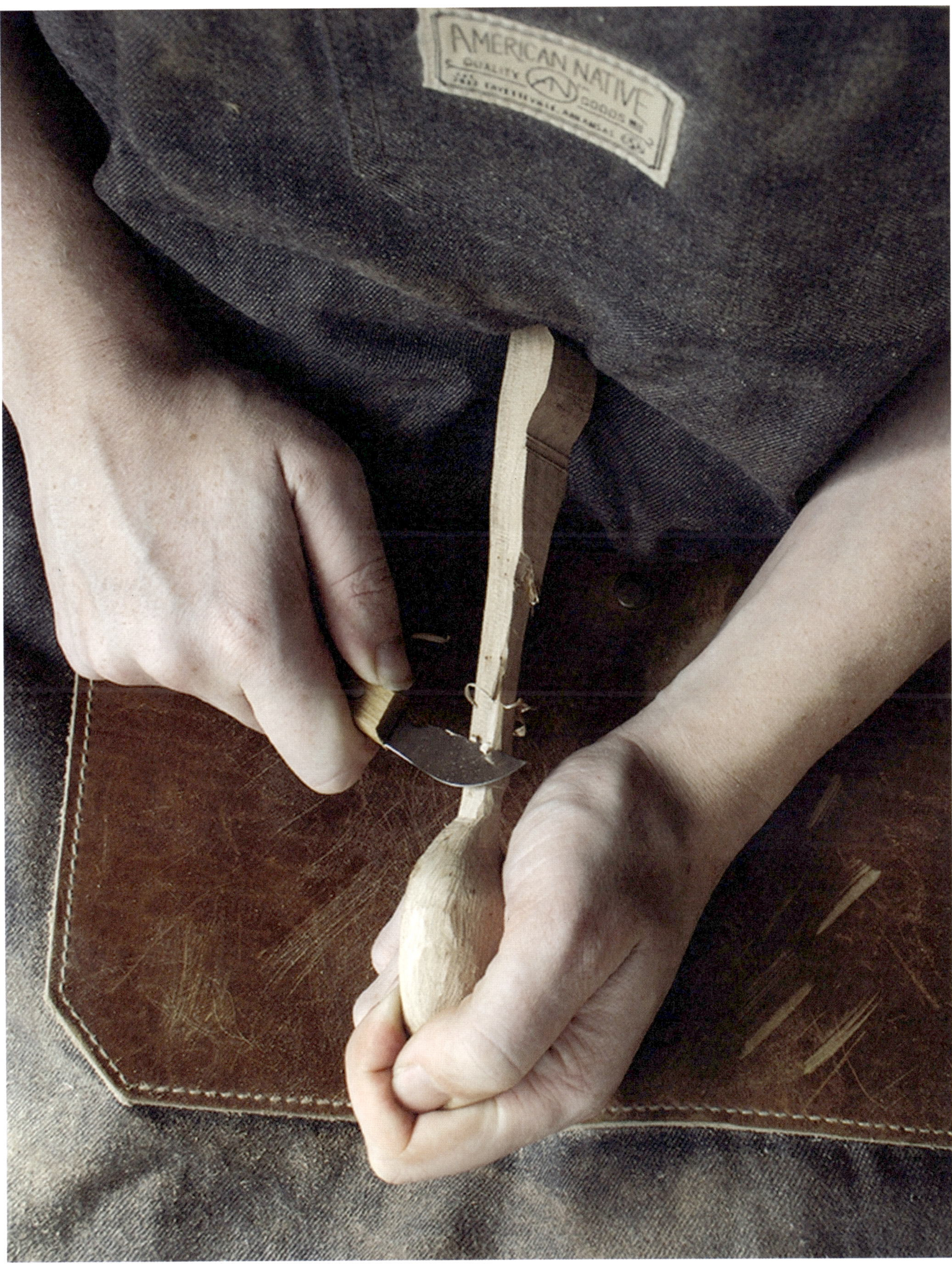
AMERICAN NATIVE
QUALITY
GOODS

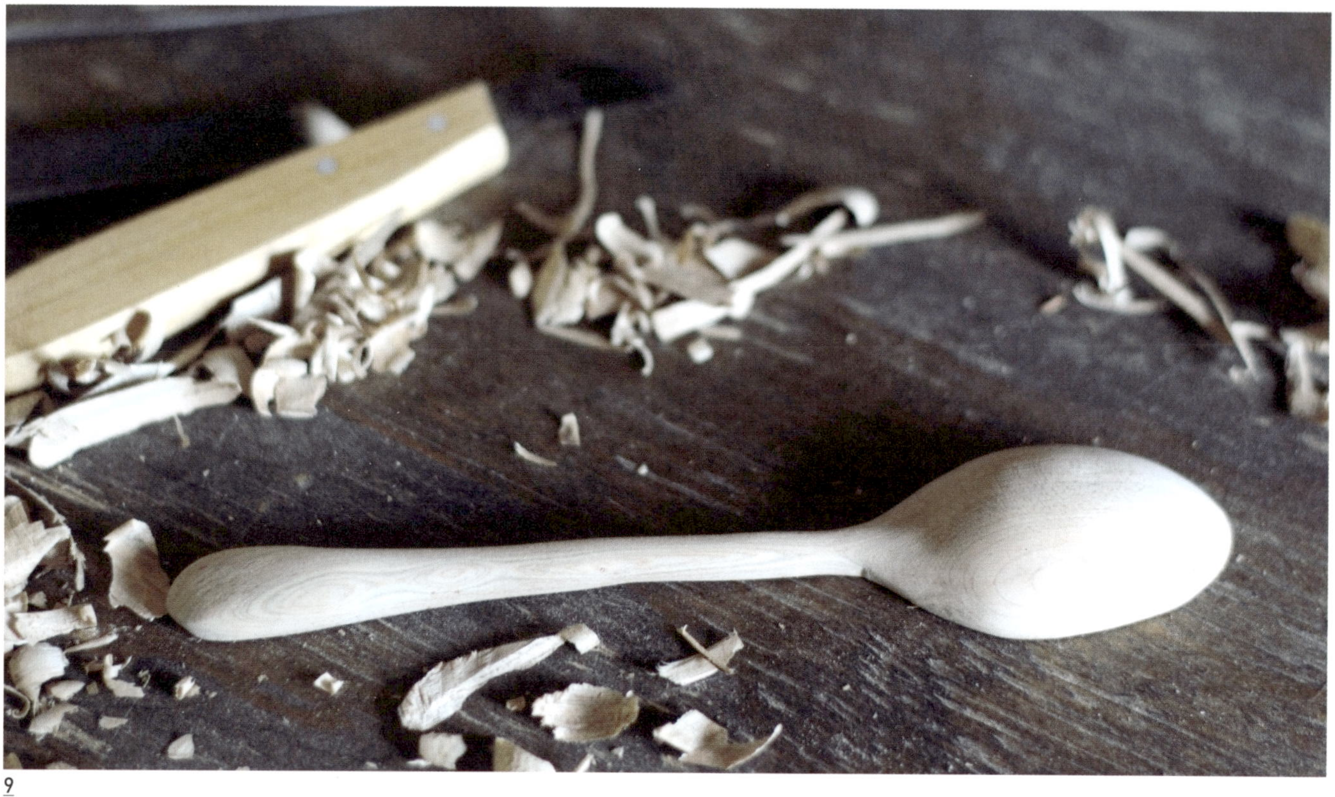

9

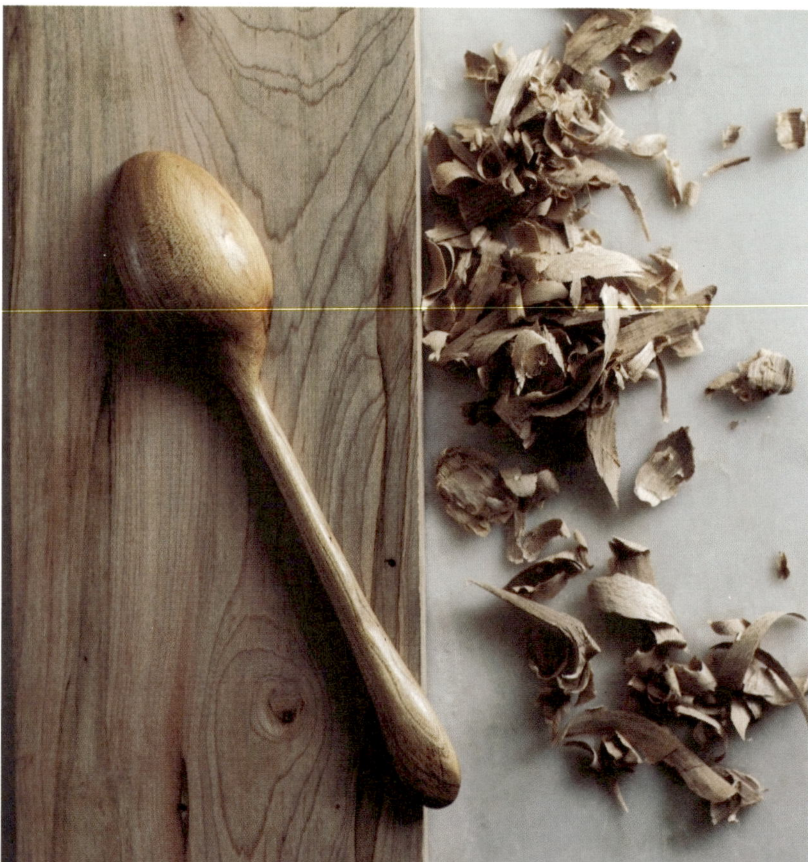

10

SCHLEIFEN

9 Beginnen Sie mit grobem Schleifpapier und schleifen Sie die Form des Löffels. Schleifen Sie der Reihe nach mit mittlerem, dann mit feinem Schleifpapier.

FINISH

10 Entfernen Sie alle Staubpartikel von dem Löffel und tragen Sie mit einem fusselfreien Tuch ein lebensmittelechtes Finish auf. Ich habe eine Kombination aus Mineralöl und Bienenwachs verwendet.

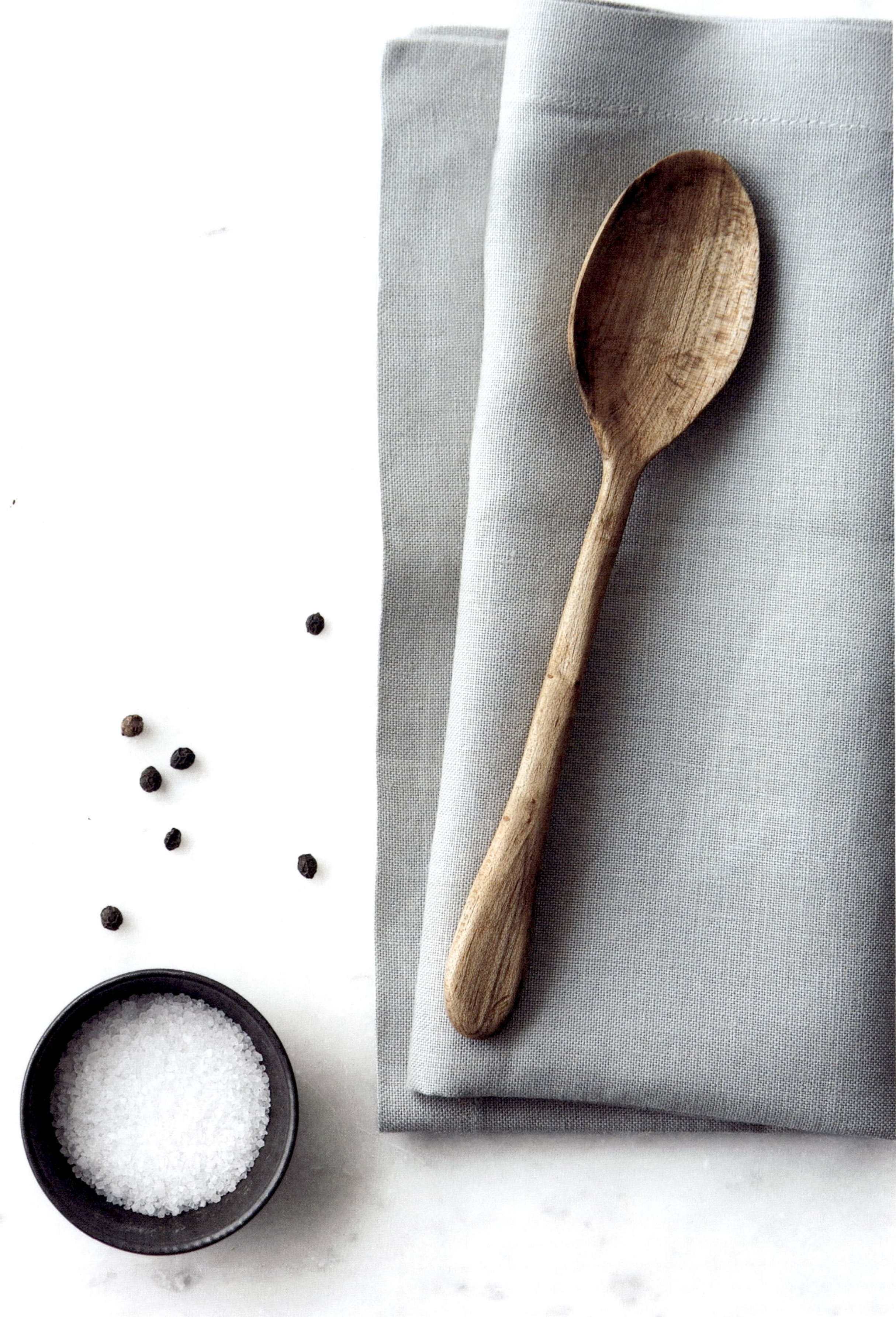

SCHÖPF-KELLE

Bei diesem Projekt liegt der Schwerpunkt auf dem Aushöhlen einer tiefen, ebenen Laffe aus Hartholz. Die Schöpfkelle hat eine viel größere Laffe als ihr Gegenstück, der Löffel.

WAS SIE BRAUCHEN

Hartholz: ca. 15 × 15 cm und 2 cm dick; hier wurde Claro-Walnuss verwendet

Bleistift

Zwingen

Hammer

Hohleisen Stich 8, 18 mm Stichbreite

Flacheisen schräg Stich 1S, mit zweiseitigem Anschliff, 16 mm Stichbreite

Universal-Kerbschnitzmesser

Band- oder Laubsäge

Handsäge

Schleifpapier: grob (Körnung 80–100), mittel (120–150) und fein (220–320)

Lebensmittelechtes Finish; hier wurden Mineralöl und Bienenwachs verwendet

Fusselfreies Tuch

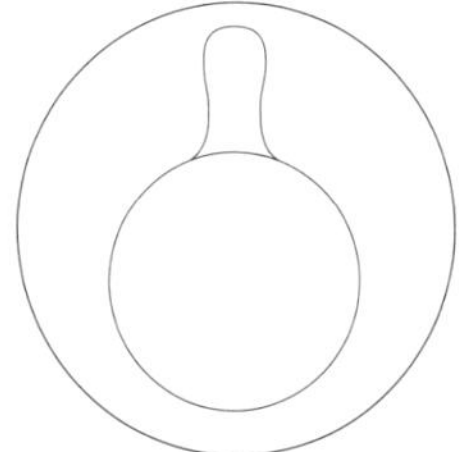

Vorlagen: Seite 134

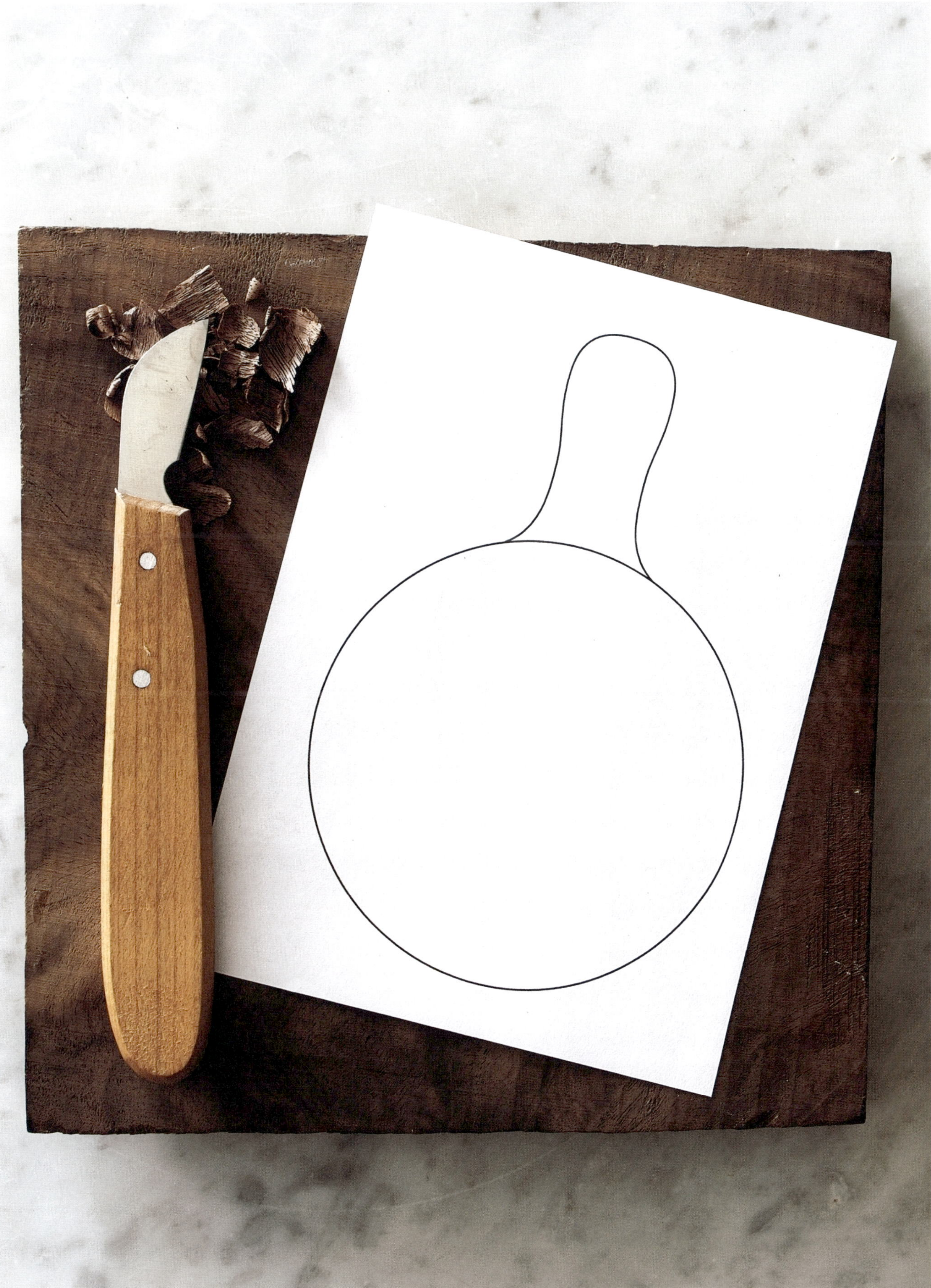

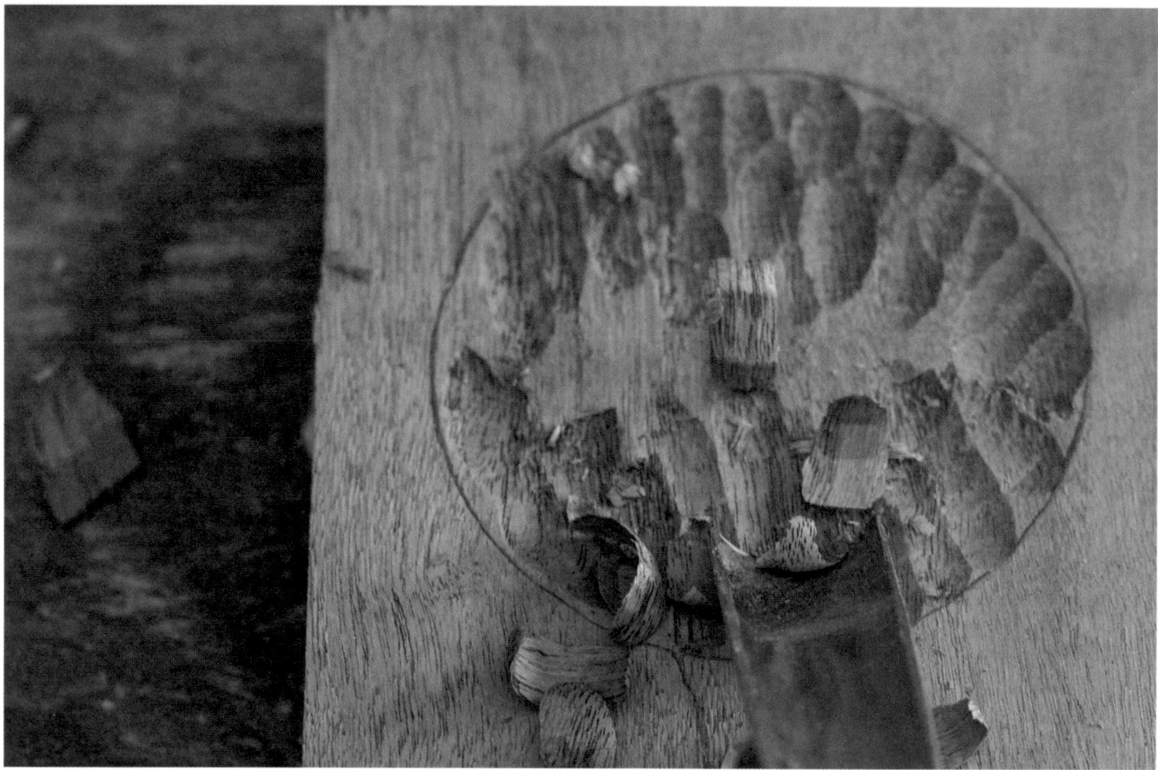

2

DIE FORM ZEICHNEN

1 Skizzieren Sie mithilfe der Vorlage die obere Ansicht der Schöpfkelle auf das Holz. Schöpfkellen sollten eine kreisförmige Laffe haben und einen kurzen Griff. Richten Sie die Zeichnung so aus, dass die Länge des Griffs in die gleiche Richtung wie die Faser verläuft.

SCHNITZEN DER INNENLAFFE

2 Fixieren Sie das Holz mit Zwingen am Tisch. „Brechen" Sie die Holzoberfläche in dem markierten Kreis mit einem Hohleisen und einem Hammer auf. Tragen Sie mit leichten Hammerschlägen die Oberfläche mit dem Hohleisen ab und fangen Sie damit entweder am Griffende des Kreises oder am anderen Ende an. Das Ganze auf der gegenüberliegenden Seite wiederholen.

3 Nachdem Sie eine flache Mulde aus der Oberfläche herausgearbeitet haben, heben Sie nur mit dem Hohleisen mehr Holz aus. Fangen Sie am äußeren Kreisrand an und arbeiten Sie sich nach innen vor. Arbeiten Sie systematisch im Kreis herum und tragen Sie nicht zu viel auf einmal von einer Seite ab.

4 Stemmen Sie weiter die Laffe der Schöpfkelle aus. Höhlen Sie nicht zu tief aus, sonst reißt das Holz. Sobald die Späne klein und gekräuselt sind, wissen Sie, dass Sie mit dem Aushöhlen fertig sind.

SCHNITZEN DER AUSSENLAFFE

5 Schneiden Sie mit einer Bandsäge, Laubsäge oder Handsäge die kreisförmige Laffe der Schöpfkelle grob aus, aber nicht den Griff. Lassen Sie einen breiten Streifen Holz auf beiden Seiten des Griffs übrig.

6 Zeichnen Sie mithilfe der Vorlage die Seitenansicht der Schöpfkelle auf jede Seite der Laffe. Man lässt sich beim Schnitzen der Rückseite der Laffe leicht mitreißen, daher muss man sich etwas bremsen, damit das Werkzeug nicht in die Innenseite der Laffe durchbricht.

7 Fixieren Sie die Schöpfkelle (mit der Laffe nach unten) am Tisch, indem Sie die Zwinge an dem Griffteil des Holzes anbringen. Sägen Sie mit einer Handsäge die dem Griff gegenüberliegende Seite der Laffe in einem Winkel ab. Dies ist eine Abkürzung, um die Rückseite der Laffe herauszuarbeiten.

8 Modellieren Sie die Laffe entsprechend den gezeichneten Führungslinien mit einer Kombination aus Hohleisen und Flacheisen. Achten Sie auf den Verlauf der Faser, denn in diesem Stadium kann das Holz leicht zerbrechen. Dies ist meist der kniffligste Teil beim Schnitzen einer Schöpfkelle (oder eines Löffels) und der Vorgang ist wesentlich langsamer als das Aushöhlen des Inneren der Laffe.

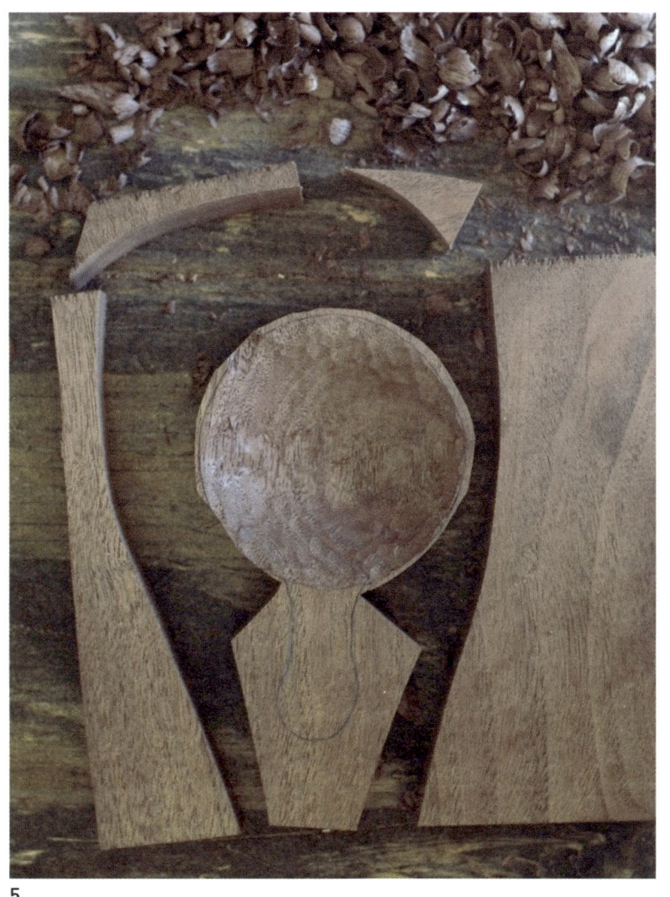
5

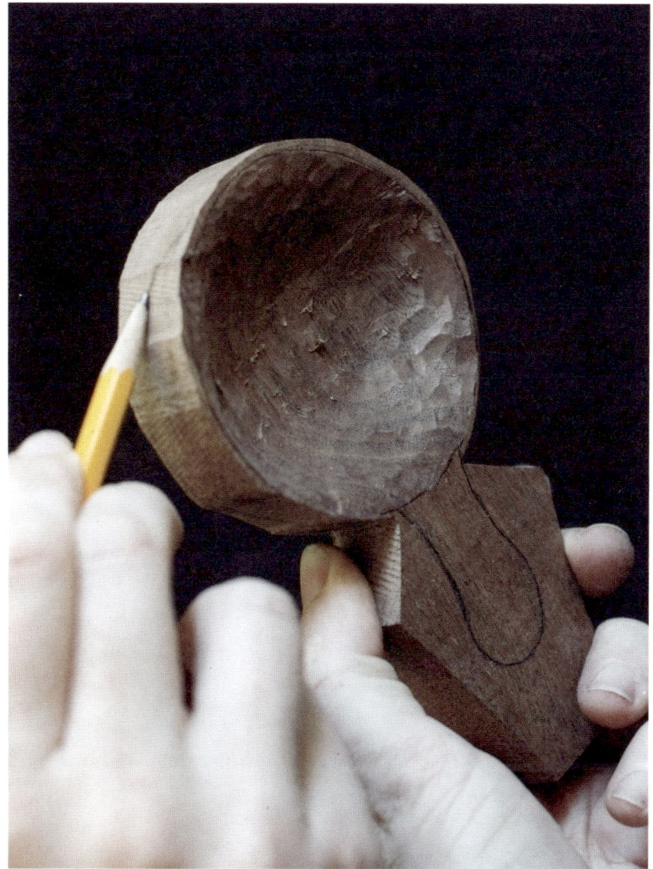
6

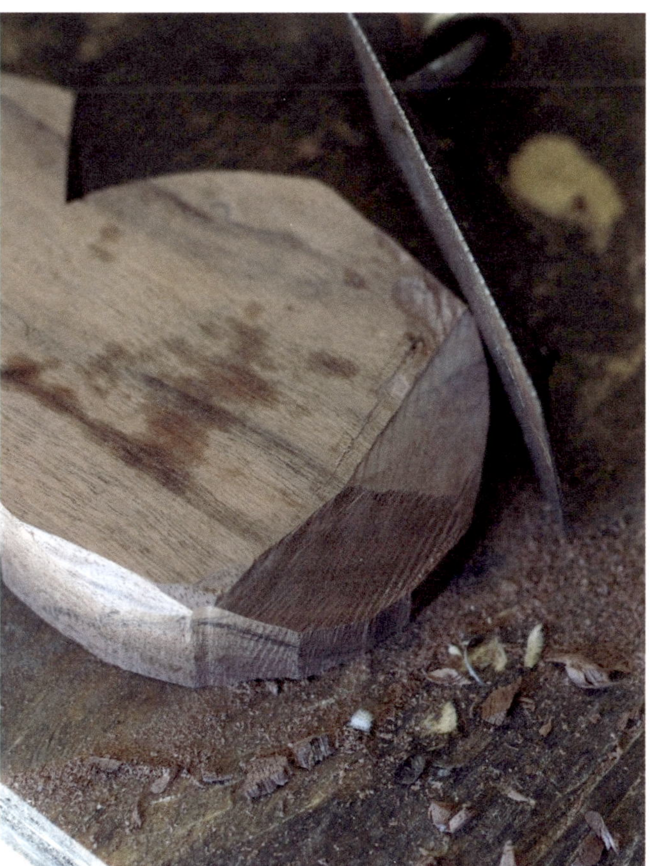
7

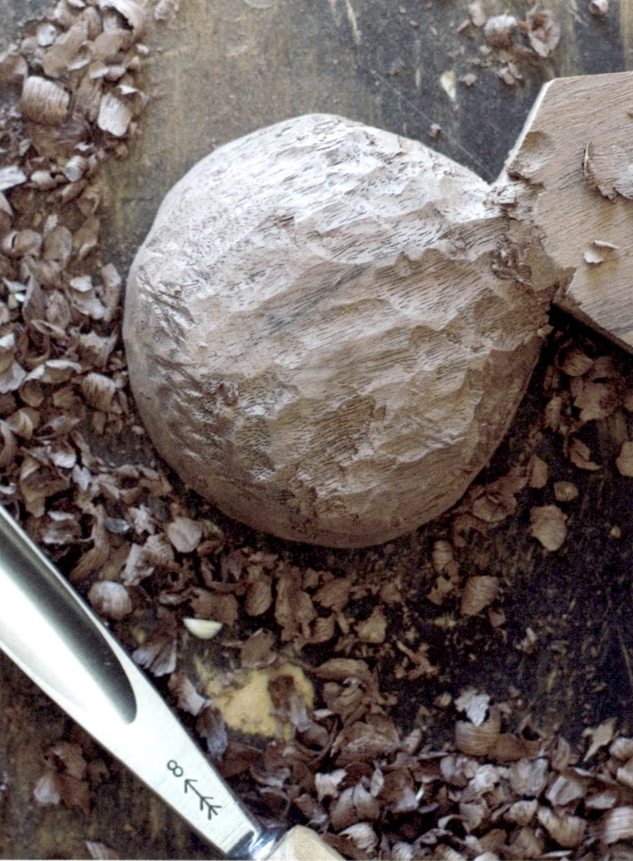

8

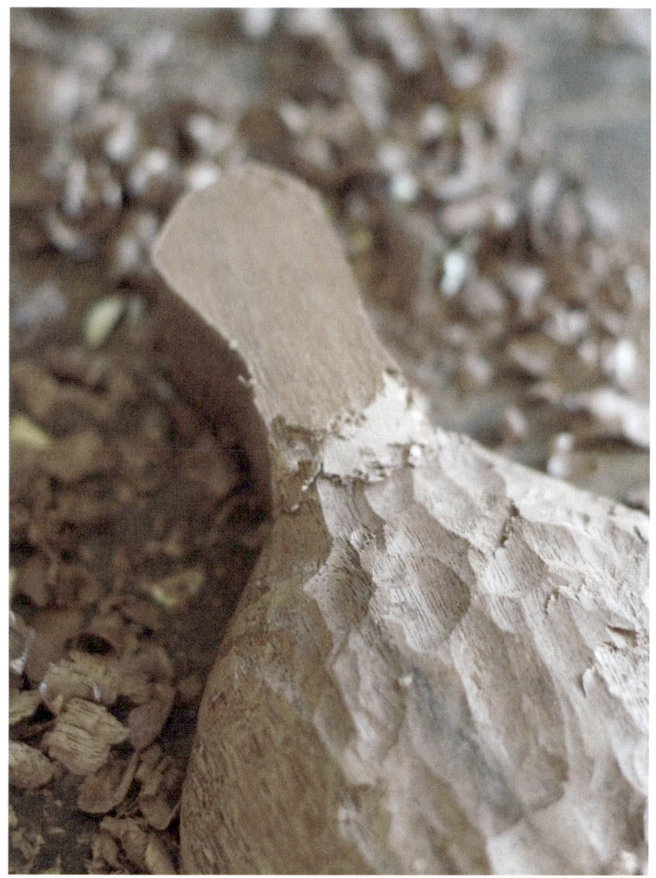
9

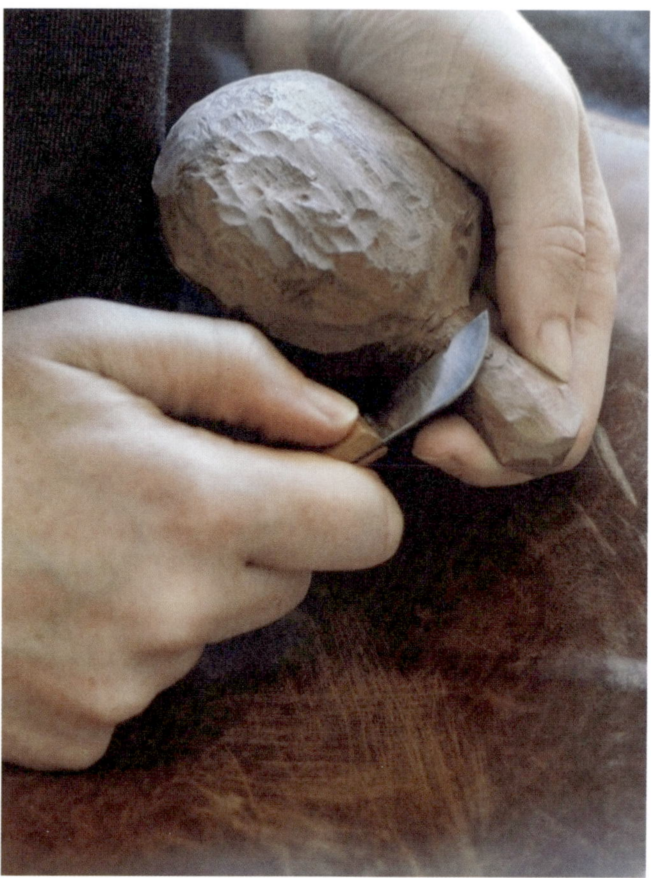
10

DEN GRIFF SCHNITZEN

9 Nachdem Inneres und Äußeres der Laffe herausgearbeitet sind, schneiden Sie mit einer Band- oder Laubsäge den Rest des Griffs aus.

10 Arbeiten Sie den Griff mit einem Schnitzmesser nach Ihrer Vorstellung heraus. Mir gefallen Griffe, die am Übergang, wo sie an die Laffe ansetzen, schlank sind und an der Spitze, wo sie mit der Handfläche umfasst werden, breiter sind. Sie können den Griff anders gestalten, wenn Sie möchten, oder Sie können davon abweichen und gar keinen Griff haben. Es ist Ihre Schöpfkelle – Sie haben die Wahl.

SCHLEIFEN

11 Schleifen Sie die Schöpfkelle überall mit grobem Schleifpapier ab. Gehen Sie zu Schleifpapier mit mittlerer Körnung über. Jetzt sollten die meisten Spuren des Aushöhlens abgeschliffen sein. Nehmen Sie für den letzten Arbeitsgang feines Schleifpapier.

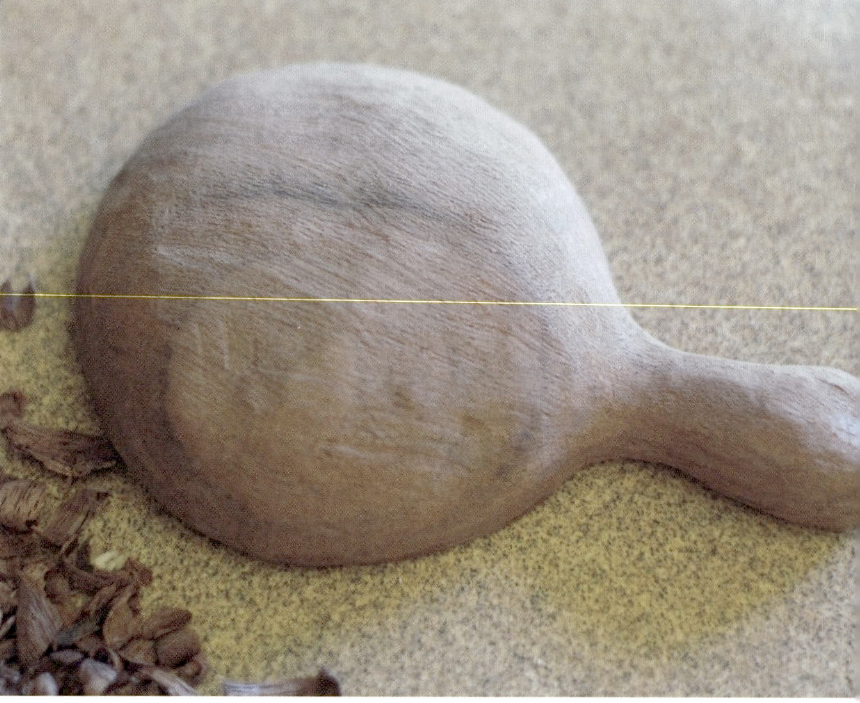
11

FINISH

12 Entfernen Sie alle Staubpartikel von der Schöpfkelle und tragen Sie mit einem fusselfreien Tuch ein lebensmittelechtes Finish auf. Ich habe eine Kombination aus Mineralöl und Bienenwachs verwendet.

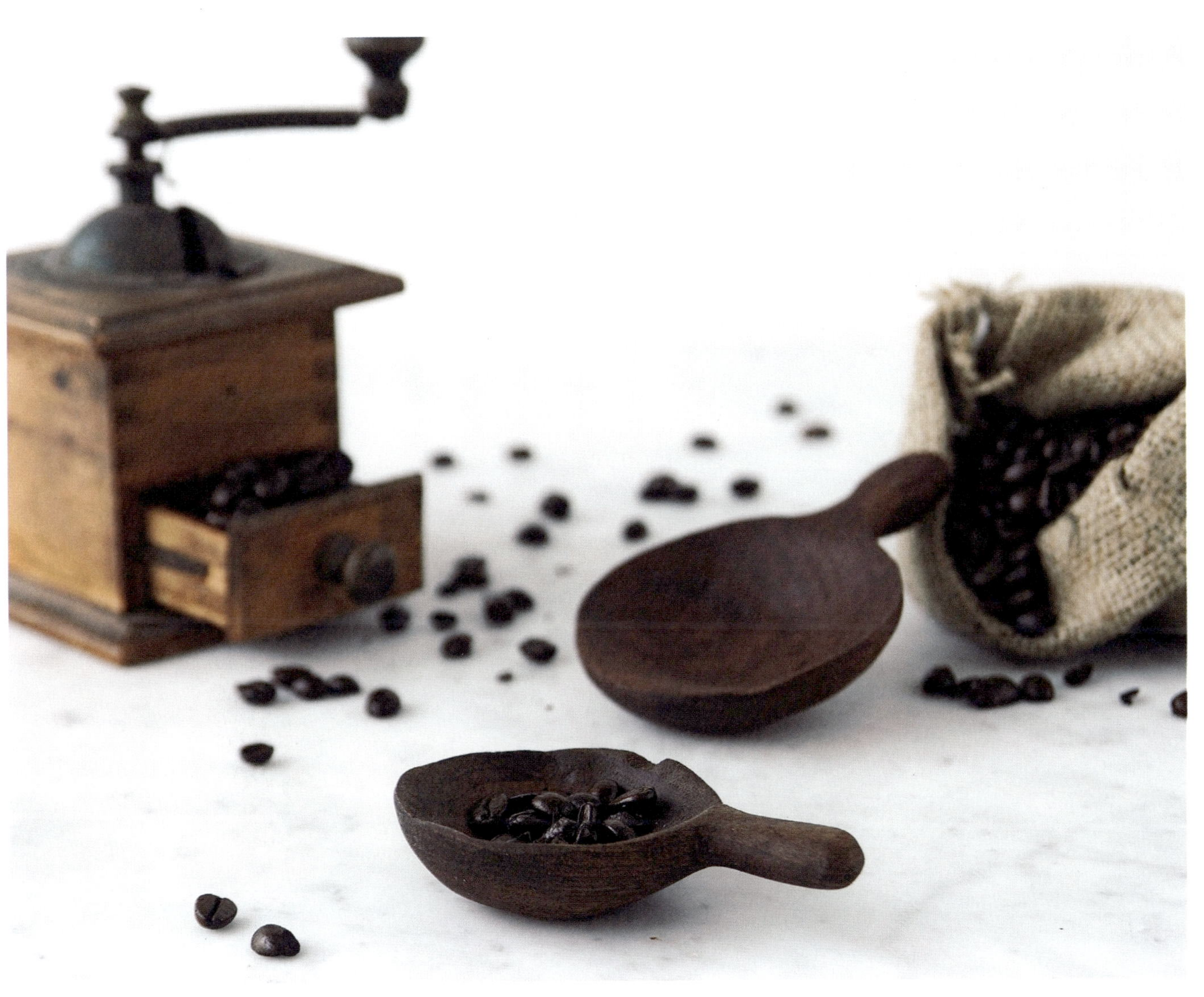

—

Diese Schöpfkelle wurde aus Claro-Walnuss hergestellt, die in Nordkalifornien und Oregon beheimatet ist. Claro-Walnuss wächst am Fuß des Schwarznussbaums und weist wirklich knorrige und verschlungene Faserstrukturen auf.

SERVIERBRETT

Für Servierbretter nimmt man am besten Harthölzer. Dieses Projekt würde auch ein großartiges Käse- oder Brotbrett ergeben; siehe jedoch Seite 70 zu Empfehlungen zur Herstellung eines strapazierfähigeren Schneidbretts aus Hirnholz.

WAS SIE BRAUCHEN

Hartholz: drei Stücke, jeweils ca. 33 × 11,5 cm und 2 cm dick; Sie können mehr oder weniger Stücke verwenden, die jedoch ca. 33 cm Breite ergeben sollten, wenn sie an den Seiten miteinander verbunden werden; hier wurde Ambrosia-Ahorn verwendet

Nicht haftendes Papier wie Wachspapier, Pergamentpapier oder Backpapier

Holzleim

2 Türspanner oder Rohrzwingen, um das Holz zusammenzuleimen, sowie Allzweck-Zwingen, um das Holz während des Schnitzens am Tisch zu fixieren

Hohleisen mit Stich Nr. 8, 18 mm Stichbreite

Raspel

Band- oder Laubsäge

Schleifpapier: grob (Körnung 80–100), mittel (120–150) und fein (220–400)

Lebensmittelechtes Finish; hier wurden Mineralöl und Bienenwachs verwendet

Fusselfreies Tuch

—

Ambrosia-Ahorn ist eines der dekorativsten Harthölzer, mit ausgeprägten bläulichen, braunen und rosa Streifen. Der Ambrosia-Käfer bohrt sich in den Baum, hinterlässt winzige Löcher im Holz und schleppt einen Pilz ein, der sich im Baum verbreitet, was zu den einzigartigen, bunten Streifen führt.

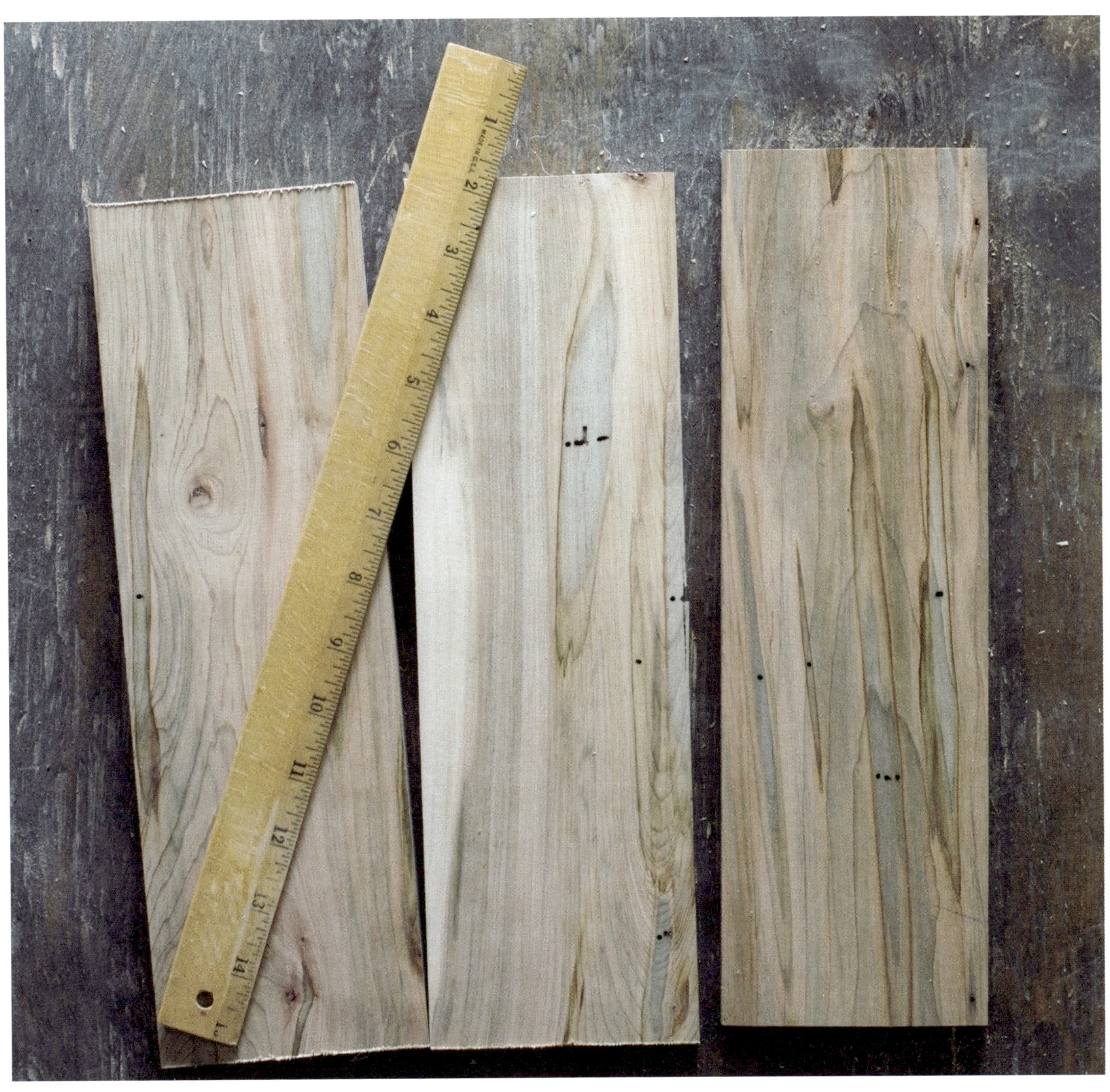

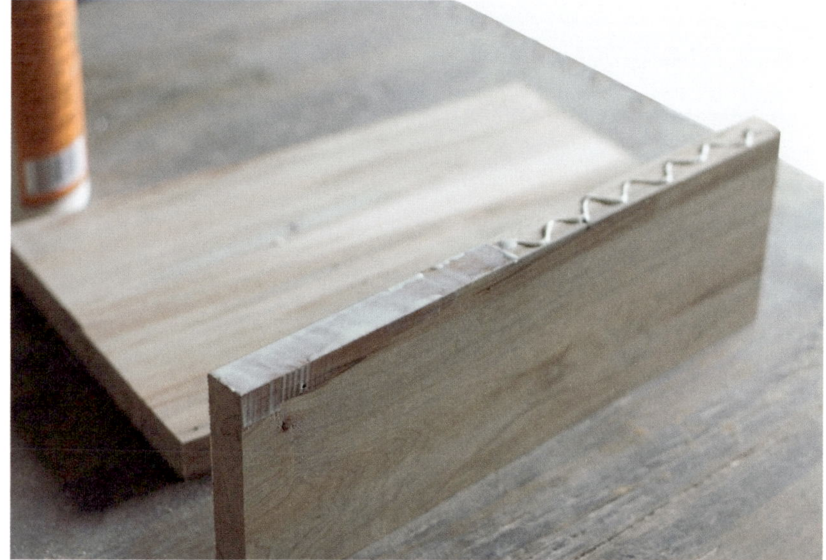

2

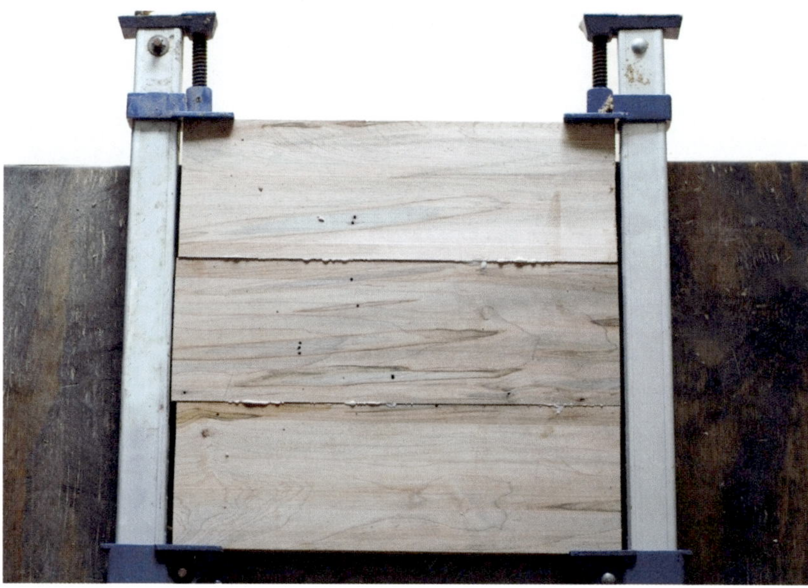

3

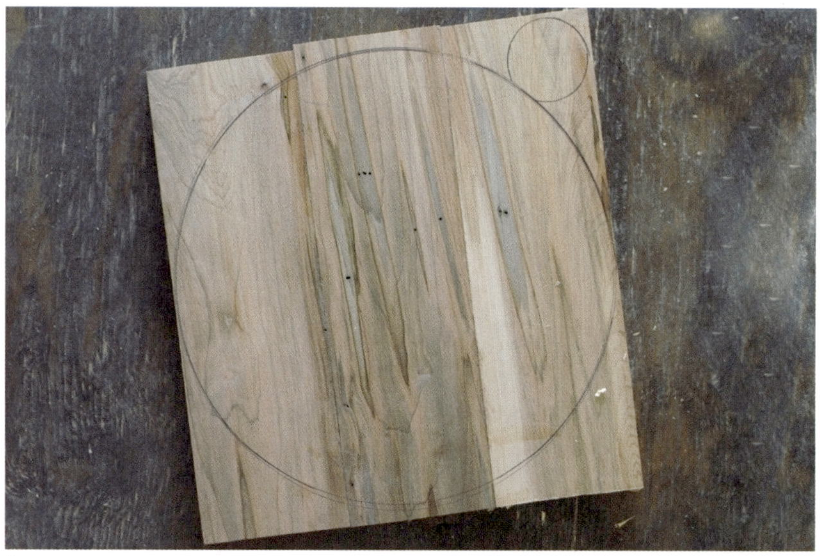

4

DAS HOLZ VORBEREITEN

1 Da Harthölzer sehr selten als breite Bretter erhältlich sind, müssen Sie schmalere Holzstücke zusammensetzen, um ein Brett mit den notwendigen Abmessungen zu bilden. Die hier verwendeten drei Stücke reichen für ein Servierbrett mit einem Durchmesser von ca. 30 cm.

2 Schützen Sie den Tisch mit nicht haftendem Papier. Tragen Sie entlang der Innenkanten des Holzes, an denen sie verbunden werden, Leim auf und verteilen Sie diesen gleichmäßig auf der Oberfläche. Drücken Sie die Holzstücke zusammen. Manchmal sickert Leim durch, aber das nicht haftende Papier verhindert, dass das Holz am Tisch festklebt.

3 Fügen Sie die drei Holzstücke mit jeweils einer Zwinge an jeder Seite zusammen und ziehen Sie die Zwingen langsam vollständig an. Alle drei Bretter sollten vollkommen flach aufliegen. Wenn sich die äußeren Teile verbiegen, haben Sie die Zwingen zu stark angezogen. Wischen Sie überschüssigen Leim ab und lassen Sie das Holz über Nacht trocknen.

DIE GRUNDFORM AUSSÄGEN

4 Zeichnen Sie die Form Ihres Servierbretts auf das Holz. Um dem gezeigten Beispiel gleichzukommen, zeichnen Sie einen großen Kreis mit einem Durchmesser von ca. 30 cm für das Servierbrett und einen kleinen Kreis in der Ecke für einen Griff.

5 Sägen Sie das Servierbrett und den Griff mit einer Band- oder Laubsäge aus. (Auf dem Foto sind einige weitere Brettformen gezeigt.) Wenn Sie eine Laubsäge verwenden, achten Sie darauf, dass das Brett während des Sägens fest am Tisch fixiert ist.

SCHNITZEN

6 Nachdem die Grundform ausgesägt ist, fixieren Sie das Brett mit den Zwingen am Tisch. Tragen Sie mit einem scharfen Hohleisen vorsichtig die harten Kanten ringsum ab. Die Späne sollten wie kleine Locken aussehen.

7 Damit der Griff etwas dünner als das Brett wird, tragen Sie mit dem Hohleisen einige Schichten von der Oberfläche des kleinen Kreises ab. Drehen Sie das Brett auf die andere Seite und arbeiten Sie Griff und Kanten entsprechend heraus.

8 Feilen Sie die schwer zugänglichen Stellen, an denen der Griff in das Brett übergeht, mit einer Raspel.

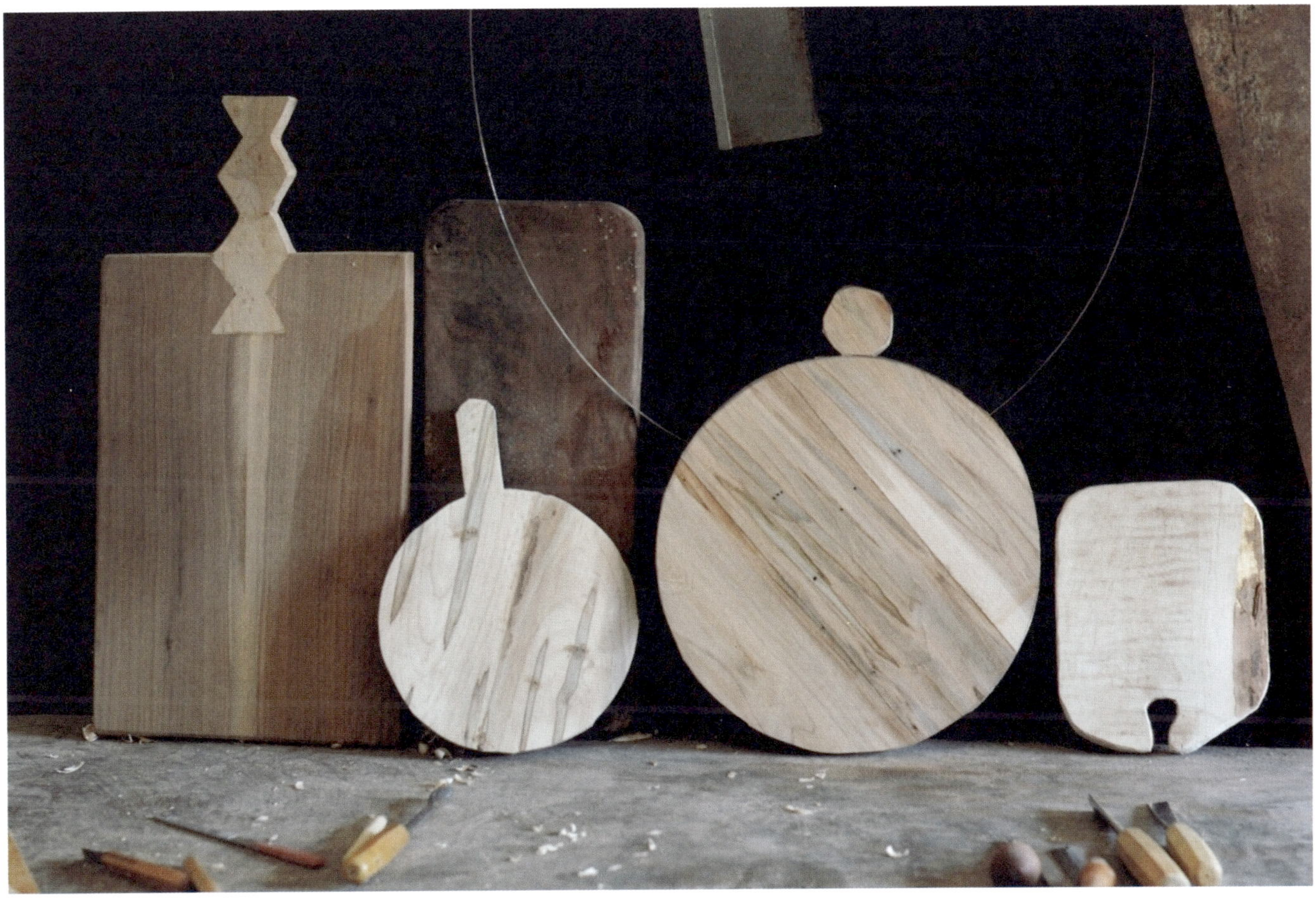

5

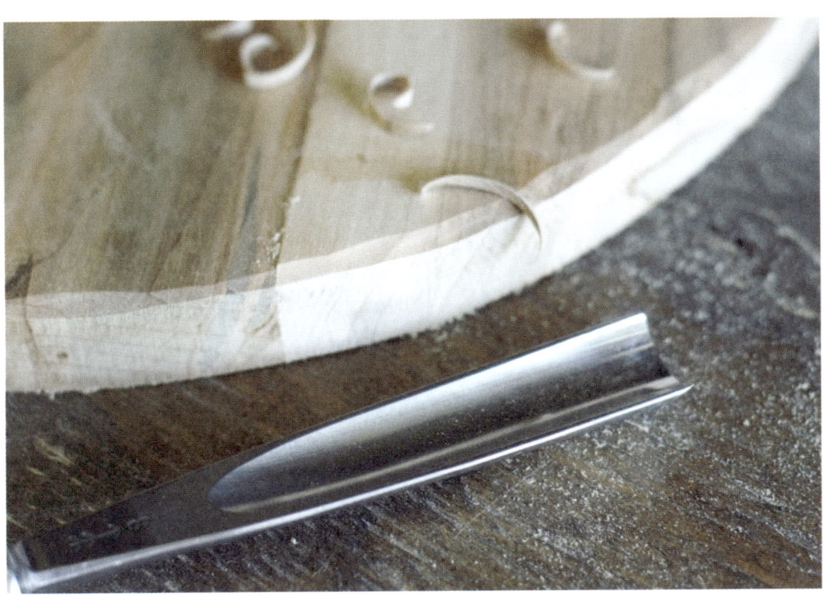

6

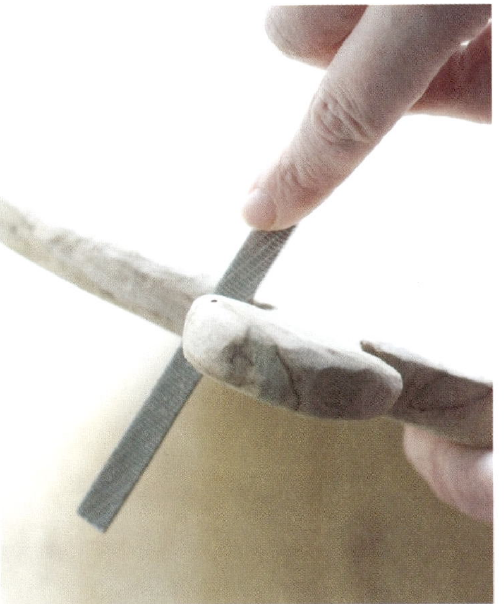

8

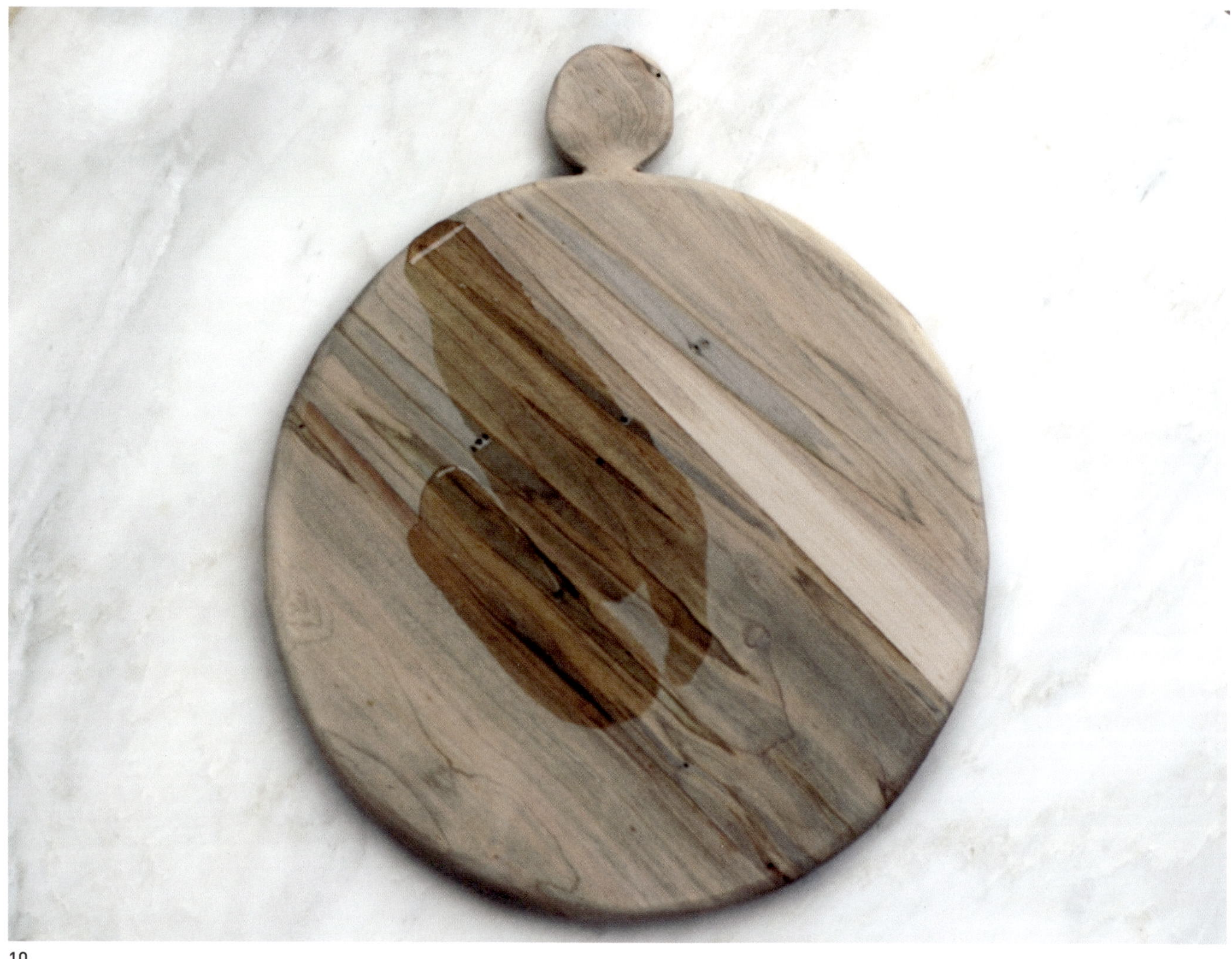

10

SCHLEIFEN

9 Schleifen Sie die Kanten und den Griff mit grobem Schleifpapier zu einer sanften Krümmung. Arbeiten Sie weiter mit mittlerem bis feinem Schleifpapier. Nehmen Sie im letzten Arbeitsgang Schleifpapier mit Körnung 400 für eine wirklich glatte Oberfläche.

FINISH

10 Entfernen Sie alle Staubpartikel von dem Brett und tragen Sie mit einem fusselfreien Tuch ein lebensmittelechtes Finish auf. Ich habe eine Kombination aus Mineralöl und Bienenwachs verwendet.

SCHNEIDBRETTER AUS HIRNHOLZ

In diesem Projekt zeigt die Längsholzseite des Holzes nach oben, was ein ideales Servierbrett ergibt. Obwohl es möglich ist, die Längsholzseite von Hartholz für ein Schneidbrett zu verwenden, sind Schneidbretter aus Hirnholz am besten und werden häufig in gewerblichen Küchen verwendet. Um ein Schneidbrett aus Hirnholz herzustellen, schneiden Sie zahlreiche kleine Holzquader zurecht und stellen sie mit der Hirnholzseite nach oben nebeneinander auf. Leimen und zwingen Sie alle Stücke zusammen, um eine feste Fläche zu erhalten. Küchenchefs lieben Schneidbretter aus Hirnholz, weil sie die Lebensdauer ihrer Messer verlängern. Wenn ein Messer in ein Hirnholzbrett schneidet, dringt die Klinge zwischen den Fasern in die Holzoberfläche. Dadurch bleiben die Messer scharf, während sie das Holz nur minimal beschädigen. Infolgedessen haben Schneidbretter aus Hirnholz eine sehr lange Lebensdauer.

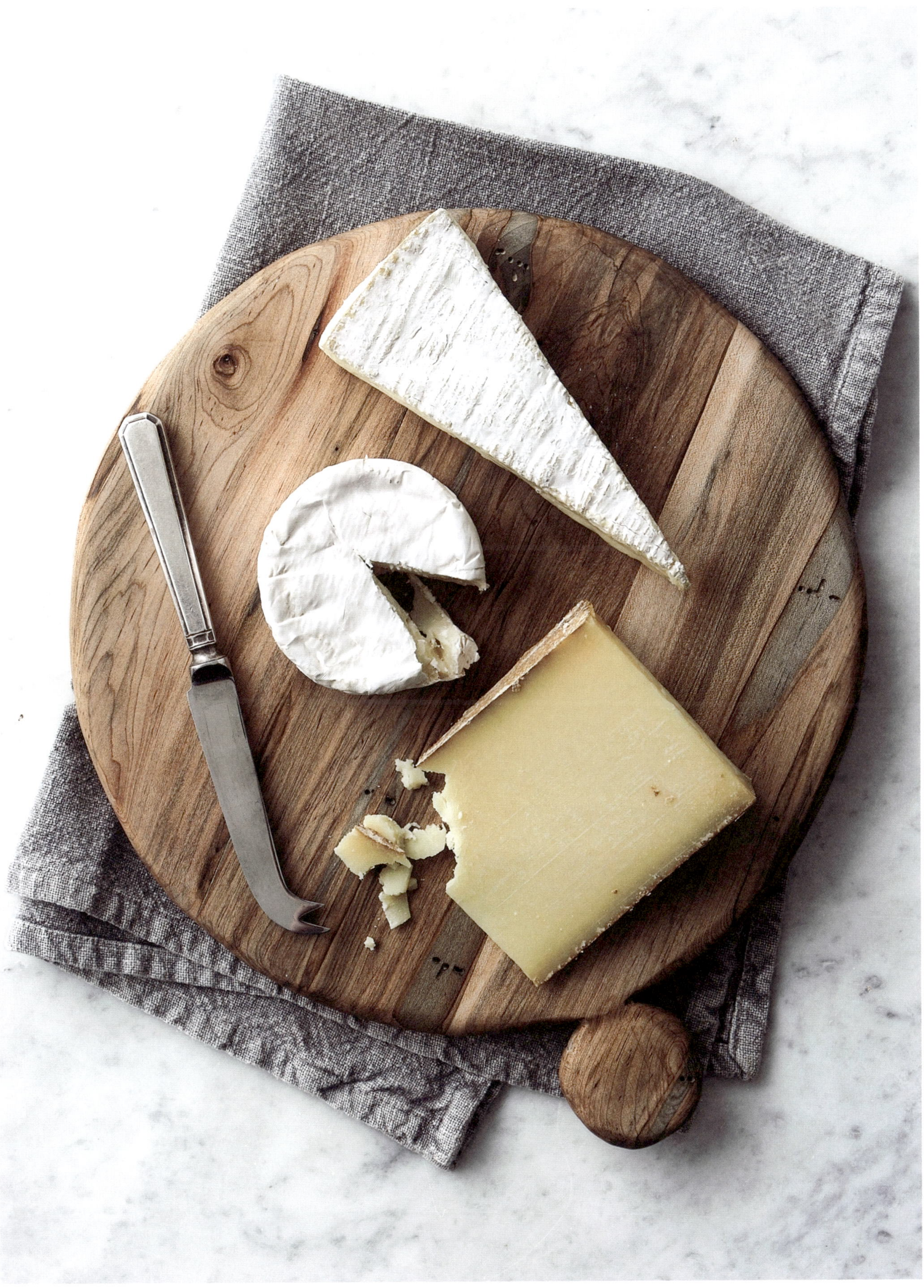

SALAT-BESTECK

Diese einfache Anleitung zeigt, wie man ein Salatbesteck aus Hartholz schnitzt. Die Laffen haben Zinken wie Bärenkrallen, eine optimale Form, um verschiedene Zutaten in einem Salat zu fassen.

WAS SIE BRAUCHEN

Hartholz: ca. 30 × 12,5 cm und 1 cm dick; hier wurde Ambrosia-Ahorn verwendet

Bleistift

Zwingen

Hammer

Hohleisen Stich 8, 18 mm Stichbreite

Flacheisen schräg Stich 1S, mit zweiseitigem Anschliff, 16 mm Stichbreite

Schleifpapier: grob (Körnung 80–100), mittel (120–150) und fein (220–320)

Lebensmittelechtes Finish; hier wurden Mineralöl und Bienenwachs verwendet

Fusselfreies Tuch

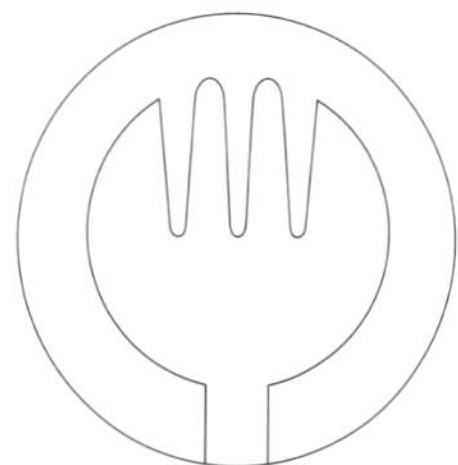

—

Vorlagen: Seite 135

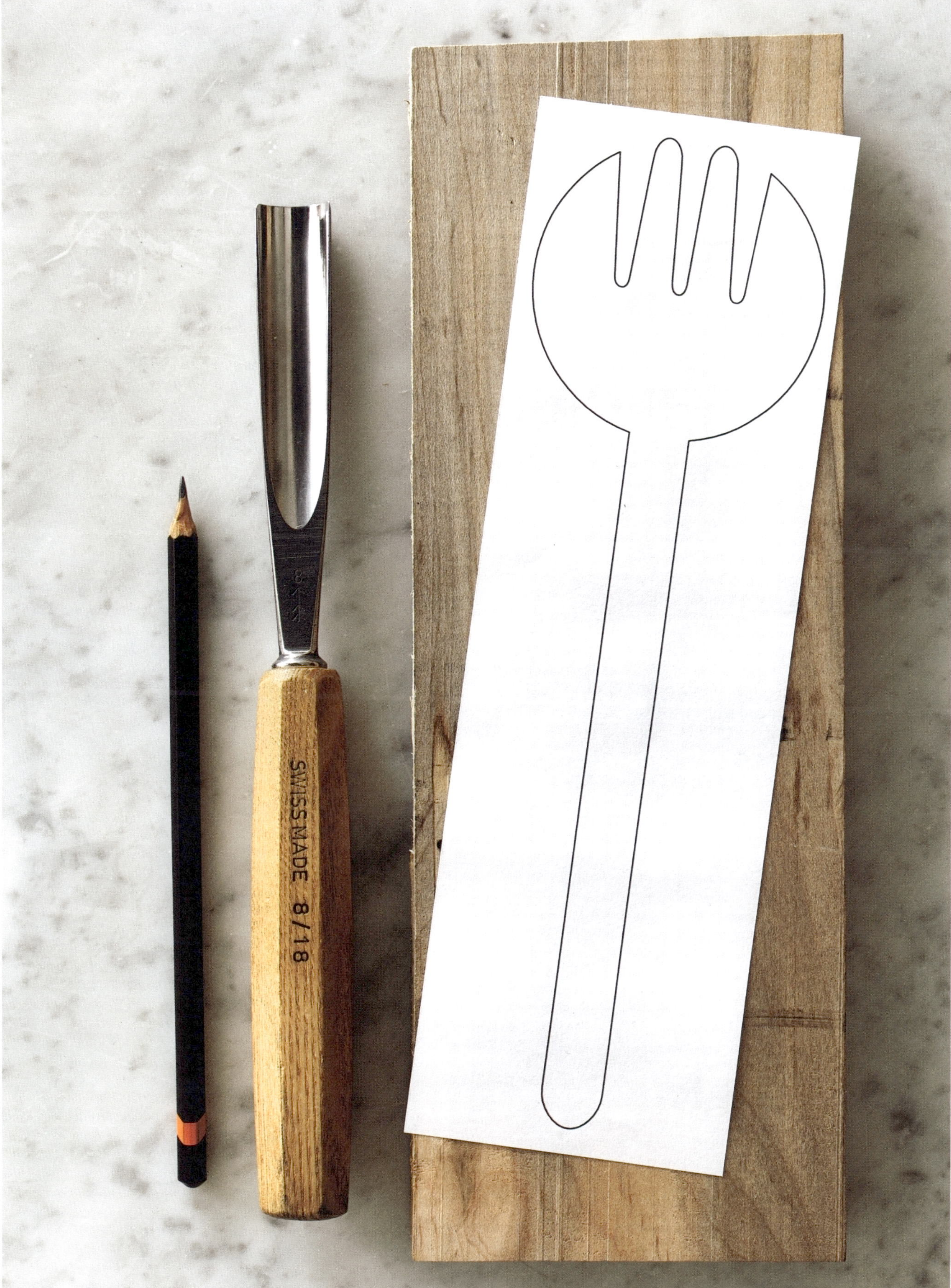
SWISS MADE 8/18

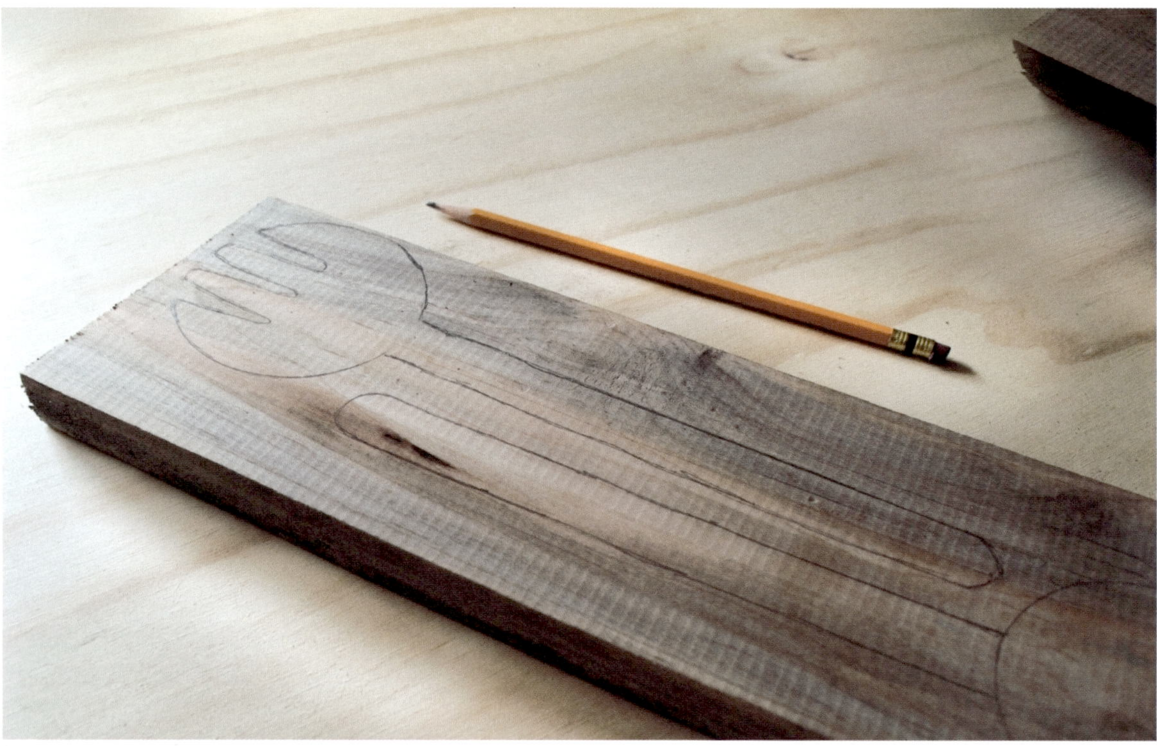

1

DIE FORM ZEICHNEN

1 Skizzieren Sie mithilfe der Vorlage die obere Ansicht von zwei Salatgabeln auf das Holz. Sie können Platz sparen, indem Sie die beiden Teile, mit den Laffen an entgegengesetzten Enden, nebeneinander aufzeichnen. Die Grifflängen sollten in der gleichen Richtung wie die Holzfasern verlaufen.

SCHNITZEN DER SALATGABELN

2 Schneiden Sie jede Salatgabel mit einer Band- oder Laubsäge aus. Wenn Sie eine Laubsäge verwenden, achten Sie darauf, dass das Holz sicher am Tisch fixiert ist.

3 Fixieren Sie das Holz mit einer Zwinge am Tisch, während Sie abwechselnd an jeder Salatgabel arbeiten. Schnitzen Sie mit einem Hohleisen eine leichte Mulde in die Laffe jeder Salatgabel. Ahorn ist tendenziell sehr dicht, daher müssen Sie möglicherweise die Holzoberfläche mit Hohleisen und Hammer „aufbrechen". Sobald Sie einige erste Schnitte in die Laffe gemacht haben, wird es leichter sein, nur mit dem Hohleisen das Holz auszuheben.

4 Arbeiten Sie die Vorderseiten der Laffen und Zinken mit dem Hohleisen heraus. Die Laffen sollten flach sein, an den Seiten abgerundet und die tiefste Stelle sollte sich in der Mitte, gerade oberhalb des Griffs, befinden.

5 Zeichnen Sie mithilfe der Vorlage die Seitenansicht jeder Salatgabel auf jede Holzseite. Diese Führungslinien zeigen, wie viel Holz Sie von der Rückseite der Salatgabeln abtragen müssen. Fixieren Sie den Griff jeder Salatgabel mit der Laffe nach unten mit Zwingen am Tisch. Runden Sie mit einem Flacheisen vorsichtig die Hinterkante der Zinken ab und verjüngen Sie den Hals jedes Griffs an der Stelle, wo er in die Laffe übergeht.

6 Säubern Sie mit dem Flacheisen den Bereich, wo die Zinken auf den Kopf jeder Salatgabel treffen. Achten Sie darauf, dass das Flacheisen scharf ist, sodass es glatte Schichten abtragen kann. Die Späne sollten dünn und gekräuselt sein. Die Form jeder Salatgabel sollte nun deutlich wie eine „Bärenkralle" aussehen.

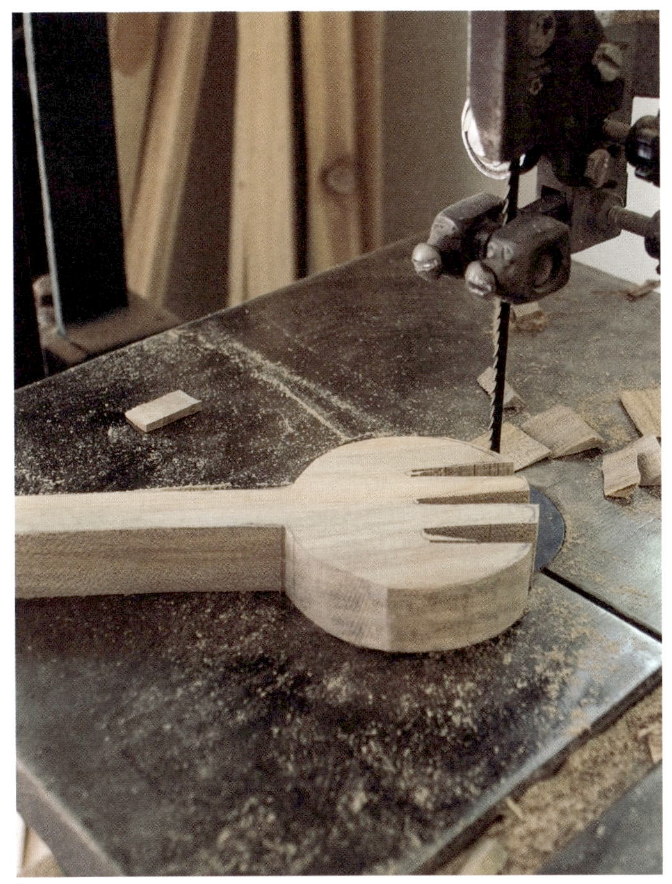

2

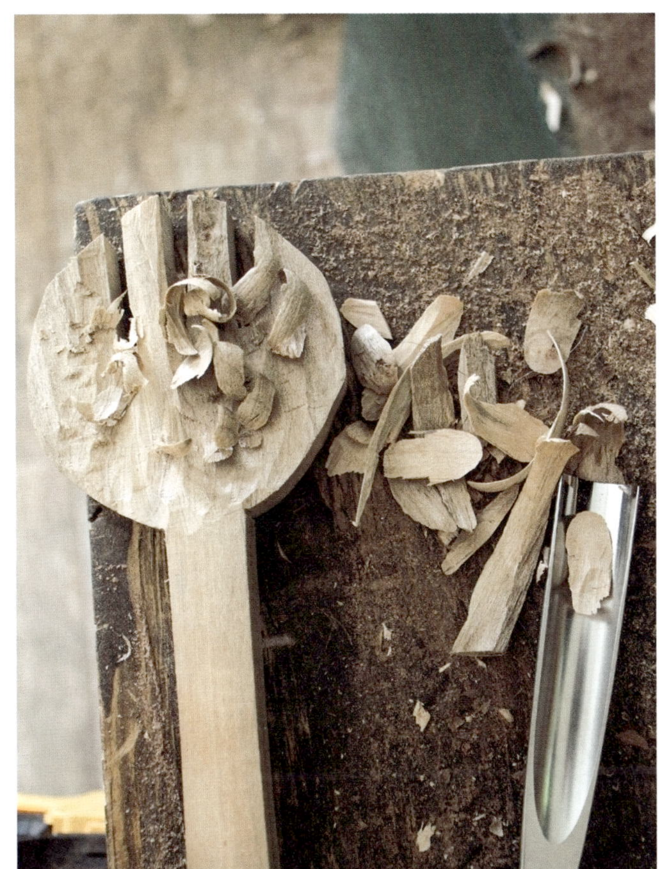

4

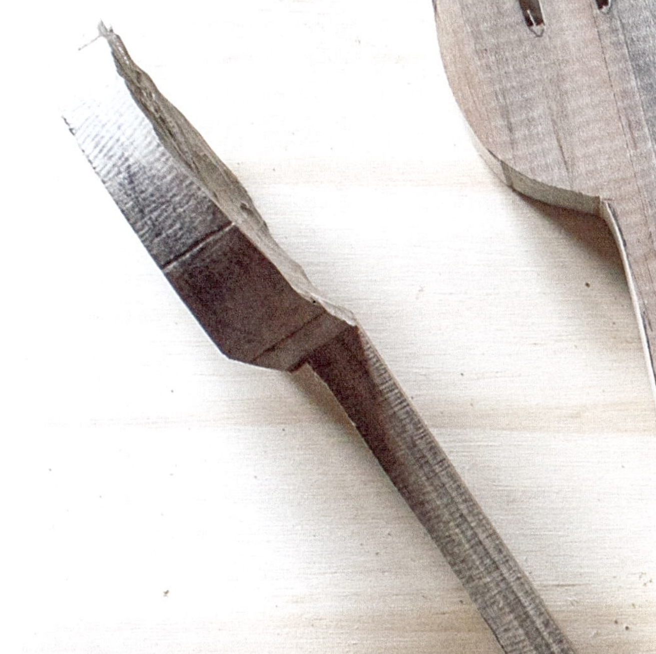

5

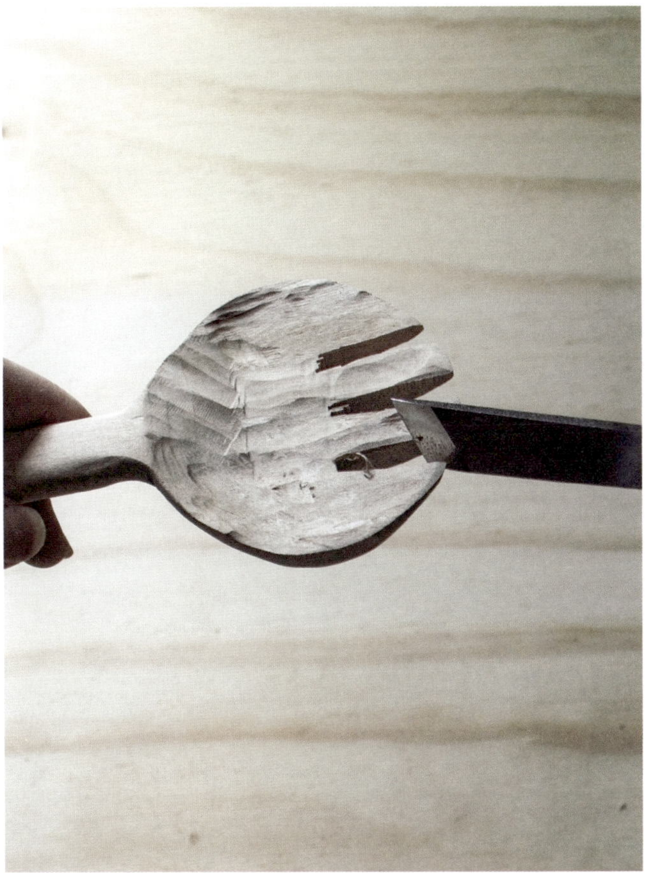

6

SCHLEIFEN

7 Glätten Sie die Flächen von Laffe und Griff jeder Salatgabel mit grobem Schleifpapier.

8 Fixieren Sie die Salatgabeln zwischen Ihren Knien (oder aufrecht in einem Schraubstock, siehe Seite 116, Schritt 7) und schleifen Sie jeden Zinken. Wickeln Sie das Schleifpapier um den Zinken, der Ihnen zugewandt ist, und ziehen Sie das Schleifpapier hin und her. Ihr Griff sollte fest genug sein, um genügend Reibung zwischen Zinken und Sandpapier zu erzeugen, aber nicht zu fest, damit der Zinken nicht bricht. Auf diese Weise werden die schwer zugänglichen Bereiche zwischen den Zinken leicht gewölbt und geglättet.

9 Gehen Sie beim Schleifen der Salatgabel(n) zu einem mittelkörnigen Schleifpapier über. Arbeiten Sie weiter mit mittlerem bis feinem Schleifpapier. Jetzt sollten alle sichtbaren Schnitzspuren verschwinden. Schleifen Sie mit feinem Schleifpapier die Oberfläche glatt.

FINISH

10 Entfernen Sie alle Staubpartikel von den Salatgabeln und tragen Sie mit einem fusselfreien Tuch ein lebensmittelechtes Finish auf. Ich habe eine Kombination aus Mineralöl und Bienenwachs verwendet.

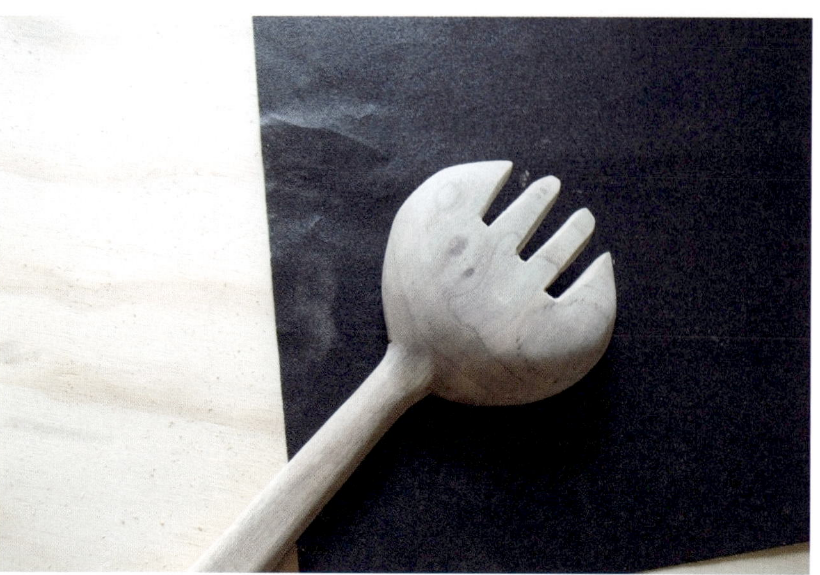

9

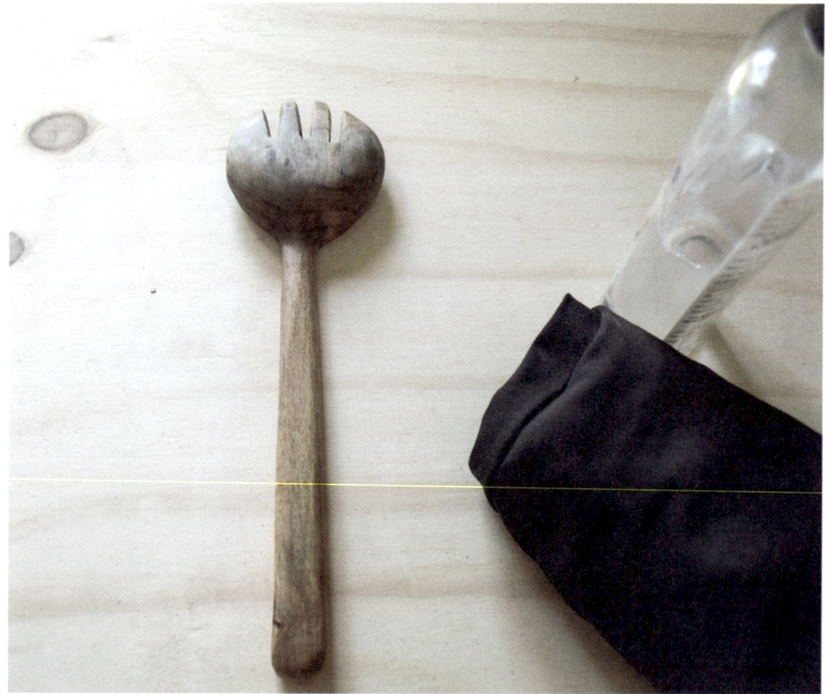

10

Ambrosia-Ahorn ist ein faszinierendes Arbeitsmaterial. Keine zwei Stücke dieses Holzes sind gleich, da jeder Baum einzigartige Verbreitungsmuster der Ambrosia-Käfer aufweist. Ich habe das lange Stück der Salatgabelgriffe verwendet, um die natürliche Schönheit dieses Holzes hervorzuheben.

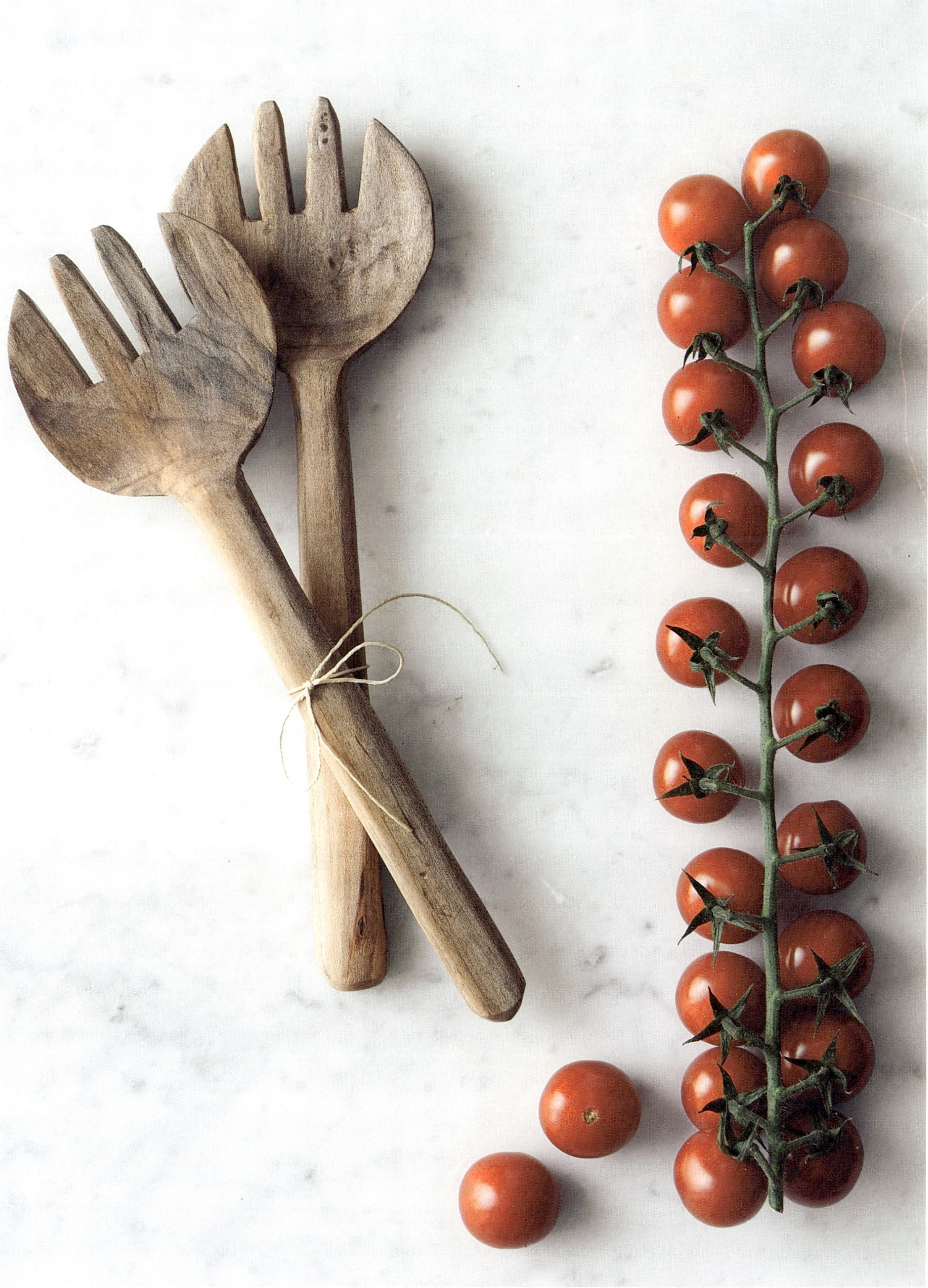

TELLER

Bei diesem Projekt ist der intensive Einsatz des Hohleisens gefragt und man muss harte Arbeit leisten. Das Endergebnis ist jedoch eine wunderschöne Schüssel, ein Teller oder eine Allzweckschale.

WAS SIE BRAUCHEN

Hartholz: ca. 25 × 20 cm und 2 cm dick; hier wurde Riegel-Ahorn verwendet

Bleistift

Zwingen

Hammer

Hohleisen Stich 8, 18 mm Stichbreite

Flacheisen schräg Stich 1S, mit zweiseitigem Anschliff, 16 mm Stichbreite

Band- oder Laubsäge

Schleifpapier: grob (Körnung 80-100), mittel (120-150) und fein (220-400)

Geeignetes Finish: Wenn der Teller für Lebensmittel bestimmt ist, verwenden Sie ein lebensmittelechtes Finish wie Mineralöl und Bienenwachs; andernfalls nehmen Sie ein Finish Ihrer Wahl wie beispielsweise Polyurethanlack

Fusselfreies Tuch für Öl-Wachs-Finish oder Schaumstoff- oder Borstenpinsel für Polyurethanlack

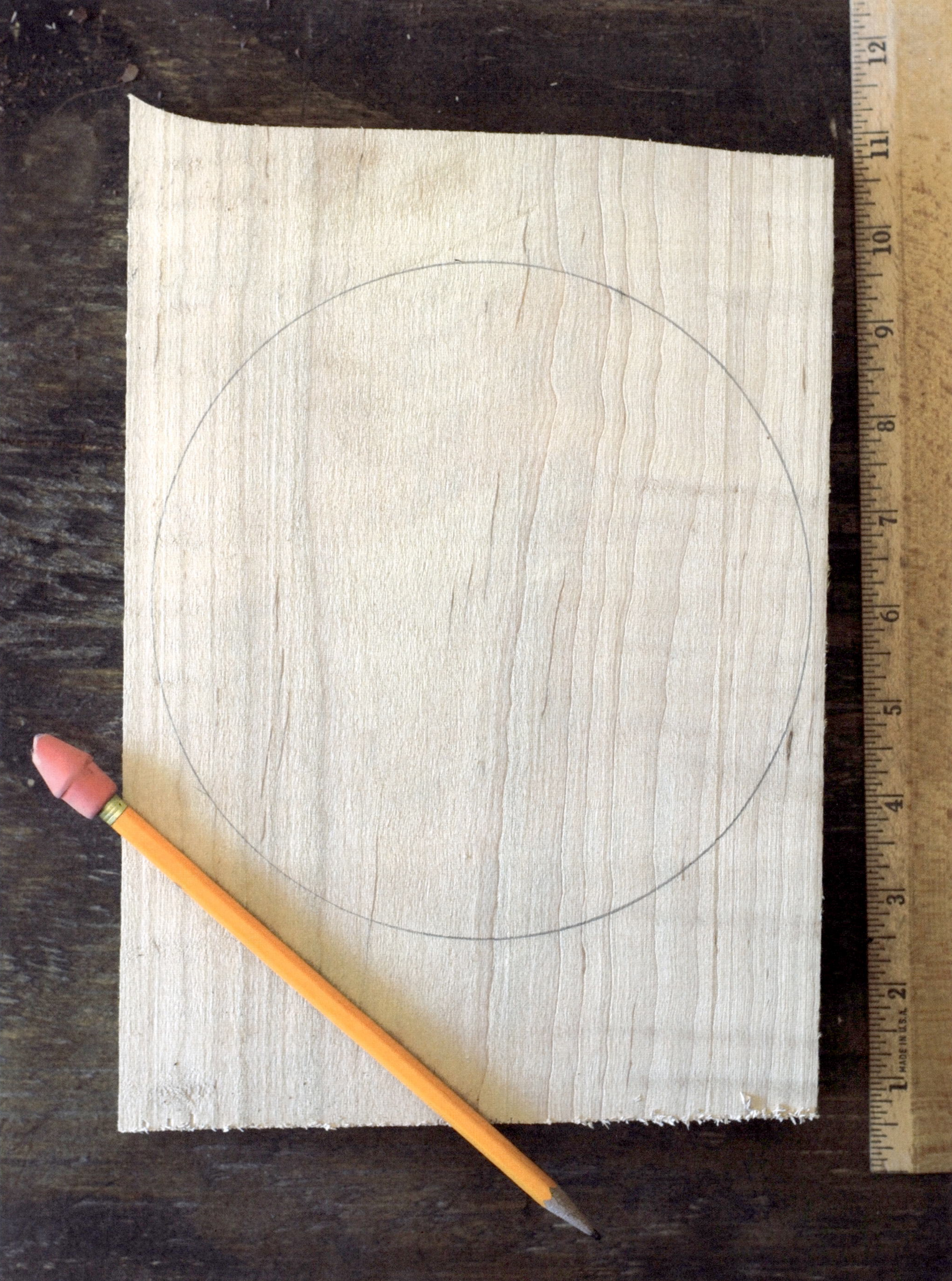

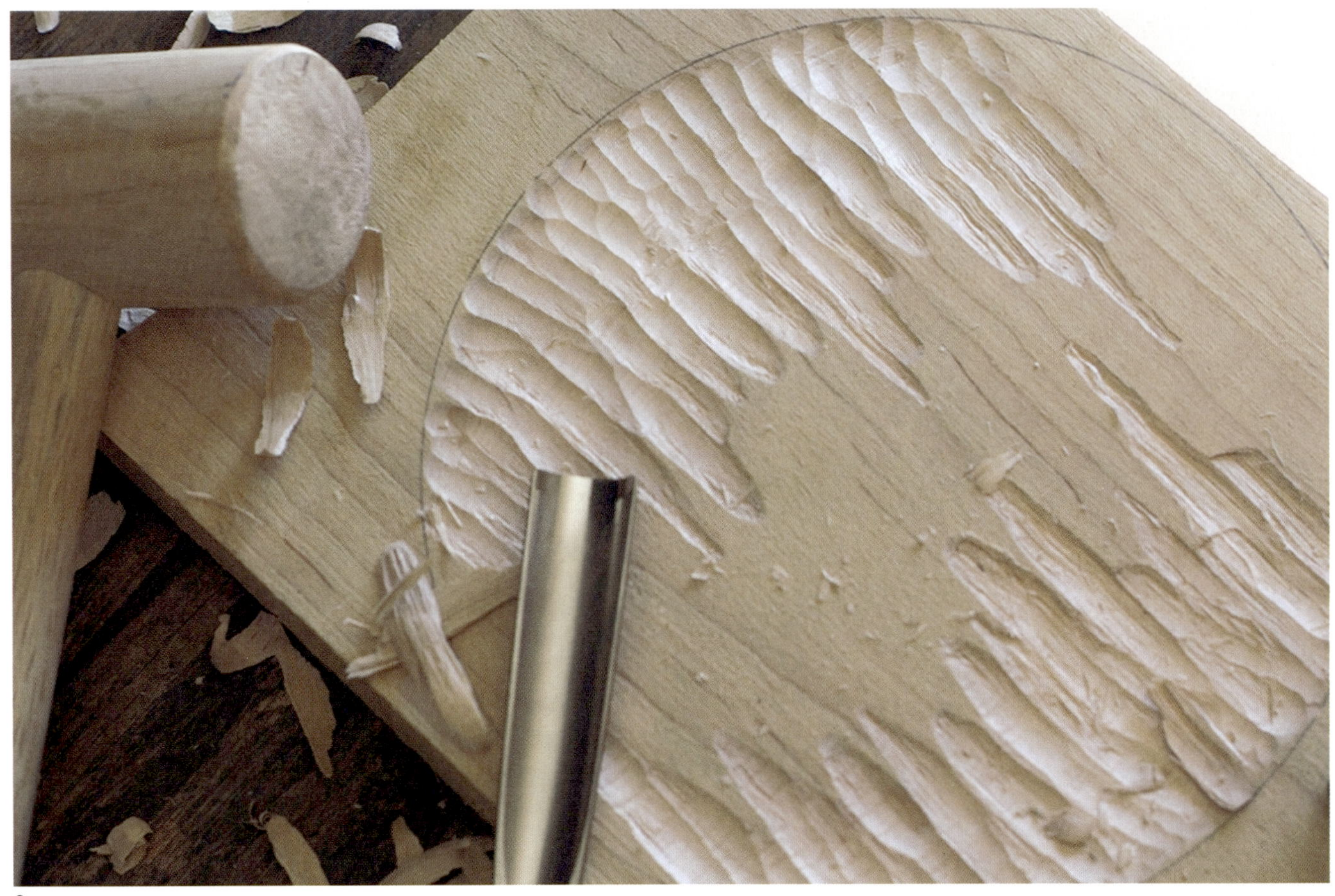

2

DIE FORM ZEICHNEN

1 Zeichnen Sie einen Kreis auf das Holz; der gezeigte Teller hat einen Durchmesser von ca. 18 cm. Lassen Sie genügend Platz neben dem Kreis, um das Holz während des Schnitzens am Tisch zu fixieren.

SCHNITZEN DES SPIEGELS

2 Fixieren Sie das Holz mit Zwingen am Tisch. Arbeiten Sie mit einem Hohleisen und Hammer das Innere des Spiegels heraus und beginnen Sie damit am Ihnen nächstgelegenen Ende des Kreises. Arbeiten Sie den Spiegel in Richtung der Faser heraus und stoppen Sie, wenn Sie die Mitte erreichen. Wiederholen Sie den Vorgang am anderen Ende. Idealerweise sollten die Holzspäne lang und dünn sein.

3 Arbeiten Sie weiter mit Hammer und Hohleisen, bis einigermaßen gerade Streifen in Faserrichtung verlaufen. Im Wesentlichen sollte das Ganze wie ein Kreis mit vielen Streifen darin aussehen.

4 Ab hier sollte es einfacher sein, nur mit dem Hohleisen das Holz herauszuarbeiten. Beginnen Sie von der Außenkante an einem Ende und arbeiten Sie sich bis zur Mitte vor. Da es schwierig ist, mit dieser Bewegung tiefe Schnitte mit dem Hohleisen zu machen, müssen Sie in gleichmäßigem Rhythmus am Rand entlang arbeiten und jeweils eine Holzschicht am Stück abtragen. Die Holzspäne sollten jetzt wie große Locken aussehen.

5 Inzwischen dürften Sie genügend Späne auf dem Boden haben, um einen (kratzigen) Teppich herzustellen. Arbeiten Sie weiterhin von den Enden des Kreises und nutzen Sie dabei den Faserverlauf zu Ihren Gunsten.

6 Sobald sich allmählich der flache Spiegel herausschält, setzen Sie das Hohleisen am linken und rechten Ende des Kreises ein. Arbeiten Sie sich langsam zur Mitte vor. Wenn Sie quer zur Faser arbeiten, hört sich das anders an – etwa so, wie wenn Papier zerreißt. Befühlen Sie mit Ihrer Hand die Innenseiten, um unebene Stellen zu finden.

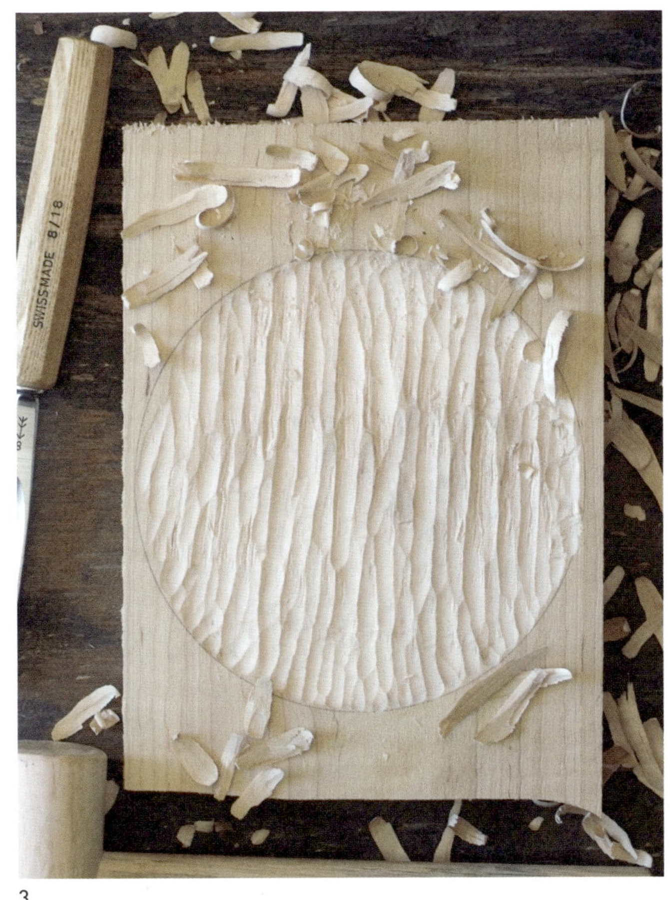

3

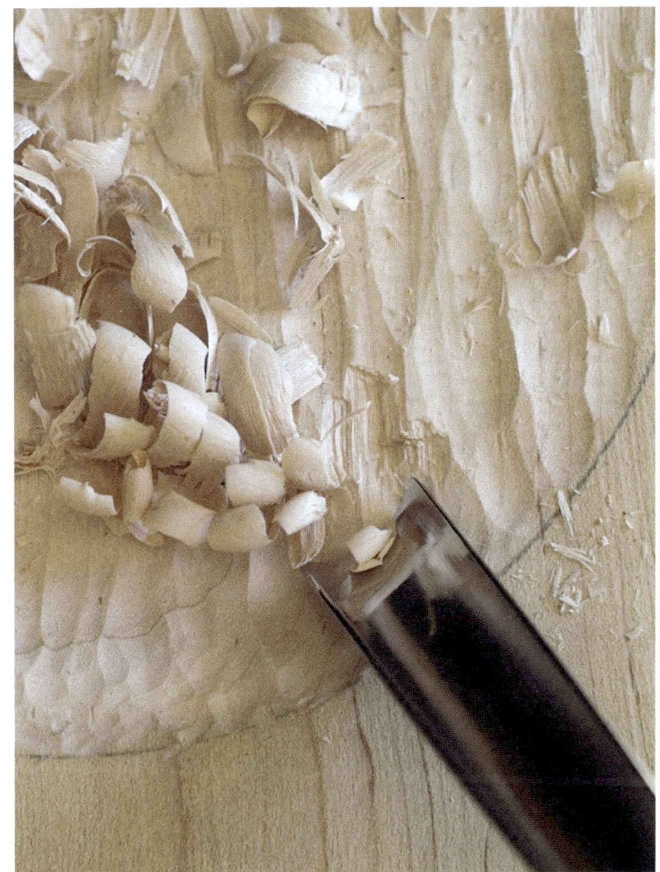

4

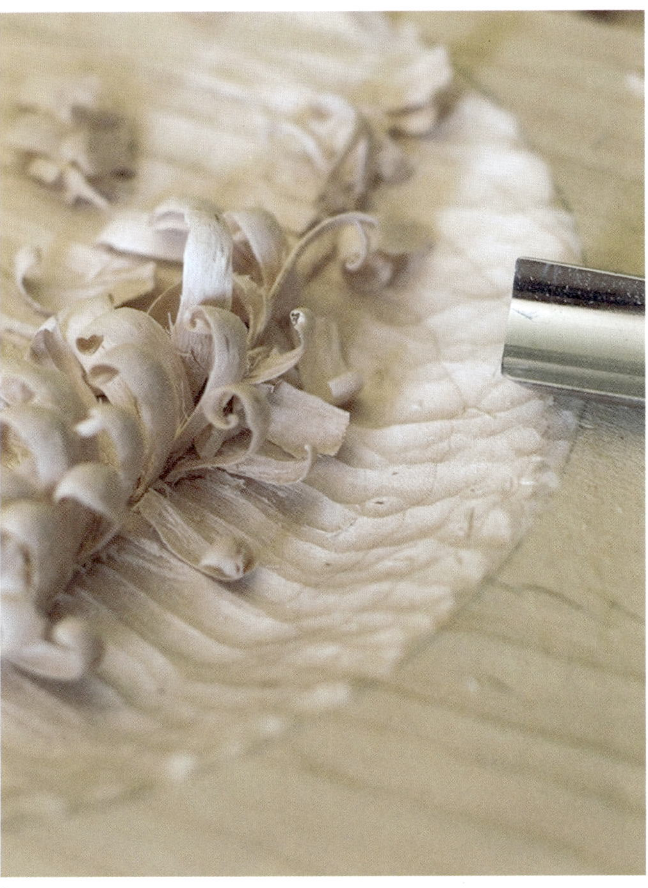

5

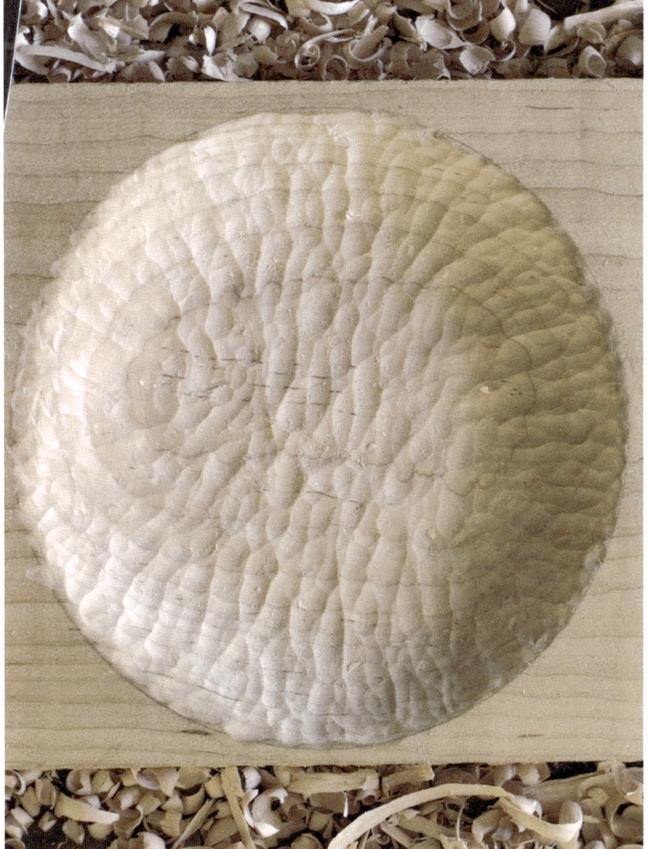

6

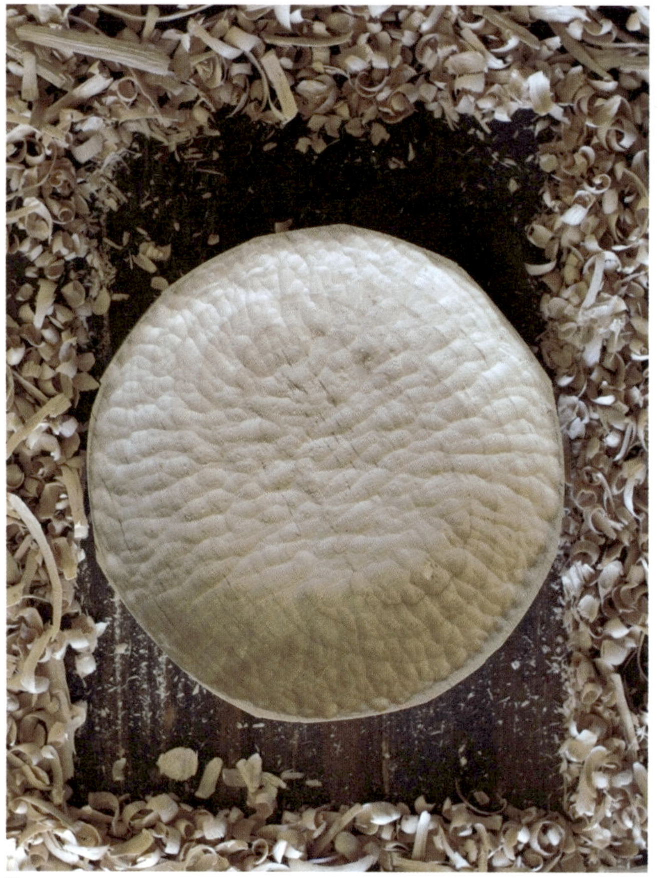

7

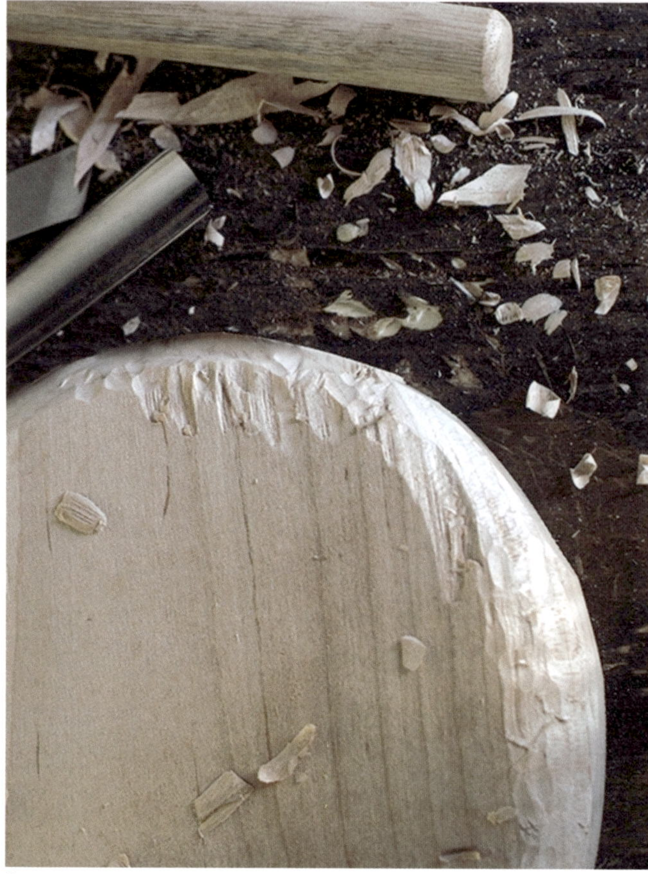

8

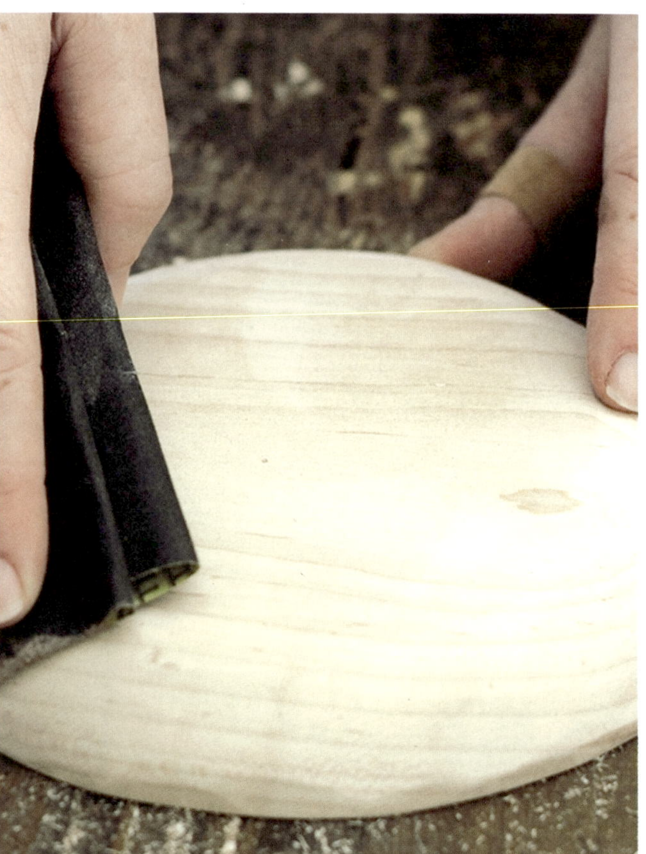

9

DIE UNTERSEITE SCHNITZEN

7 Schneiden Sie mit einer Band- oder Laubsäge den ausgehöhlten Kreis aus.

8 Fixieren Sie den Teller kopfüber mit Zwingen am Tisch und tragen Sie mit einem Hohleisen oder Flacheisen vorsichtig das Holz um die Kanten ab, um eine sanfte Wölbung an der Unterseite des Tellers zu erzeugen.

SCHLEIFEN

9 Schleifen Sie zu Beginn mit grobem Schleifpapier den Teller innen und außen. Arbeiten Sie weiter mit mittlerem und feinem Schleifpapier. Ich habe mich entschieden, Werkspuren auf dem Spiegel des Tellers stehen zu lassen als Zeichen meiner harten Arbeit – eine bescheidene Trophäe zum Angeben vor anderen. Schleifen Sie außen mit Körnungen bis zu 400, um eine wirklich glatte Oberfläche zu erreichen.

FINISH

10 Entfernen Sie alle Staubpartikel von dem Teller. Wenn Sie den Teller für Lebensmittel verwenden möchten, behandeln Sie ihn mit einem lebensmittelechten Finish wie einer Kombination aus Mineralöl und Bienenwachs. Andernfalls können Sie einige Schichten Polyurethanlack zum Schutz des Holzes auftragen.

—

Dieses Projekt wurde aus Riegel-Ahorn geschnitzt. Das Holz ist aufgrund seiner ausgeprägten Streifen, die hervortreten, wenn Sie Ölfinish auf das Holz auftragen, auch als Tiger-Ahorn bekannt. Ich finde, mit dieser anspruchsvollen Arbeit bekommt die Redensart „Streifen am Horizont" eine ganz neue Dimension.

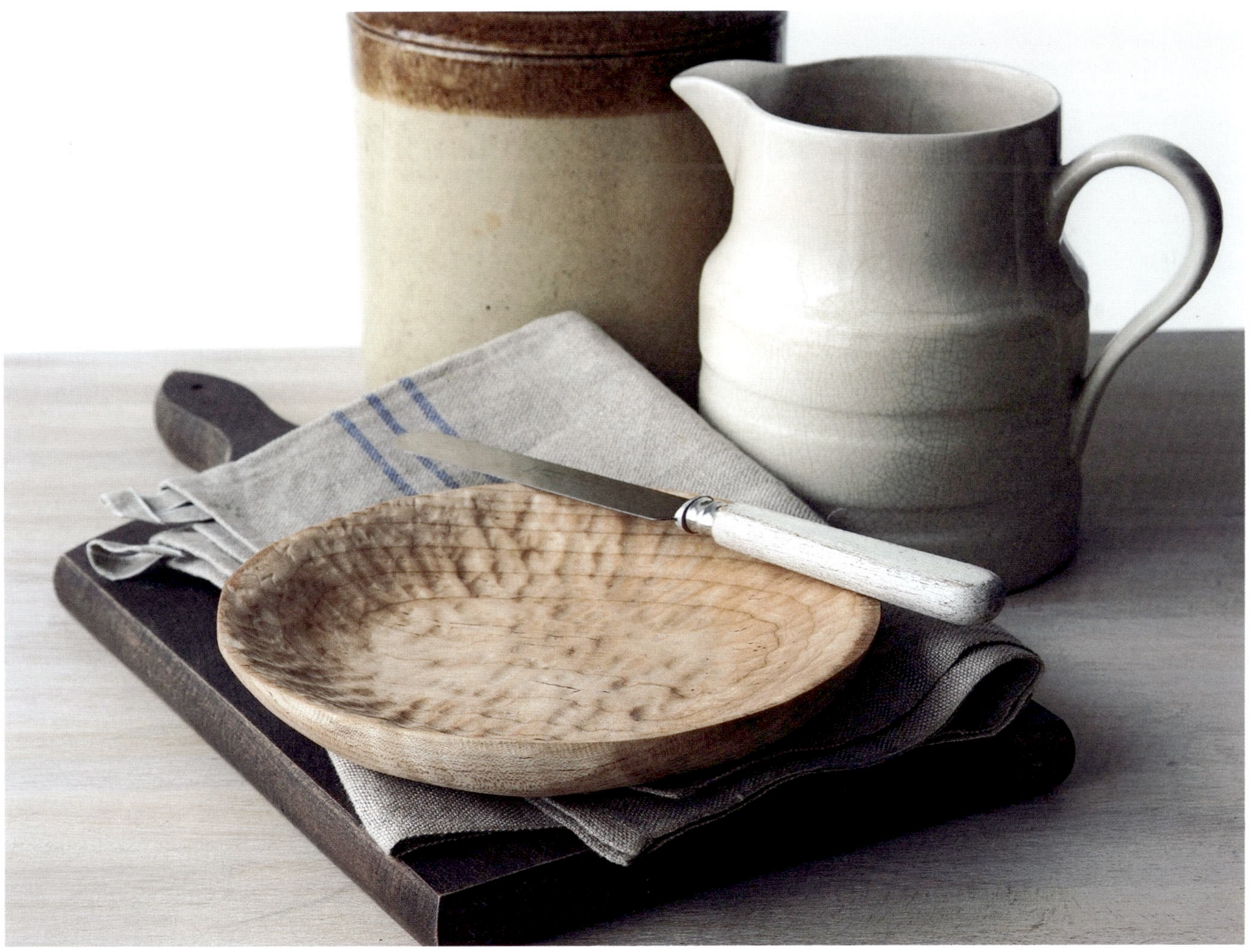

BUTTER-MESSER

Dies ist ein großartiges Projekt, um herumliegende Holzabfälle zu verwerten. Das Messer kann für Butter, aber auch für Käse, Pastete oder Marmelade verwendet werden – was immer Ihnen gefällt.

WAS SIE BRAUCHEN

Hartholz: ca. 20 × 4 cm und 13 mm dick für ein Buttermesser; hier wurde ein 20 × 6 cm großes Stück Schwarznuss für zwei Messer verwendet

Bleistift

Zwingen

Hohleisen Stich 8, 18 mm Stichbreite

Flacheisen schräg Stich 1S, mit zweiseitigem Anschliff, 16 mm Stichbreite

Universal-Kerbschnitzmesser

Band- oder Laubsäge

Schleifpapier: grob (Körnung 80–100), mittel (120–150) und fein (220–320)

Lebensmittelechtes Finish; hier wurden Mineralöl und Bienenwachs verwendet

Fusselfreies Tuch

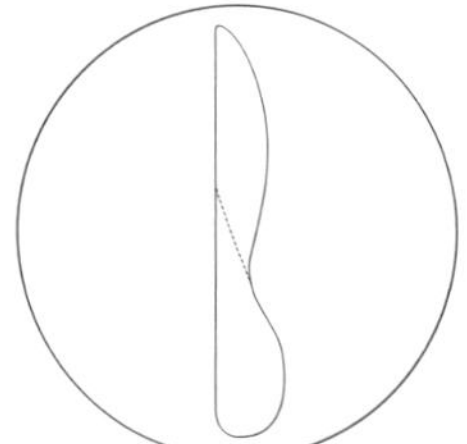

Vorlage: Seite 136

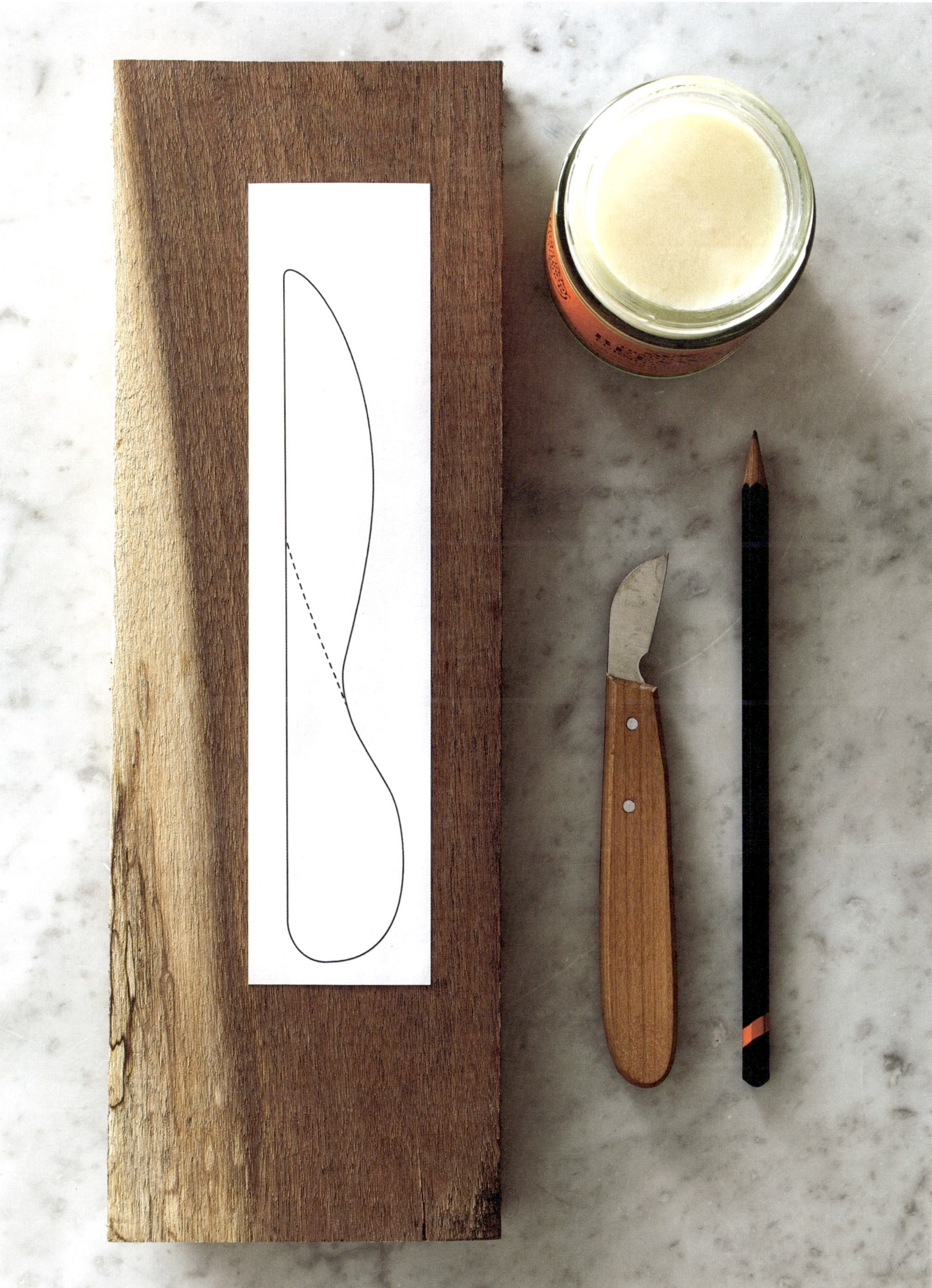

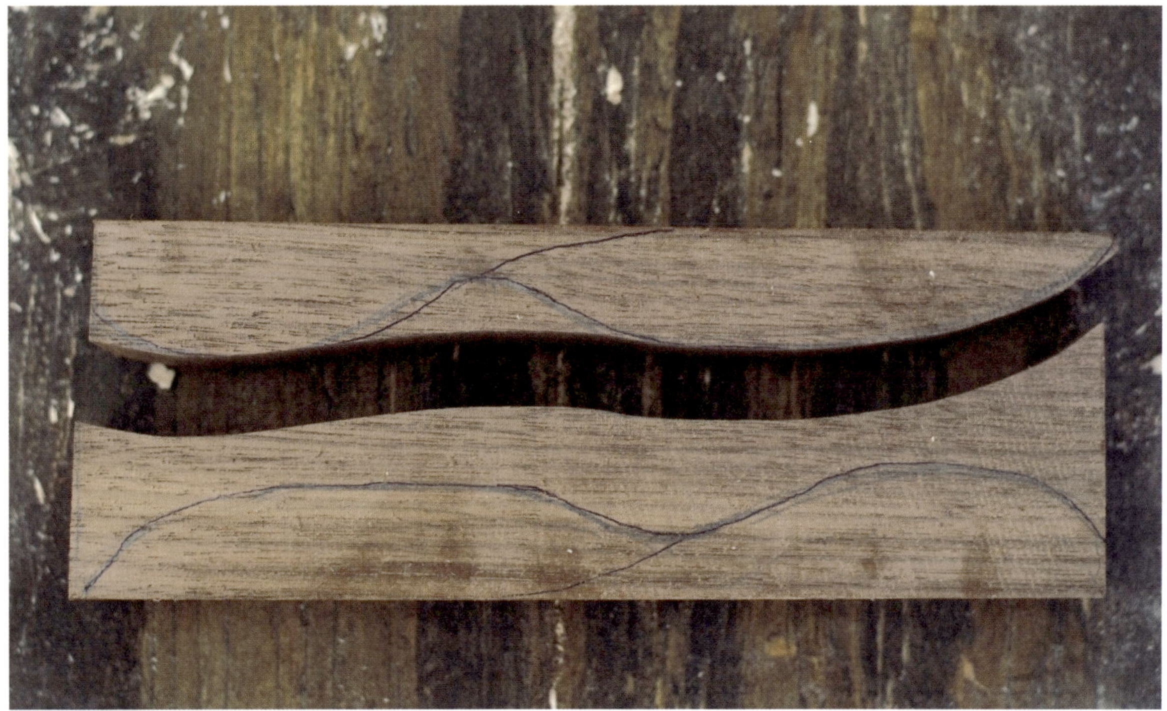

2

DIE FORM ZEICHNEN

1 Skizzieren Sie mithilfe der Vorlage die Form des Buttermessers auf das Holz. Richten Sie die Zeichnung so aus, dass die Länge des Messers in der gleichen Richtung wie die Holzfaser verläuft. Der Messerrücken sollte am geradesten sein, richten Sie daher den Rücken an der geraden Kante des Holzes aus. Sie können Platz auf einem Holzstück sparen, indem Sie zwei Messer nebeneinander skizzieren, die jeweils entlang gegenüberliegenden Holzkanten ausgerichtet sind.

SCHNITZEN

2 Sägen Sie mit einer Band- oder Laubsäge die Grundform des Messers aus, aber noch nicht die Krümmung in der Mitte. Dieses überstehende Holz bietet guten Halt, wenn Sie im nächsten Schritt ein Flacheisen verwenden. Ohne diesen Halt könnte das Messer zerbrechen.

3 Fixieren Sie das Griffende mit Zwingen am Tisch und tragen Sie mit einer flüssigen Bewegung die Klinge mit einem Flacheisen bis ganz zum Ende ab. Hierbei sollten Sie dünne, stark gekräuselte Späne erhalten; falls nicht, bedeutet dies, dass Ihr Eisen geschärft werden muss.

4 Wenn das Messer allmählich Form annimmt, sollte eine deutliche Krümmung vom Griff zur Klinge sichtbar werden. Nehmen Sie mit einem Hohleisen kleine Holzspäne ab, um diese Krümmung weiter herauszuarbeiten, aber achten Sie darauf, nicht zu viel von der Mitte des Messers wegzuschnitzen. Bei der Benutzung des Messers übt Ihr Zeigefinger Druck auf die Messermitte aus, und wenn die Verbindung zwischen Griff und Klinge nicht genügend Halt hat, zerbricht das Messer. Arbeiten Sie mit dem Hohleisen so lange, bis die Klinge des Messers weniger als 6 mm dick ist. Die schräge, gestrichelte Linie in der Mitte des Messers auf der Vorlage dient als Orientierungshilfe, damit Sie wissen, wo der größte Druck beim Gebrauch des Messers entsteht.

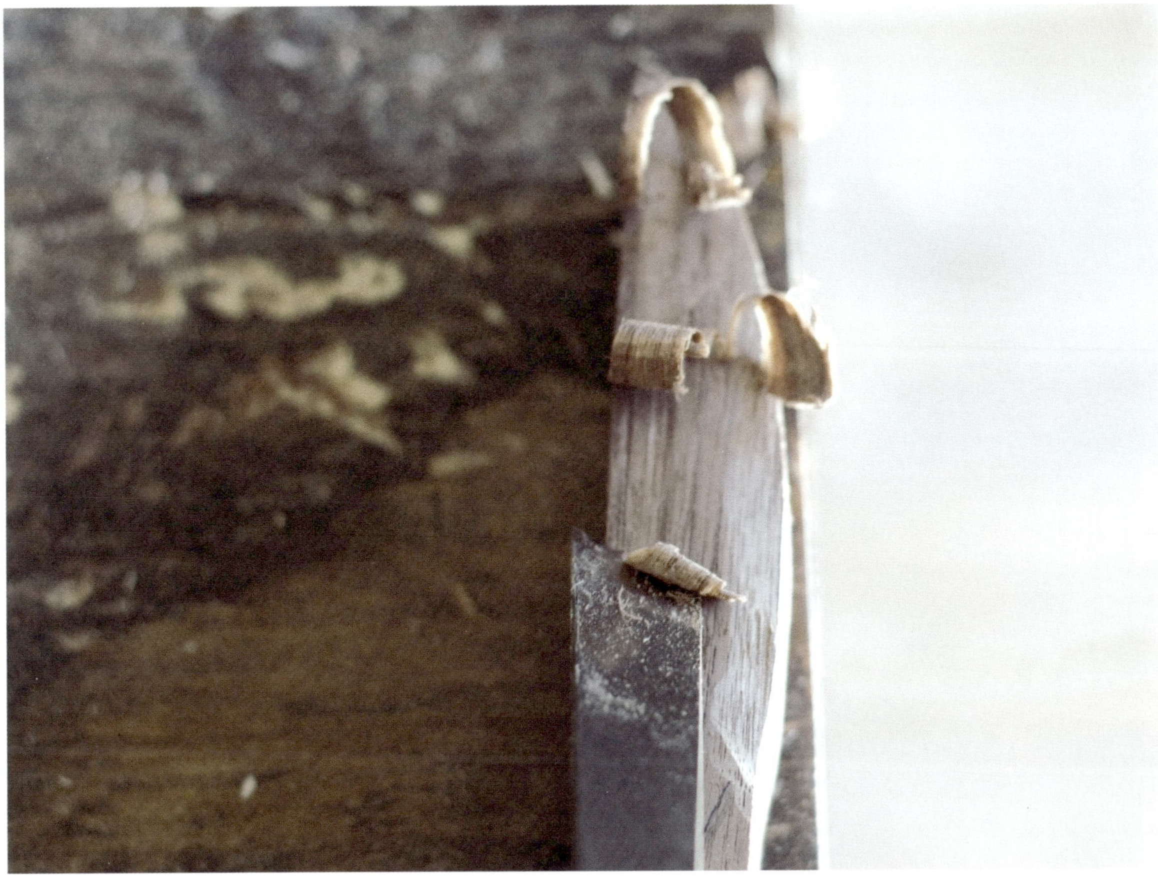

3

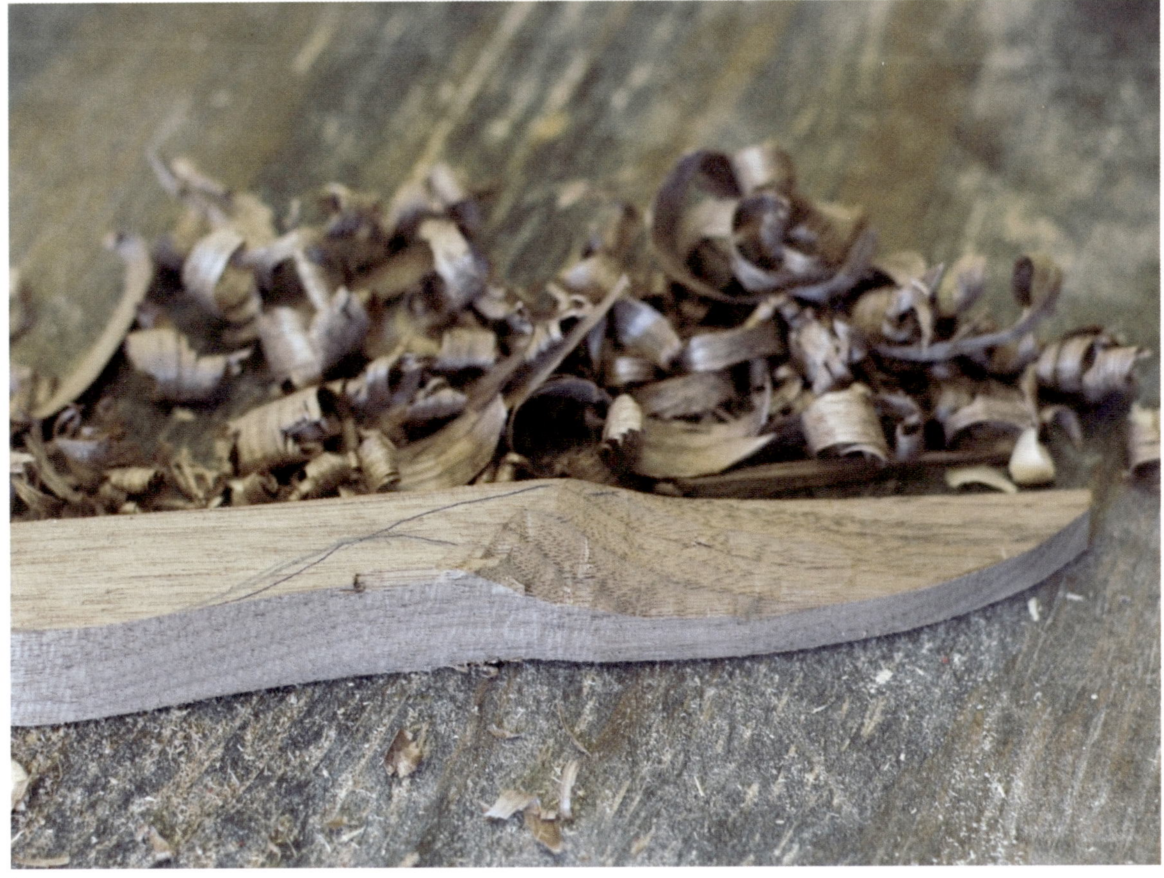

4

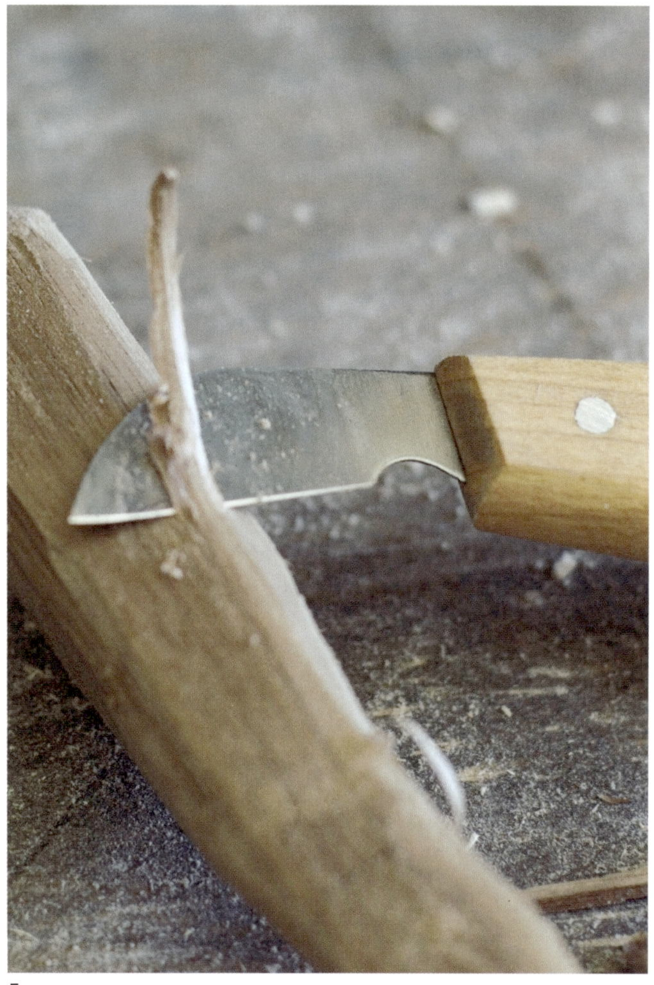

5

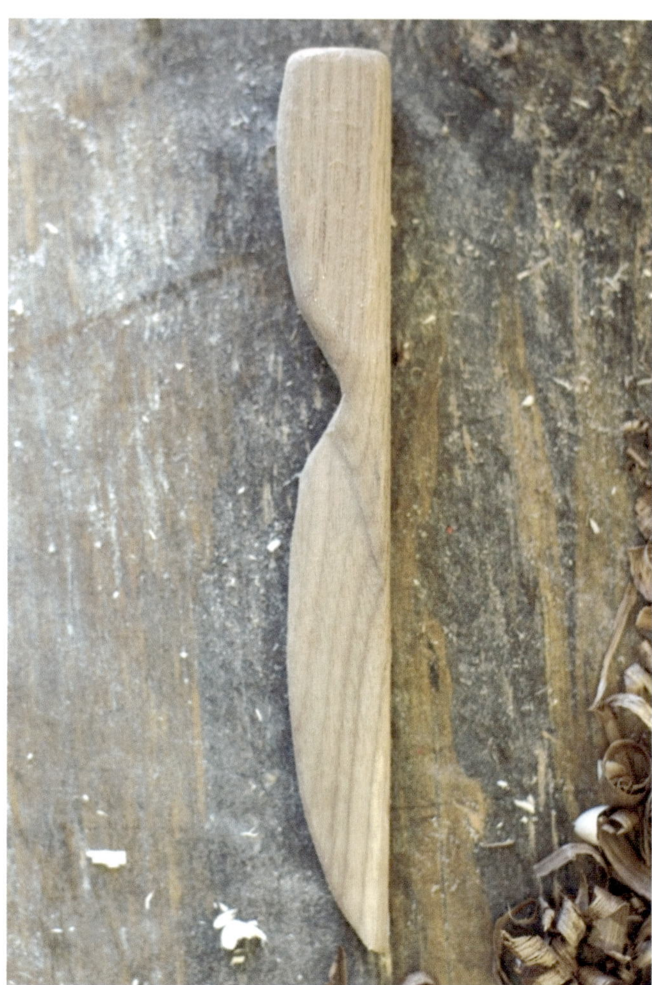

6

5 Arbeiten Sie mit einem Schnitzmesser die Krümmung, wo Griff und Klinge auf der Unterseite des Messers zusammenkommen, heraus. Runden Sie mit dem Messer auch die Griffseiten ab.

SCHLEIFEN

6 Modellieren Sie das Buttermesser mit grobem Schleifpapier. Glätten und schärfen Sie die Schneide der Klinge mit mittlerem Schleifpapier. Arbeiten Sie weiter mit feinem Schleifpapier.

FINISH

7 Entfernen Sie alle Staubpartikel von dem Holz und tragen Sie mit einem fusselfreien Tuch ein lebensmittelechtes Finish auf. Ich habe eine Kombination aus Mineralöl und Bienenwachs verwendet.

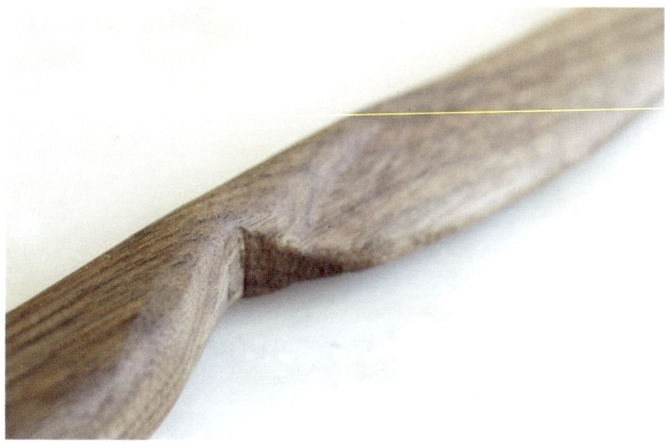

7

Das Buttermesser in der Schritt-für-Schritt-Anleitung wurde aus Schwarznuss geschnitzt. Die anderen rechts abgebildeten Beispiele sind aus Claro-Walnuss und Ambrosia-Ahorn gefertigt.

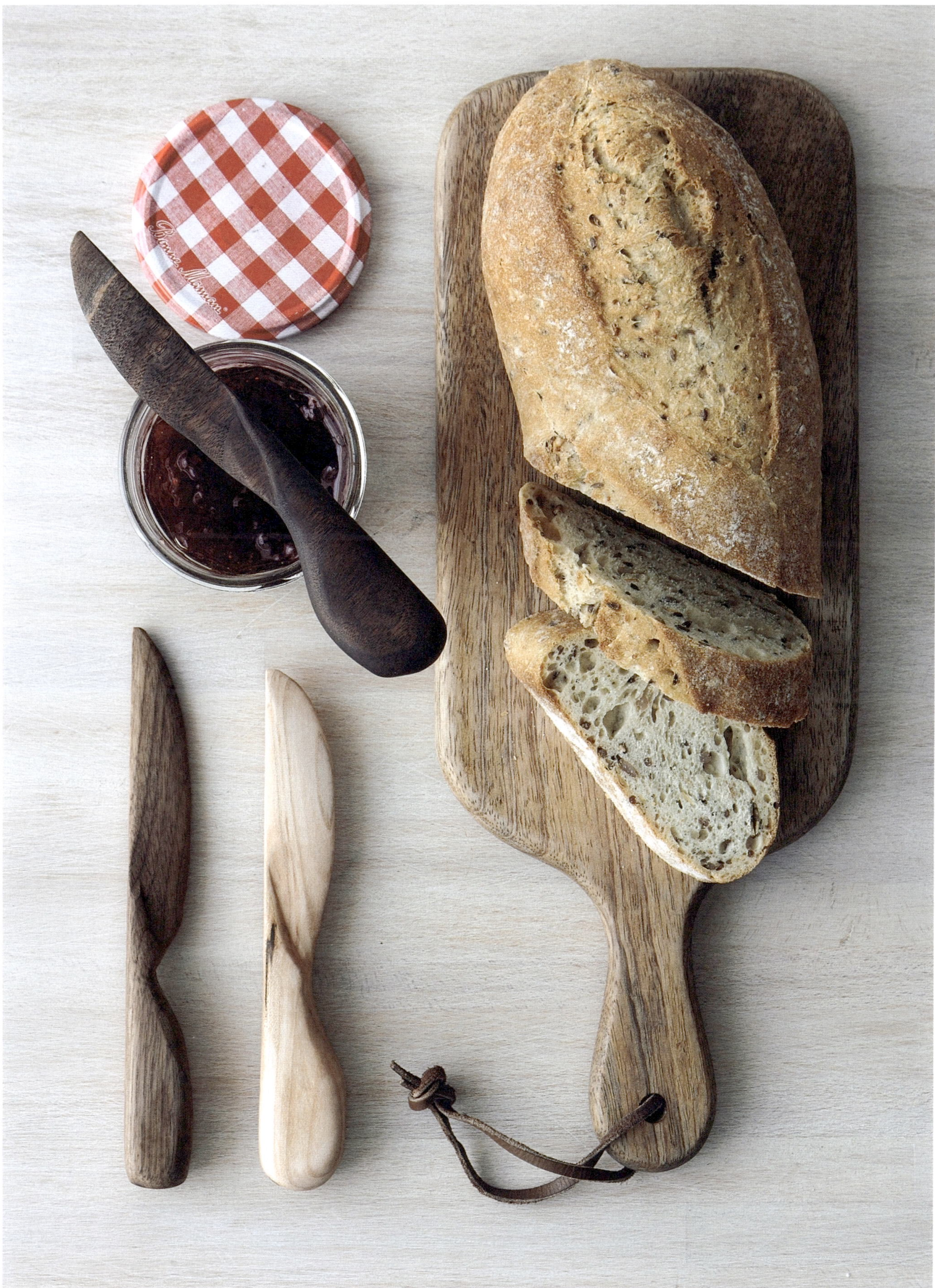
Bonne Maman

EIERTRÄGER

Bei diesem Projekt liegt der Schwerpunkt auf kunstvollem Vertiefen. Es kann eine Herausforderung sein, sechs gleichmäßige Vertiefungen in einer Linie herzustellen, aber diese Anleitung wird Ihnen helfen, Ihre Schnitztechnik zu perfektionieren.

WAS SIE BRAUCHEN

Hartholz: ca. 20 × 15 cm und 2,5 cm dick; hier wurde Claro-Walnuss verwendet

Bleistift

Zwingen

Hammer

Hohleisen Stich 8, 18 mm Stichbreite

Schleifpapier: grob (Körnung 80–100), mittel (120–150) und fein (220–320)

Lebensmittelechtes Finish; hier wurden Mineralöl und Bienenwachs verwendet

Fusselfreies Tuch

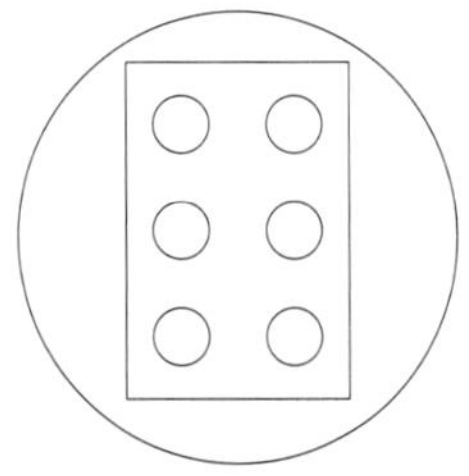

Vorlage: Seite 137

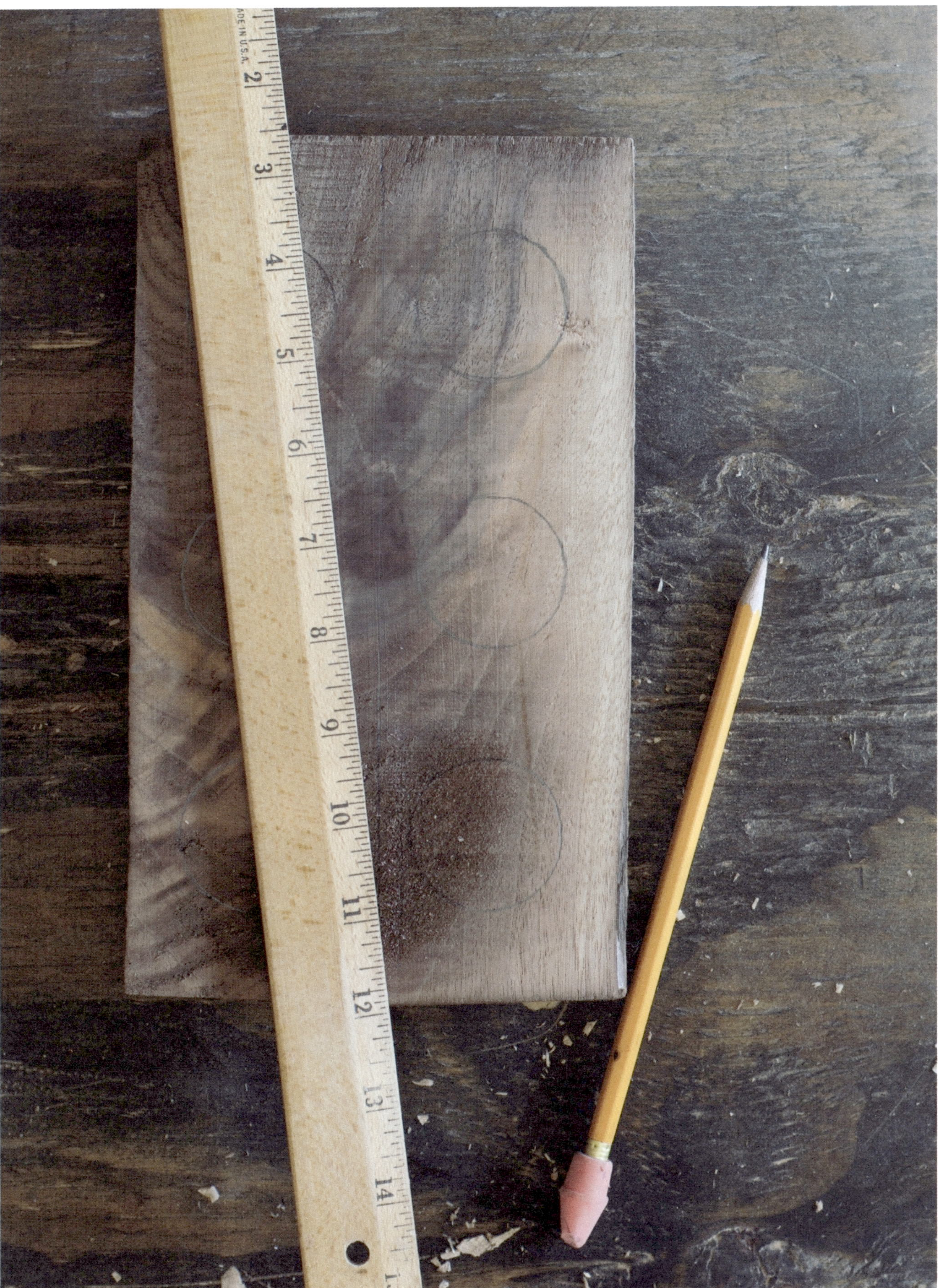

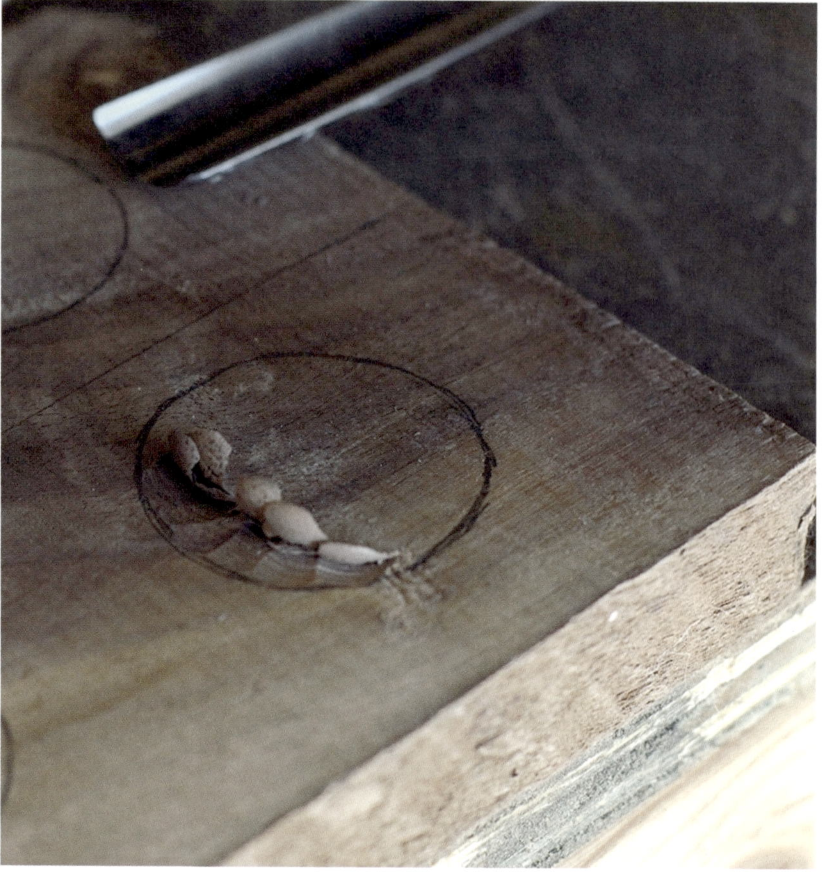

2

DIE FORM ZEICHNEN

1 Beginnen Sie mit einem Holzstück in der für Ihren Eierträger notwendigen Größe und zeichnen Sie mithilfe der Vorlage sechs Kreise auf das Holz. Sie können auch ein größeres Holzstück nehmen und ein Dutzend Kreise zeichnen, wenn Sie besonders ehrgeizig sind. Achten Sie darauf, dass Sie 3 cm Abstand zwischen den Kreisen lassen.

SCHNITZEN

2 Fixieren Sie das Holz mit Zwingen am Tisch. Arbeiten Sie mit einem Hohleisen und Hammer die Holzoberfläche aus dem Inneren jedes Kreises heraus. Beginnen Sie an einem Ende des Faserverlaufs des Kreises und tragen Sie die Oberfläche ab. Wiederholen Sie das Ganze am gegenüberliegenden Ende. Die Späne sollten groß und unregelmäßig sein.

3 Nachdem Sie eine flache Ausbuchtung in der Oberfläche geschaffen haben, arbeiten Sie nur mit dem Hohleisen mehr Holz heraus.

4 Bearbeiten Sie systematisch jeden Kreis und arbeiten Sie sich von dem Rand einwärts bis zur Mitte vor und stemmen Sie nicht zu viel gleichzeitig von einer Seite aus. Je mehr sich die Vertiefung der Vollendung nähert, umso feiner werden die Späne und umso stärker kräuseln sie sich.

SCHLEIFEN

5 Schleifen Sie anfangs mit grobem Schleifpapier das Innere jeder Vertiefung und um die Kanten des Holzbretts. Schleifen Sie weiter mit mittlerem und anschließend feinem Schleifpapier. Ich habe die Kanten zu einer Rundung geschliffen, damit der Eierträger professionell aussieht.

FINISH

6 Entfernen Sie alle Staubpartikel von dem Holz und tragen Sie mit einem fusselfreien Tuch ein lebensmittelechtes Finish auf (umseitig abgebildet). Ich habe eine Kombination aus Mineralöl und Bienenwachs verwendet.

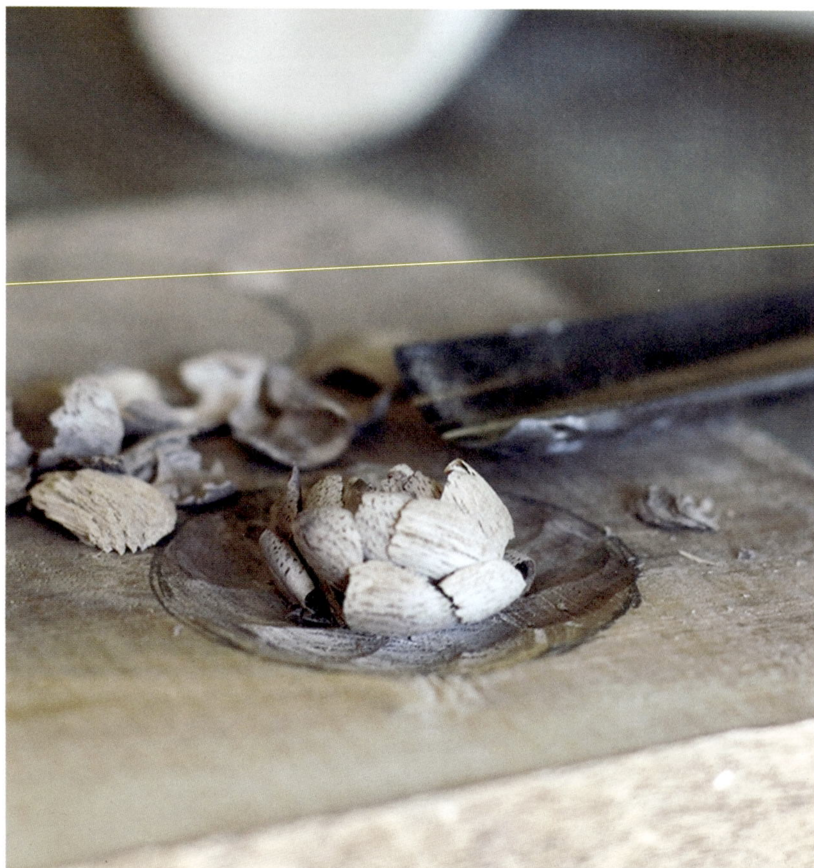

3

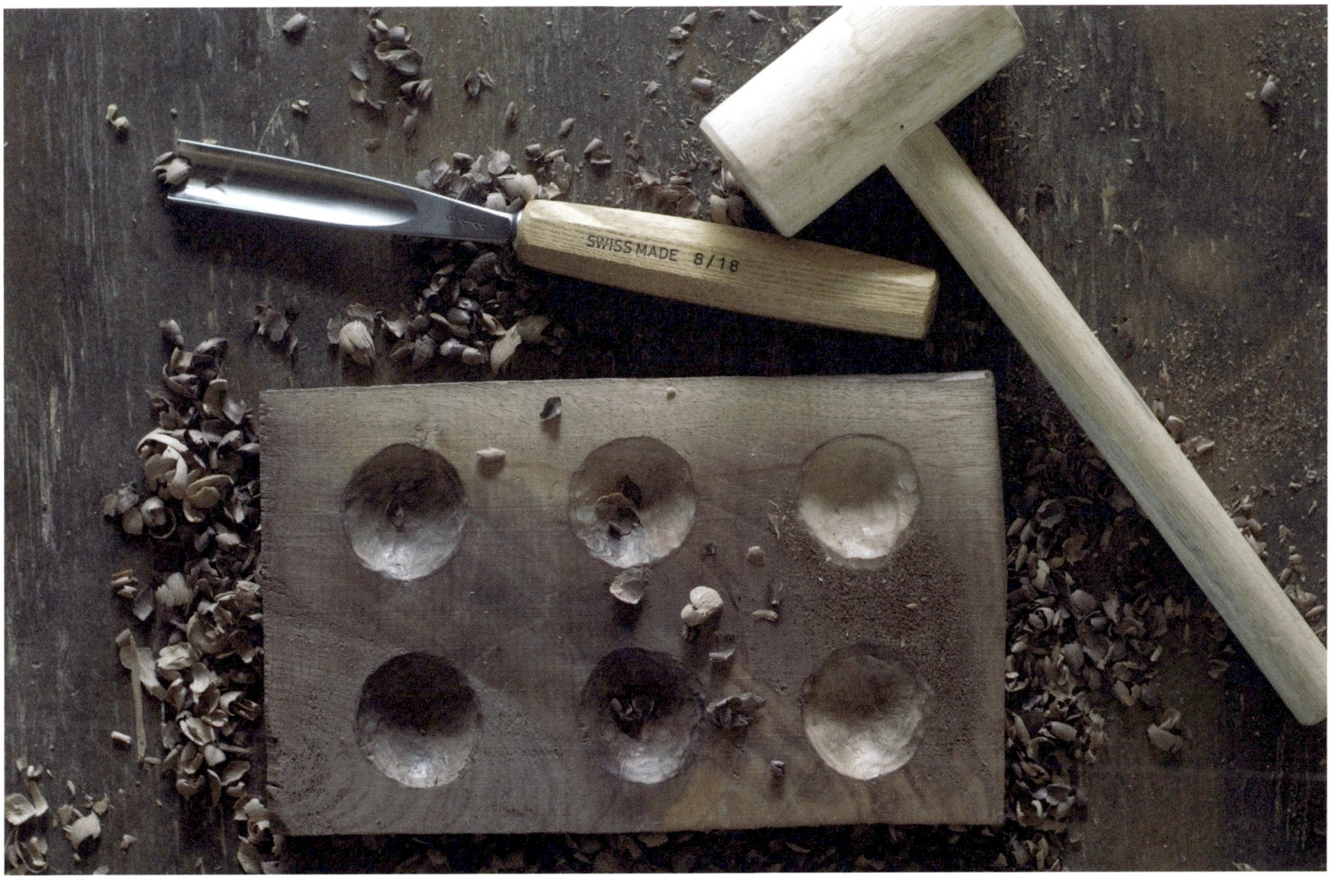

4

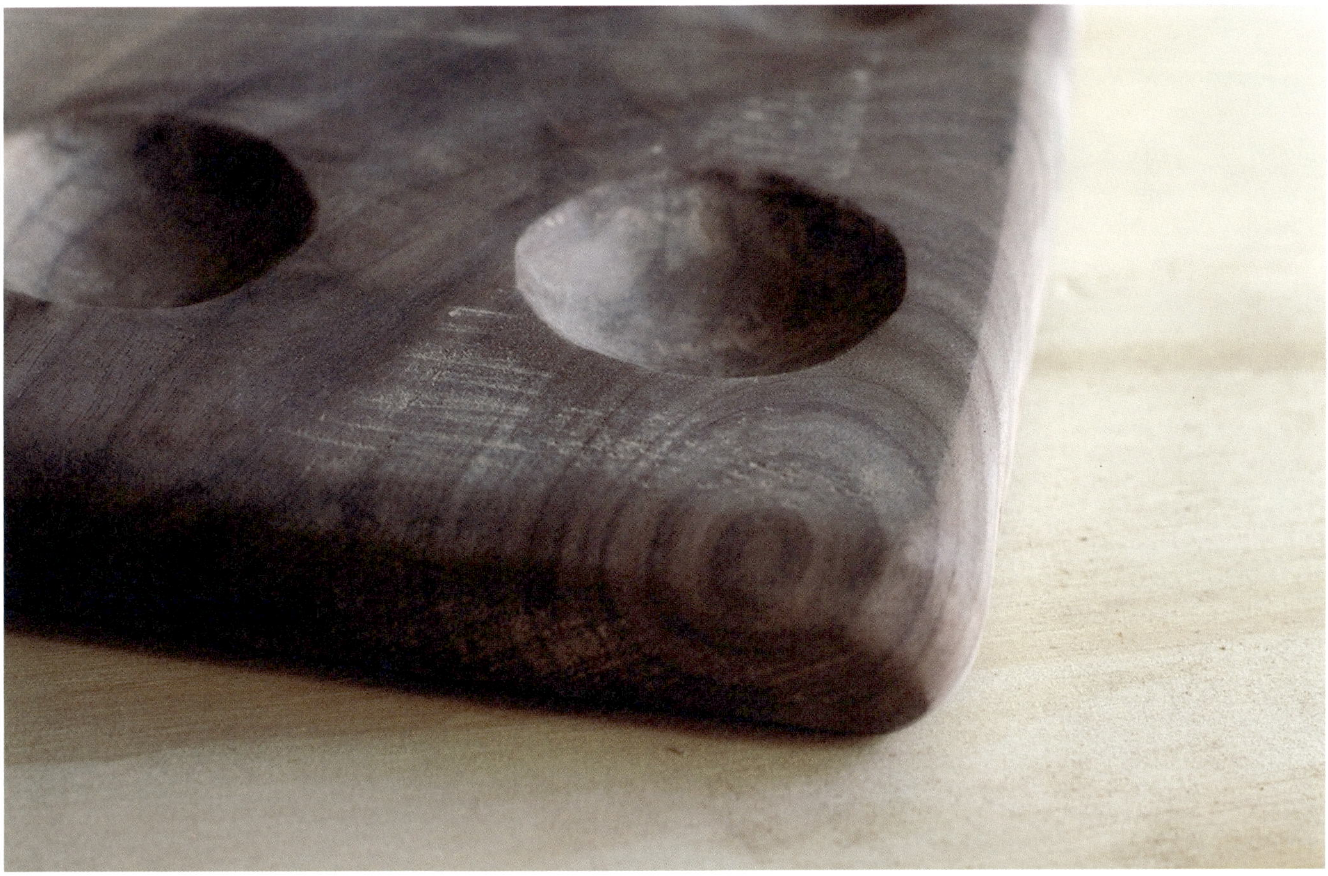

5

—

Dieser Eierträger wurde aus Claro-Walnuss geschnitzt. Betrachten Sie die großartige Maserung und Farbvielfalt. Claro-Walnuss ist mein Lieblingsholz. Obwohl die starke Maserung schwer zu schnitzen sein kann, zeigt das Endergebnis wunderschöne rosa- und goldfarbene, violette und braune Wirbel. Für mich ist es die Krone der Hölzer.

6

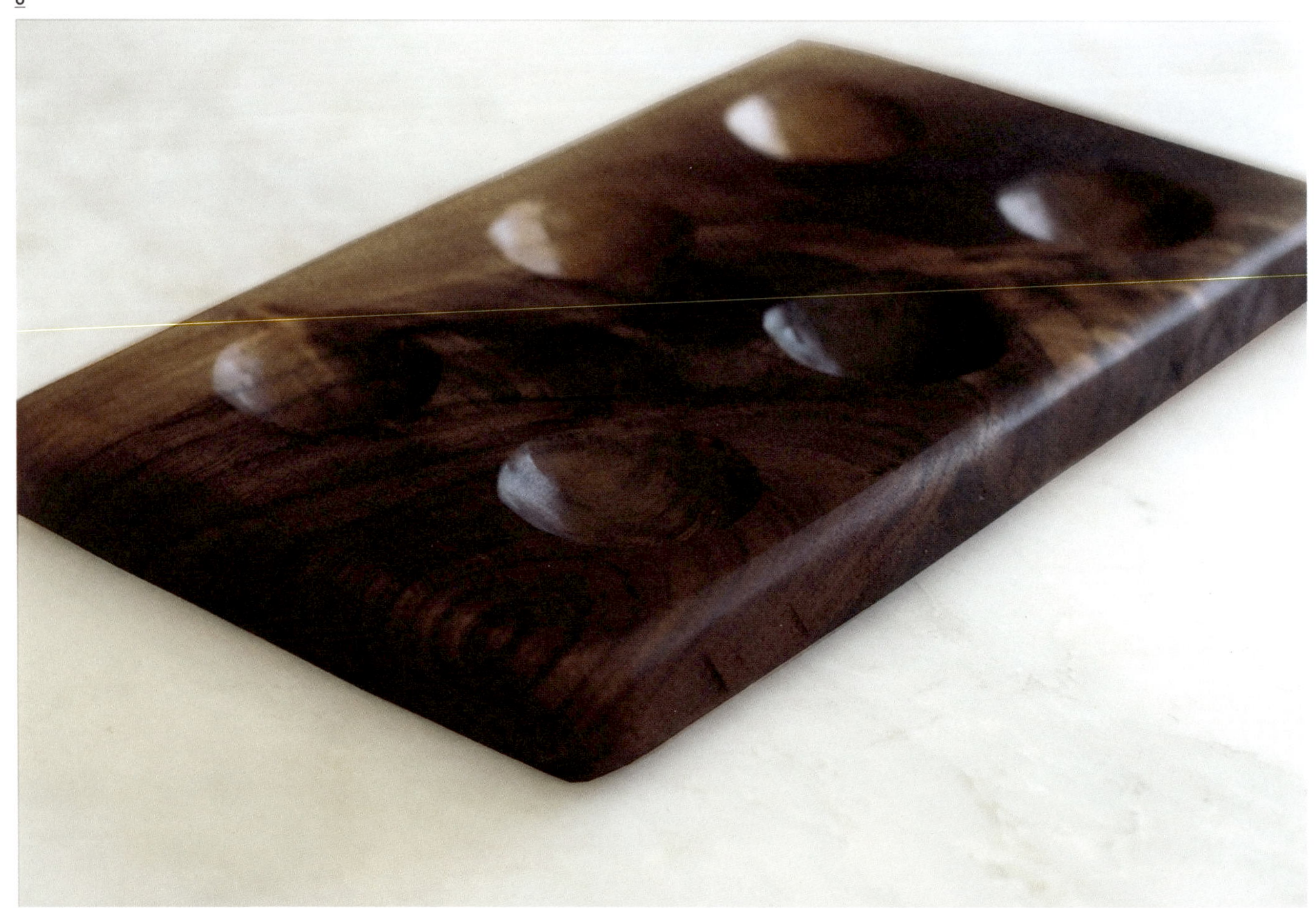

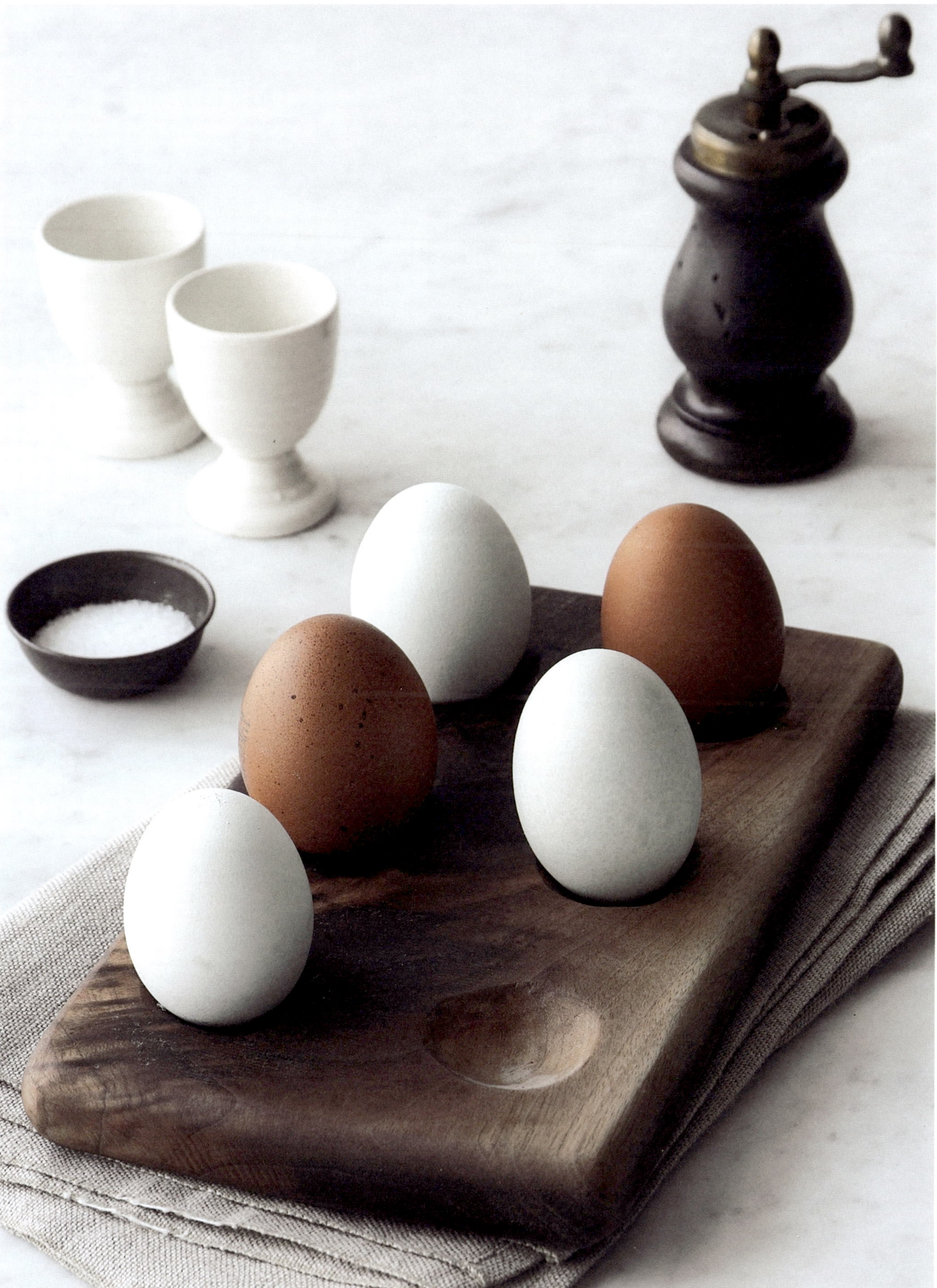

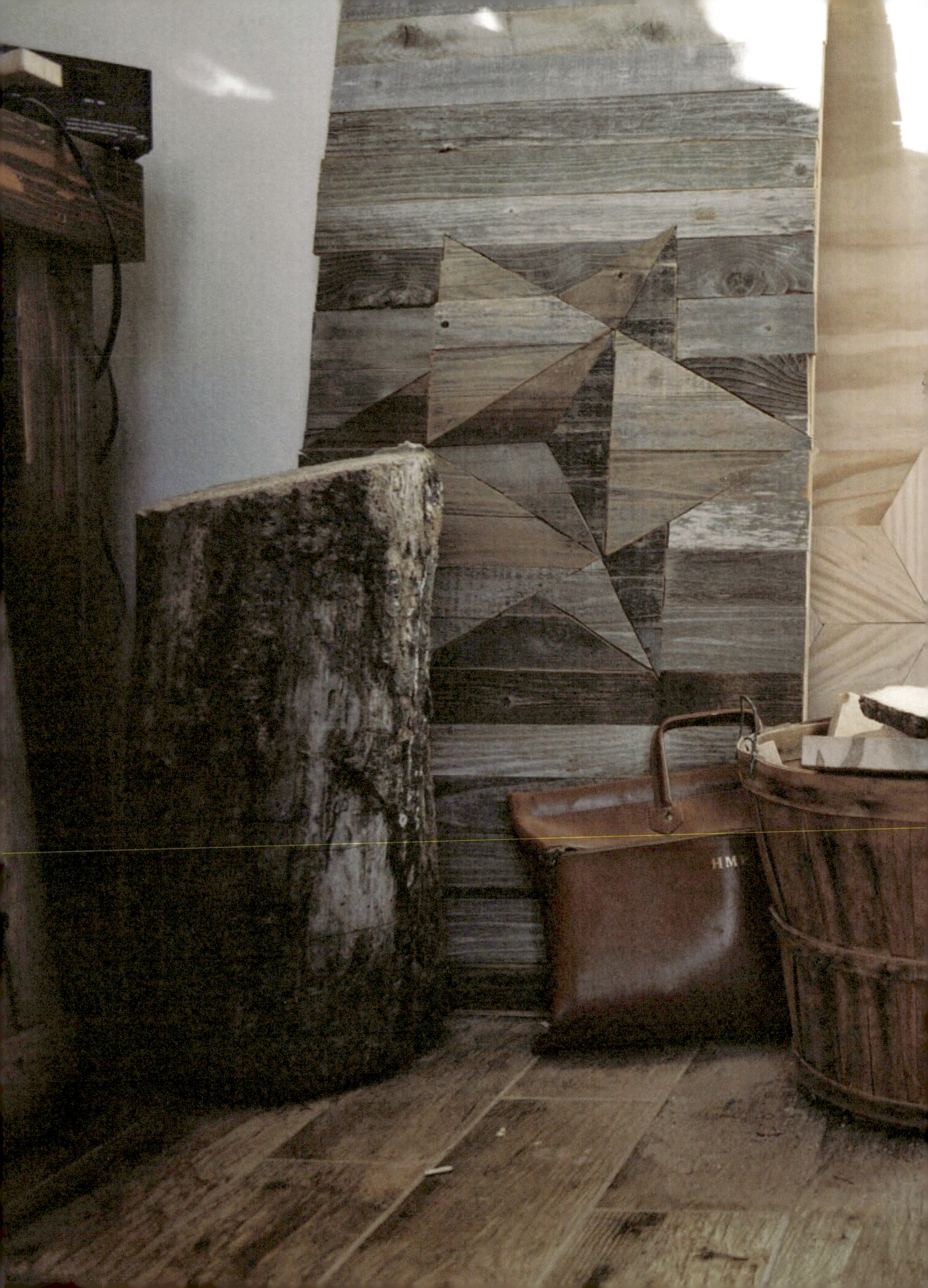

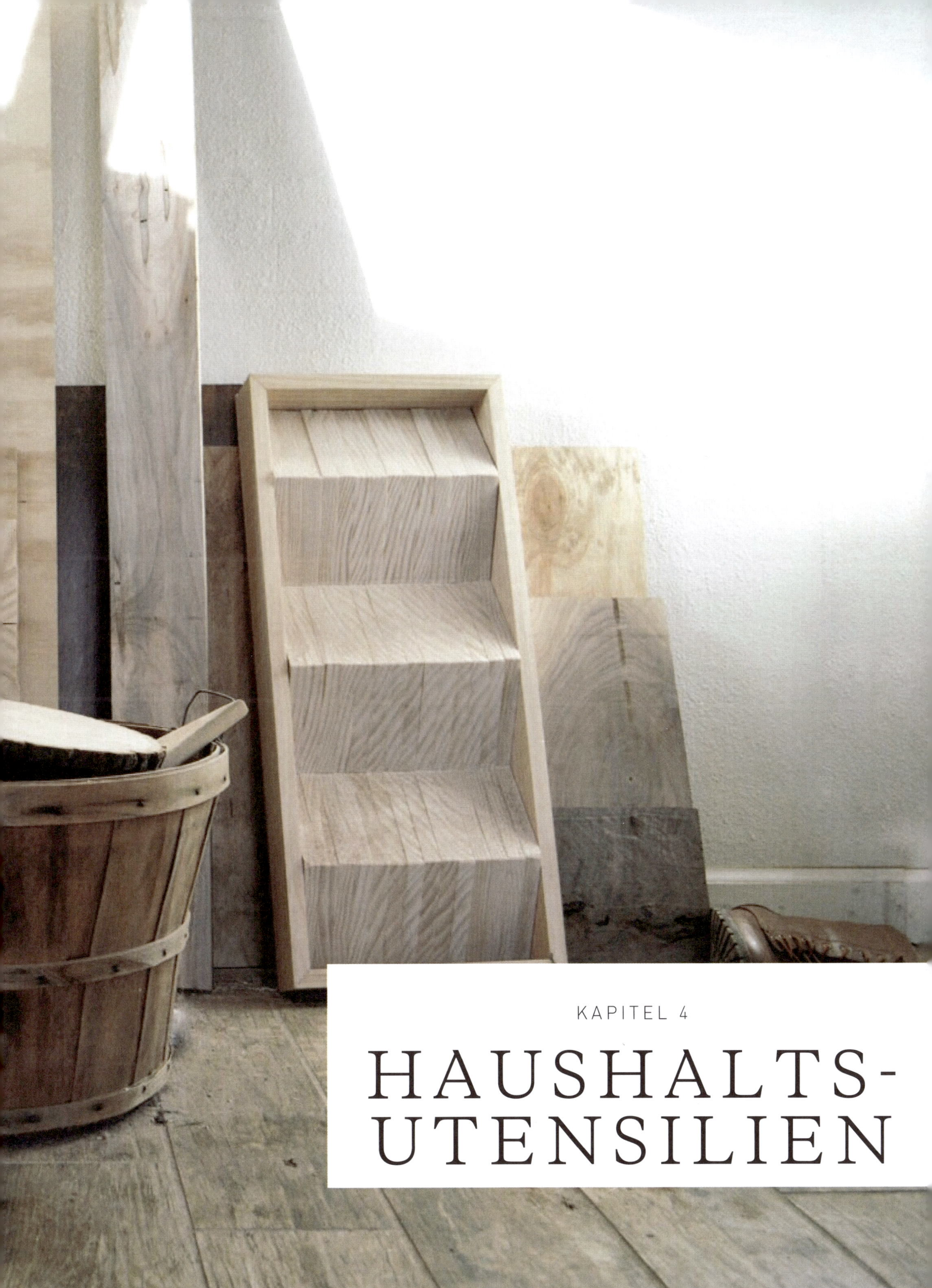

KAPITEL 4

HAUSHALTS-UTENSILIEN

HUND ALS VISITEN-KARTEN-HALTER

Dieser Hund ist ein Tausendsassa. Er hält nicht nur Visitenkarten, sondern auch Fotos und Postkarten.

WAS SIE BRAUCHEN

Weichholz oder Hartholz: 7,5 × 5 cm und 5 cm dick; hier wurde Butternuss verwendet

Bleistift

Universal-Kerbschnitzmesser

Kerbschnitzmesser Stich 6

Band- oder Handsäge

Schleifpapier: grob (Körnung 80–100), mittel (120–150) und fein (220–320)

Polyurethanlack (für das gezeigte Beispiel verwendet) oder Ölfinish

Schaumstoff- oder Borstenpinsel für Polyurethanlack oder fusselfreies Tuch für Ölfinish

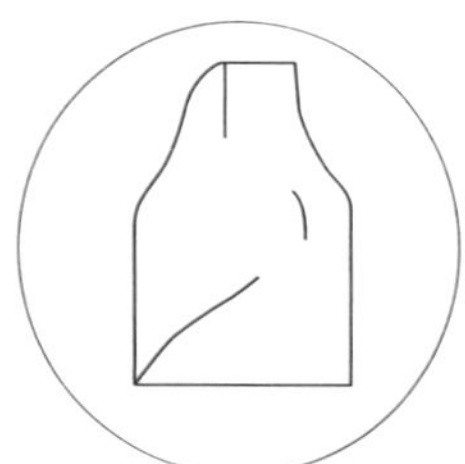

—

Vorlagen: Seite 138

—

Für dieses Projekt habe ich Butternuss verwendet, ein weiches, aber haltbares Hartholz. Der Butternussbaum trägt ähnliche Früchte wie der Walnussbaum. Das Holz hat eine helle goldbraune Farbe und lässt sich leicht schnitzen.

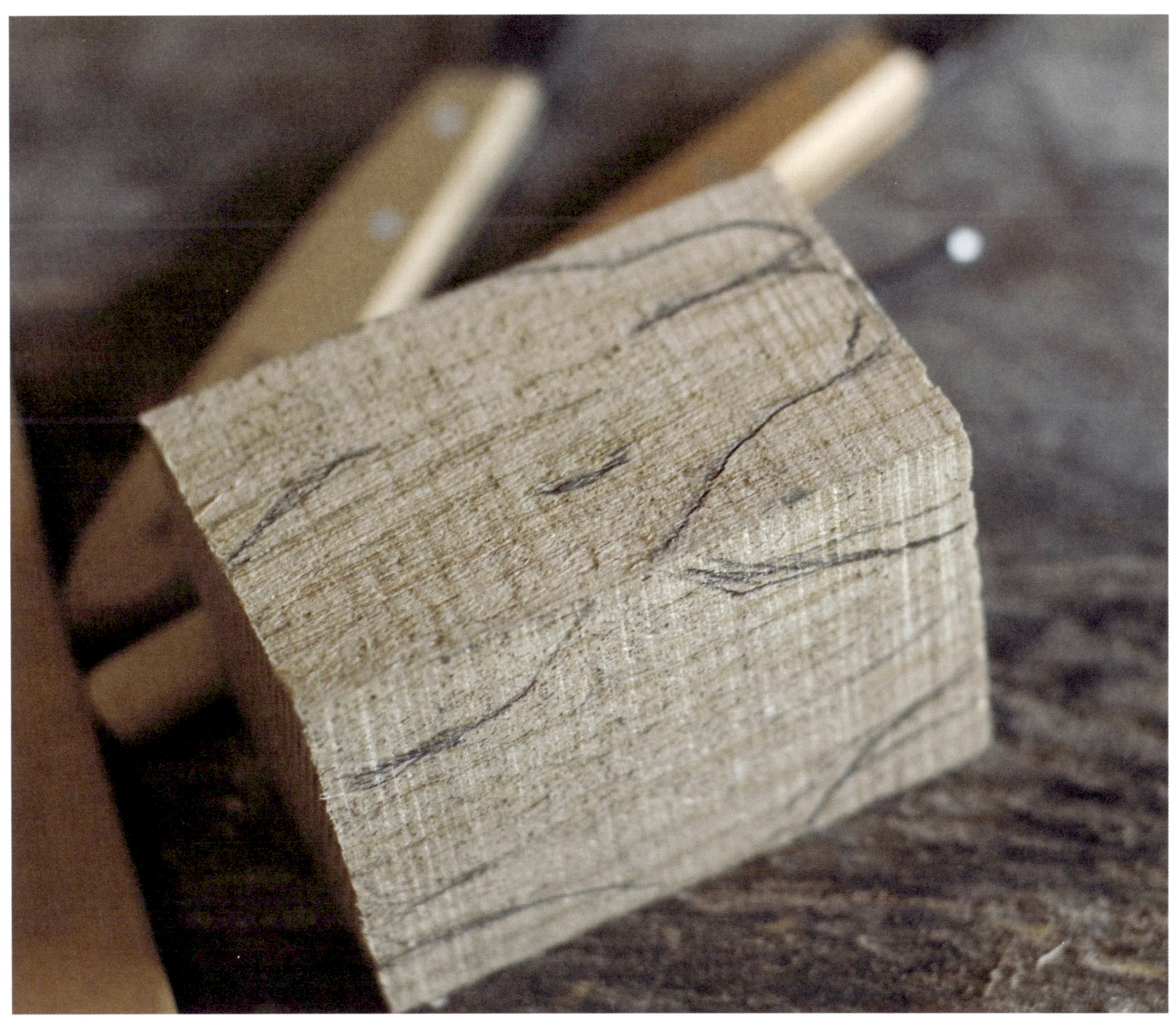

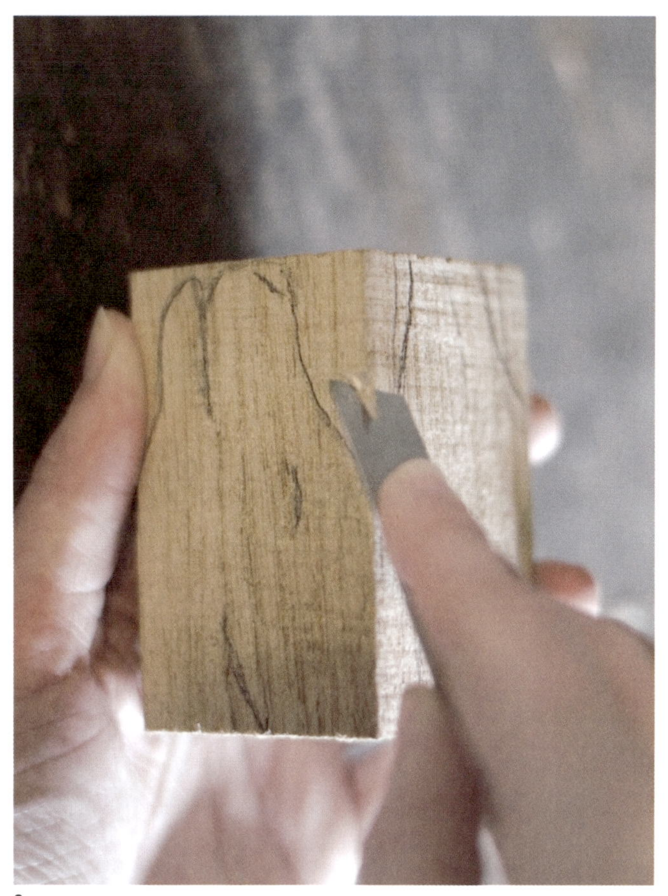
2

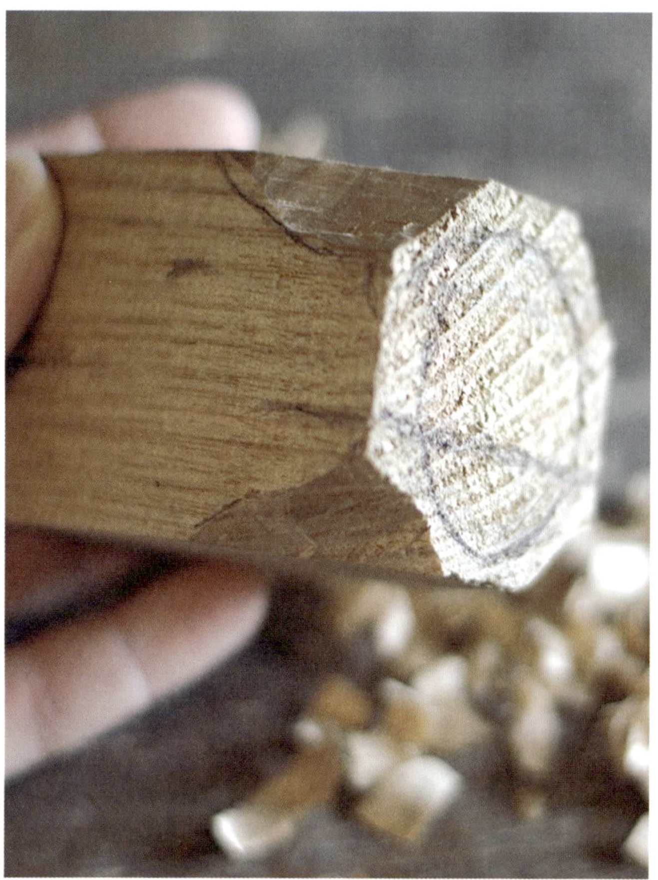
3

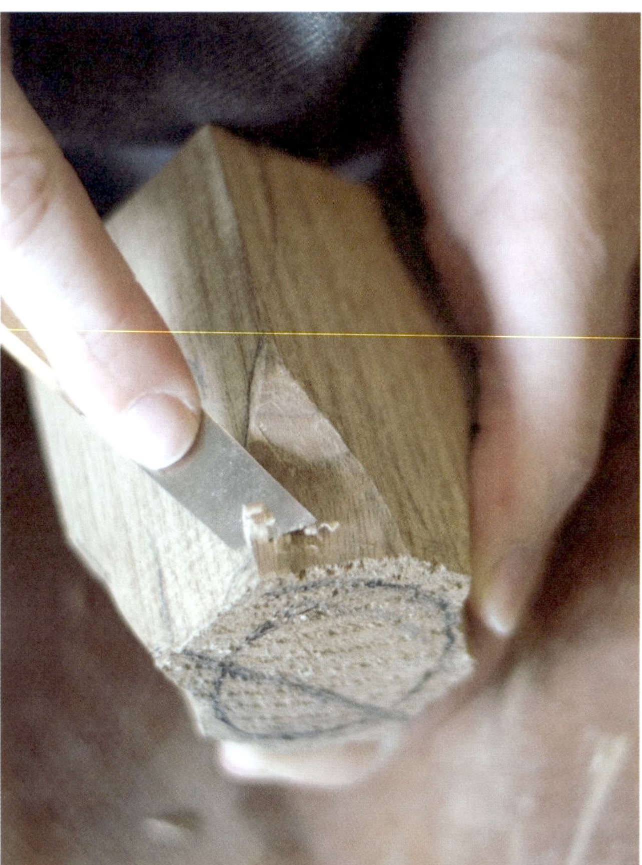
4A

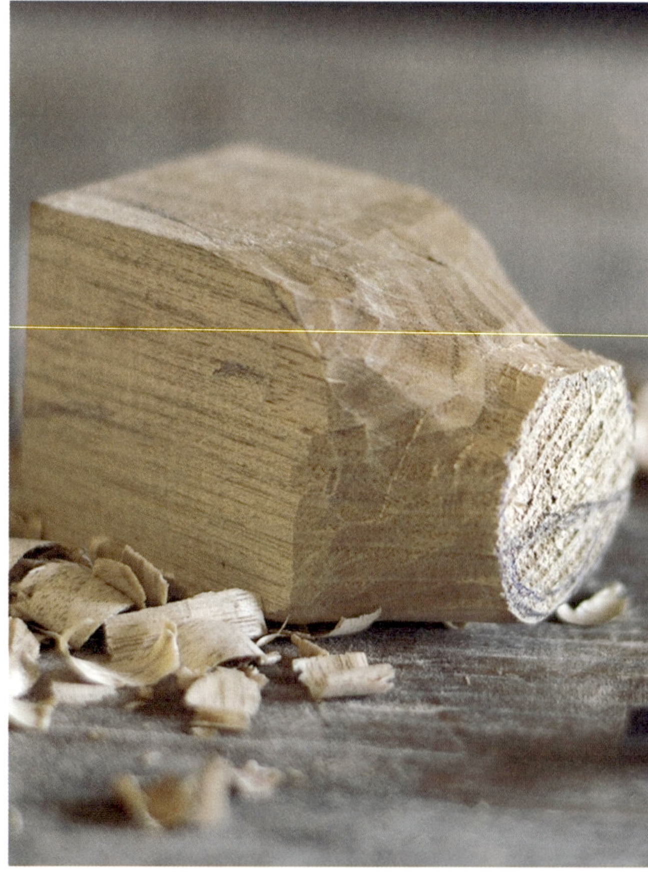
4B

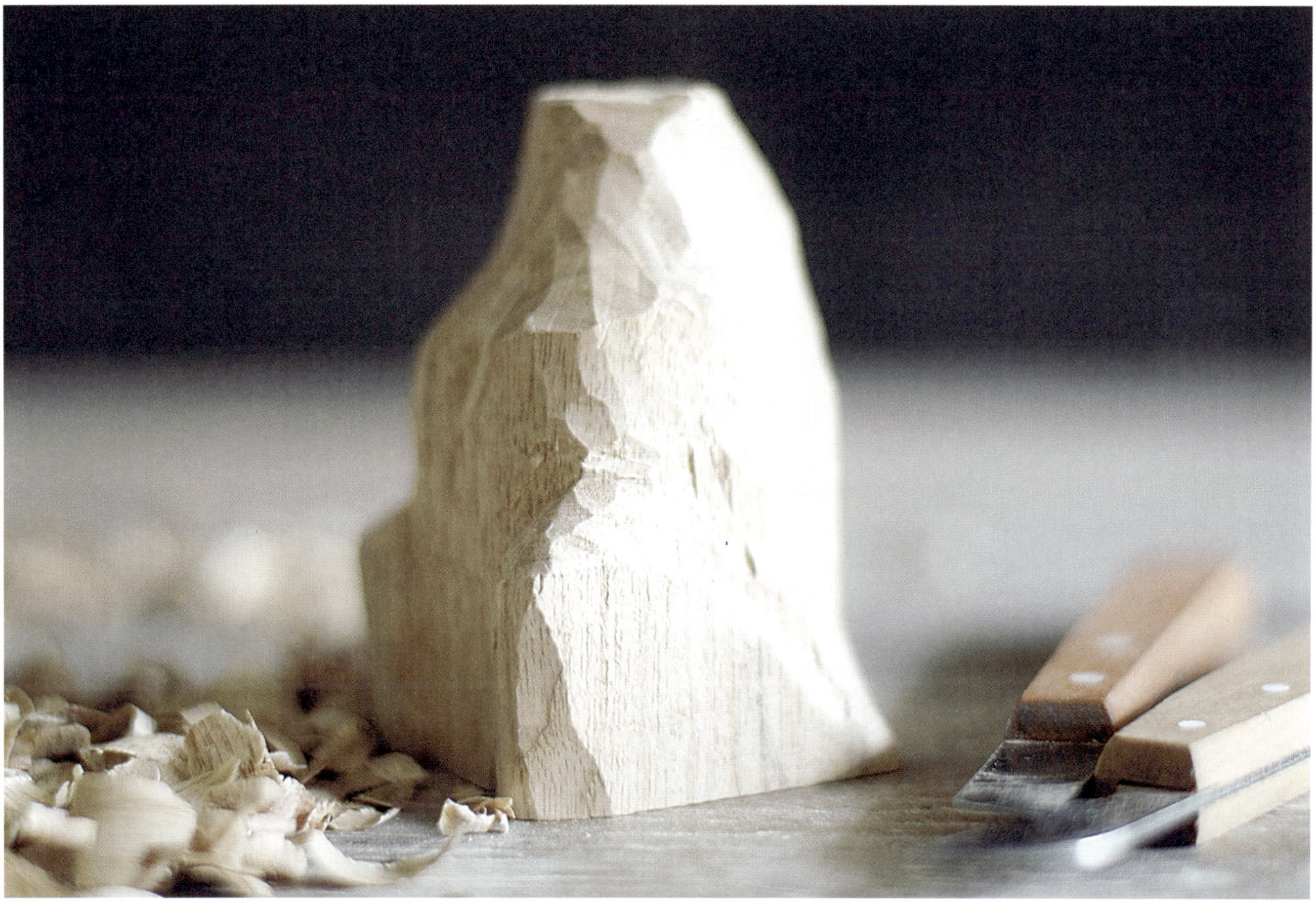

5

DIE FORM ZEICHNEN

1 Skizzieren Sie mithilfe der Vorlage den Umriss des Hundekopfes auf jede Holzseite. Achten Sie darauf, dass Sie das richtige Kopfprofil auf die richtige Holzseite – Ansicht von oben, unten und von beiden Seiten – und in der richtigen Ausrichtung zeichnen.

DEN KOPF SCHNITZEN

2 Halten Sie den Holzklotz in Ihrer Handfläche und modellieren Sie die Schnauze des Hundes mit einem Kerbschnitzmesser Stich 6. Tragen Sie jede Ecke des Holzes in Richtung Schnauzenspitze bis an die gezeichneten Umrisse ab. Gehen Sie an allen vier Ecken der Schnauze so vor.

3 Zeichnen Sie mithilfe der Schnauzenvorlage eine Linie über das Holzende, das den Mund von der linken Seite des Hundegesichts mit der rechten Seite verbindet. Zeichnen Sie einen Kreis auf das Holzende als Hilfe für die Dicke der Schnauze.

4 Tragen Sie mit dem Schnitzmesser Stich 6 das Holz um die Schnauze bis auf den gezeichneten Kreis ab.

5 Schnitzen Sie mit einer Kombination aus dem Schnitzmesser Stich 6 und einem Universal-Kerbschnitzmesser den Hundekopf fertig. Schnitzen Sie oben zwischen die Ohren einen Zwischenraum und Rundungen für die Oberseite des Stirnknochens. Sie müssen darauf achten, an dem Stirnknochen und zwischen den Ohren Konturen herauszuarbeiten. Wird dies versäumt, sieht Ihre Schnitzerei mehr nach einem Schwein als nach einem Hund aus.

DETAILS HINZUFÜGEN

6 Setzen Sie mit einer Band- oder Handsäge einen Schnitt entlang der Linie des Hundemauls. Er wird zum Halten von Visitenkarten und dergleichen verwendet und sollte ca. 13 mm tief und 2–3 mm weit sein.

7 Schnitzen Sie mit dem Universal-Kerbschnitzmesser die Augen. Arbeiten Sie mithilfe der Augenvorlage anfangs kleine Späne an der äußeren Ecke jedes Auges heraus und stoppen Sie dort, wo der Augapfel beginnt. Arbeiten Sie eine leichte Neigung über die Oberseite des Augapfels zum Oberlid heraus und schnitzen Sie dann einen kleinen Span auf der inneren Ecke heraus. Arbeiten Sie allmählich Holz unterhalb des Auges heraus. Die Schnitzerei sollte in den Augenwinkeln am tiefsten sein, also konzentrieren Sie sich darauf, dieses Element bestmöglich zu gestalten, um ein dreidimensionales Aussehen zu erreichen. Wenn Sie den Hund schleifen, kontrollieren Sie nochmals die Augen und geben Sie ihnen bei Bedarf mit dem Schnitzmesser noch mehr Kontur.

SCHLEIFEN

8 Schleifen Sie den ganzen Hund glatt, fangen Sie mit grobem Schleifpapier an und gehen Sie zu mittlerem und dann zu feinem Schleifpapier über.

FINISH

9 Entfernen Sie alle Staubpartikel von dem Holz und tragen Sie Ihr ausgewähltes Finish auf. Um das glänzende Aussehen des hier gezeigten Hundes zu erreichen, tragen Sie eine Schicht Polyurethanlack auf, lassen sie trocknen und schleifen Sie den Hund erneut mit Schleifpapier Körnung 320. Stauben Sie den Hund ab und tragen Sie eine weitere dünne Schicht Polyurethanlack auf. Wiederholen Sie diesen Vorgang vier oder fünf Mal, bis der Hund glatt und glänzend aussieht.

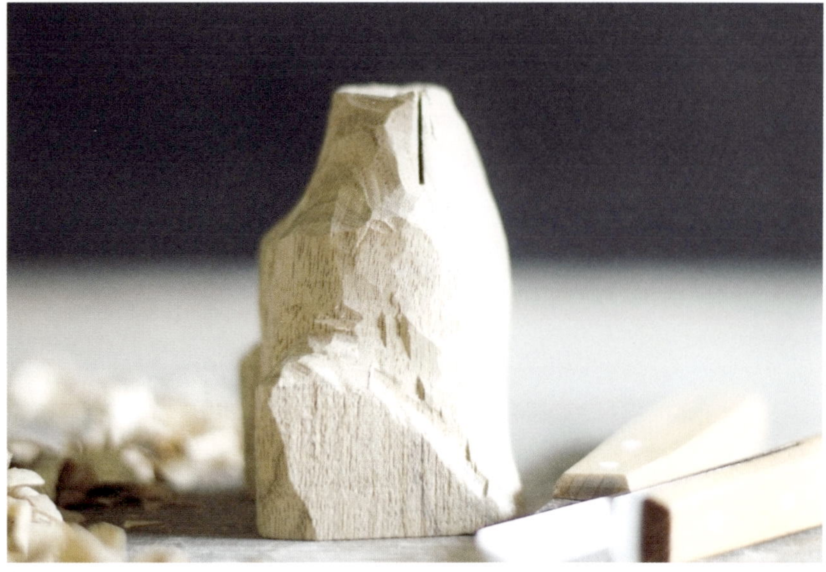

6

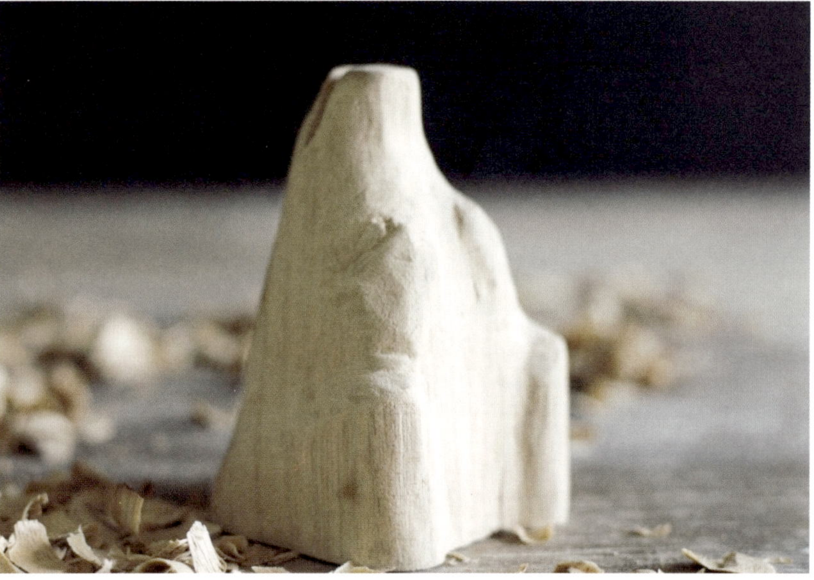

8

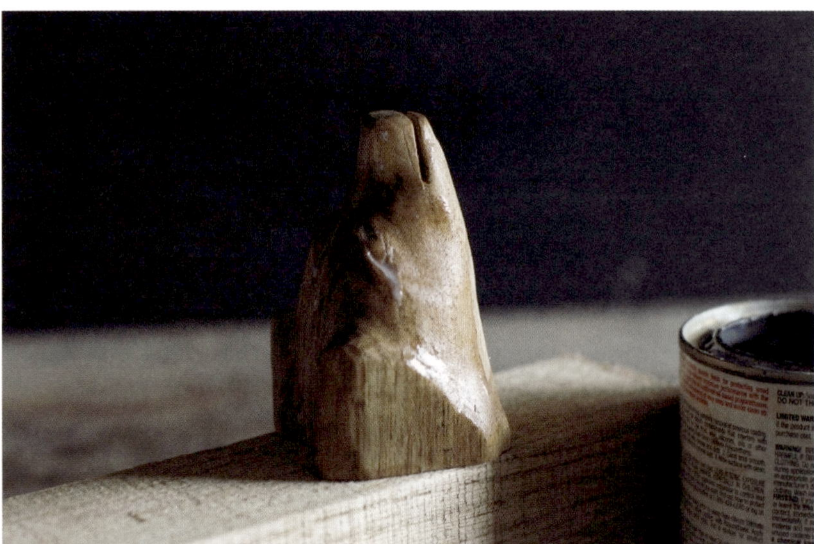

9

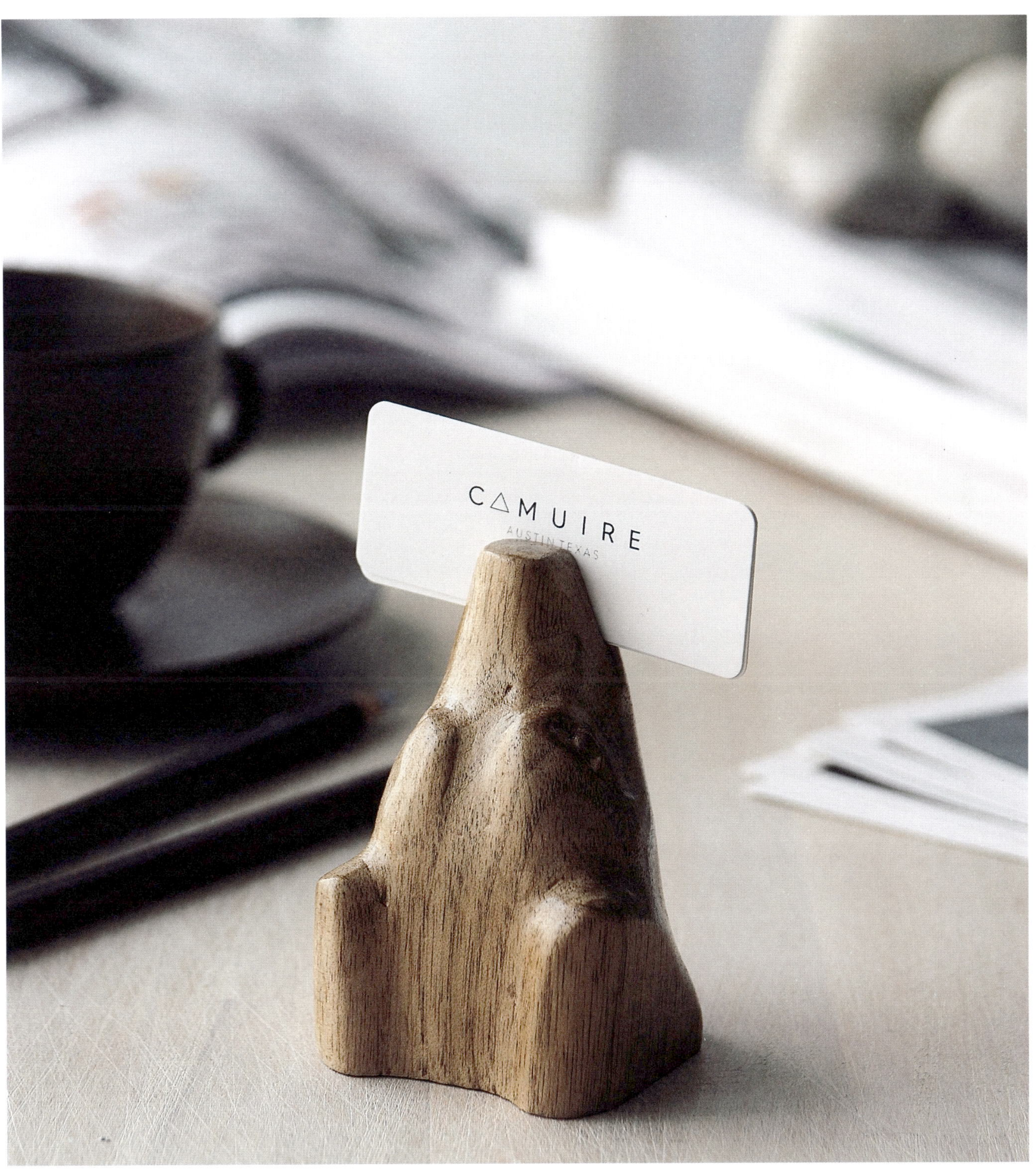
C△MUIRE
AUSTIN TEXAS

IGEL ALS TEELICHT-HALTER

Ich glaube es hilft, wenn Sie Ihrem Igel einen Namen geben, während Sie an diesem Projekt arbeiten, weil Igel sehr scheu sein können und möglicherweise etwas Ermunterung brauchen, um in Erscheinung zu treten. Diesen Igel hier habe ich Felipe - Kurzform Pepe - getauft.

WAS SIE BRAUCHEN

Weichholz oder Hartholz: 28 × 9 cm und 5 cm dick (es kann ein kürzeres Stück verwendet werden, in das aber weniger Teelichte passen); hier wurde Linde verwendet

Bleistift

Zwingen

Hohleisen Stich 8, 18 mm Stichbreite

Kurzes Hohleisen Stich 9,5 mm Stichbreite

Bohrmaschine und 3-mm-Bohrer

Bandsäge, Handsäge oder Laubsäge

Schleifpapier: grob (Körnung 80-100), mittel (120-150) und fein (220-320)

Polyurethanlack (für das gezeigte Beispiel verwendet) oder Ölfinish

Schaumstoff- oder Borstenpinsel für Polyurethanlack oder fusselfreies Tuch für Ölfinish

Streichhölzer für die Stacheln; hier wurden 60-70 Streichhölzer verwendet

Drei Teelichte

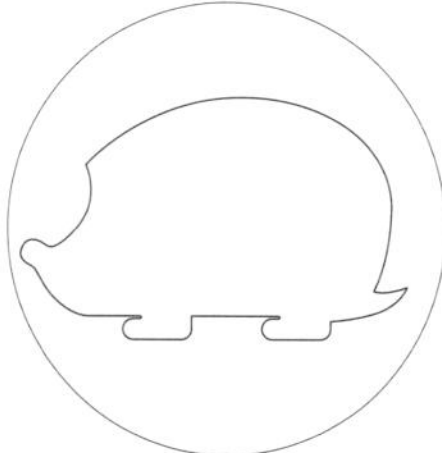

—

Vorlagen: Seite 139

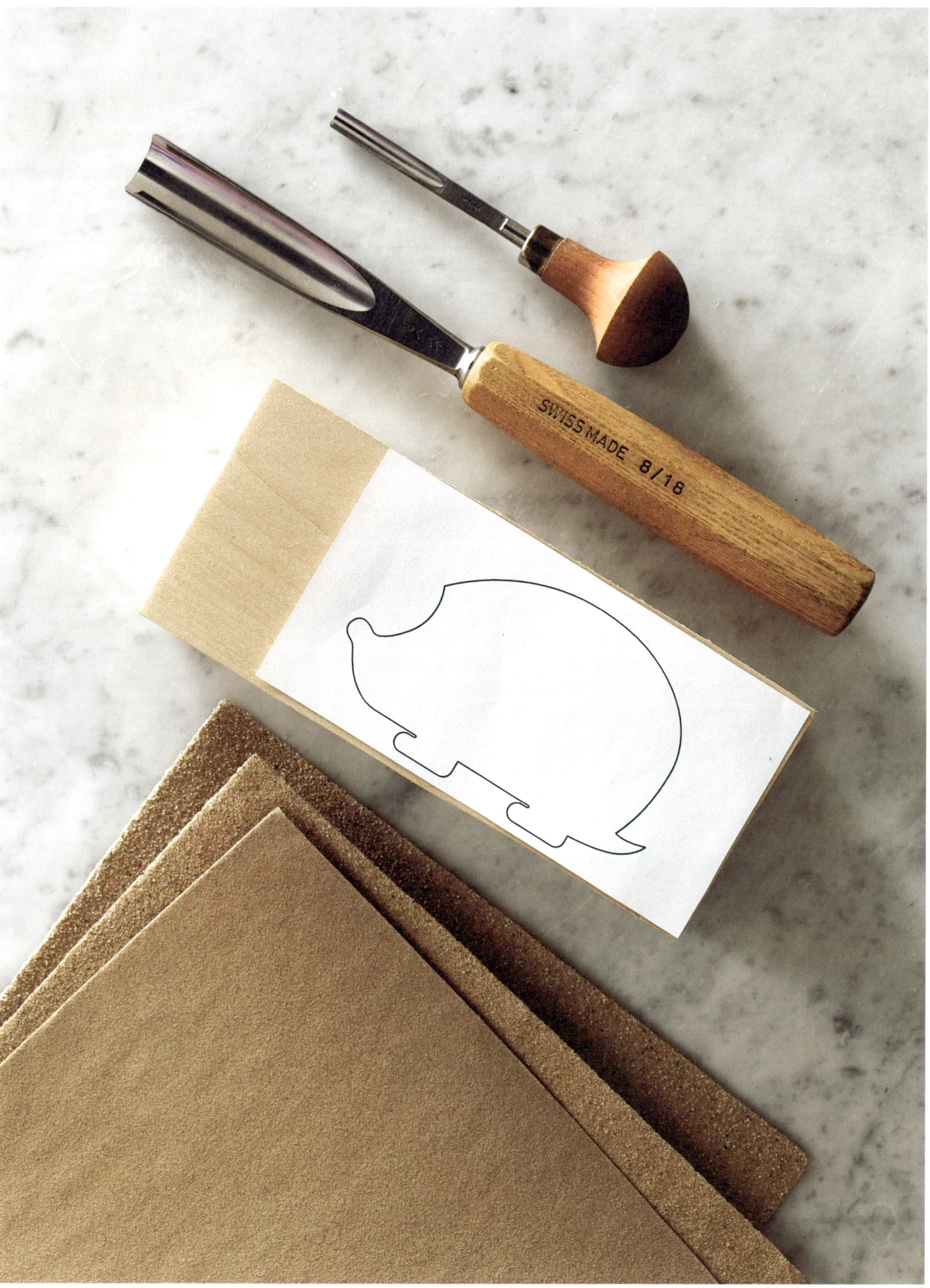
SWISS MADE 8/18

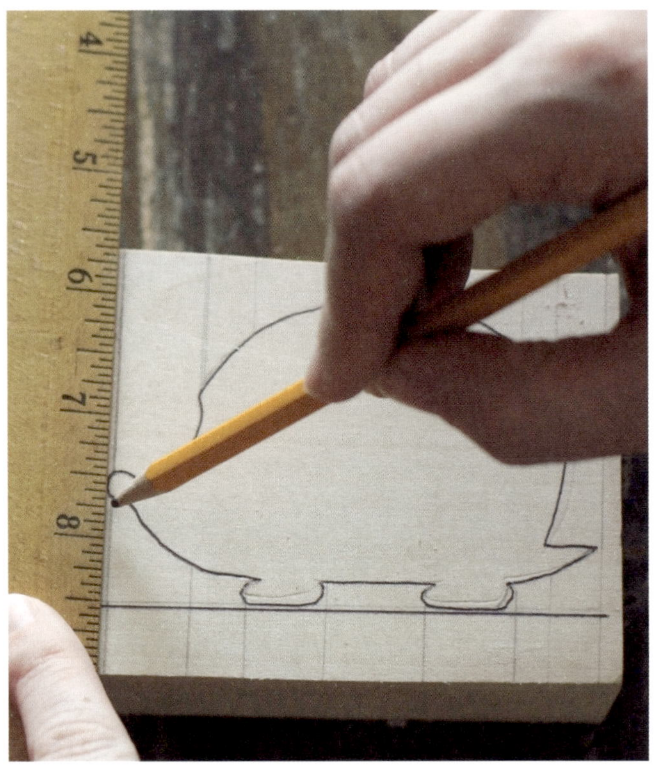

2

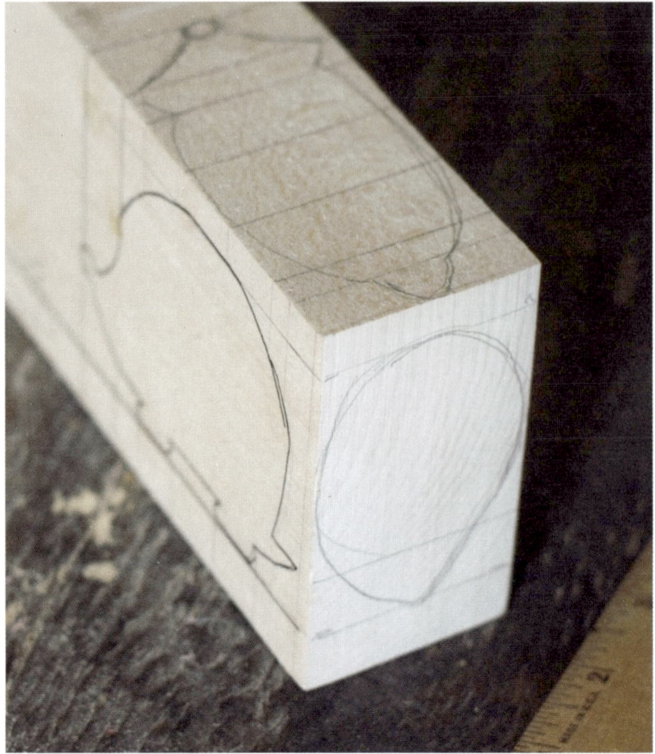

3

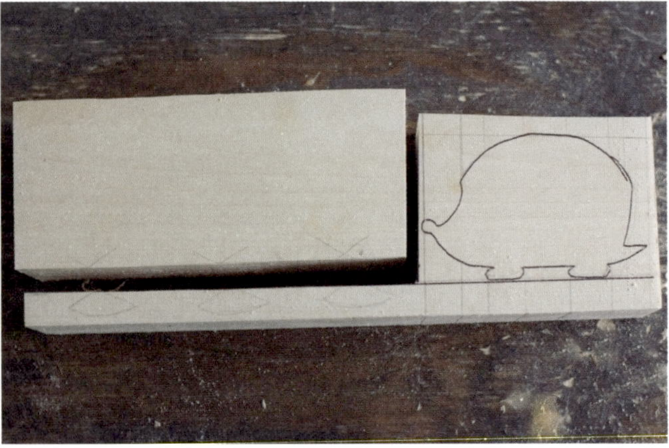

4

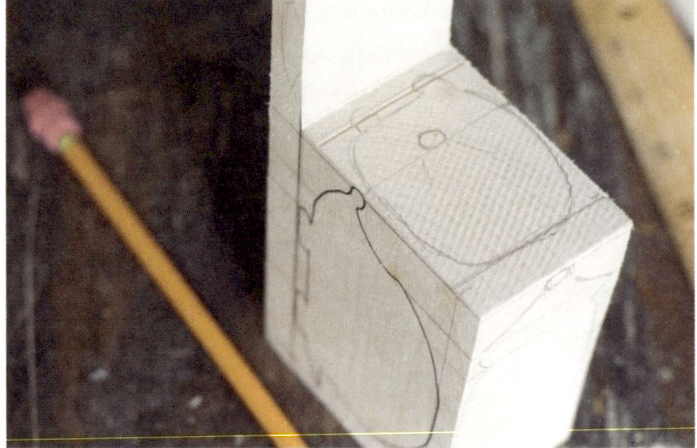

5

DIE FORM ZEICHNEN

1 Ziehen Sie im Abstand von 13 mm von der Unterkante eine Linie über die Vorderseite des Holzes. Skizzieren Sie mithilfe der Vorlage die Seitenansicht des Igels an einem Holzende, wie er auf der Linie steht und nach innen gerichtet ist. Messen Sie aus und zeichnen Sie zur Orientierung an, wo die drei Teelichte hinkommen.

2 Um den Igel in der richtigen Position auf den anderen Holzflächen zu skizzieren, nutzen Sie die Erkennungsmerkmale des Igels aus. Ziehen Sie senkrechte Linien an der Spitze von Nase, Stirn, an Fußspitze und Ferse von jedem Fuß und an der Schwanzspitze. Ziehen Sie diese Führungslinien über alle vier Holzflächen.

3 Zeichnen Sie Führungslinien für Rücken und Schwanz auf der Stirnseite des Holzes an. Skizzieren Sie mithilfe der Vorlagen und Führungslinien die Ansicht des Igels von oben, von hinten und von der Seite auf das Holz.

4 Sägen Sie mit einer Bandsäge, Handsäge oder Laubsäge das überflüssige, rechteckige Holzstück über der gezogenen Grundlinie von 13 mm vor dem Igel, genau vor der Nasenspitze, weg.

5 Skizzieren Sie mithilfe der Vorlage die Vorderansicht des Igels auf das Holz und ziehen dabei Führungslinien, um Nase, Füße und Rücken des Igels wie zuvor auszurichten.

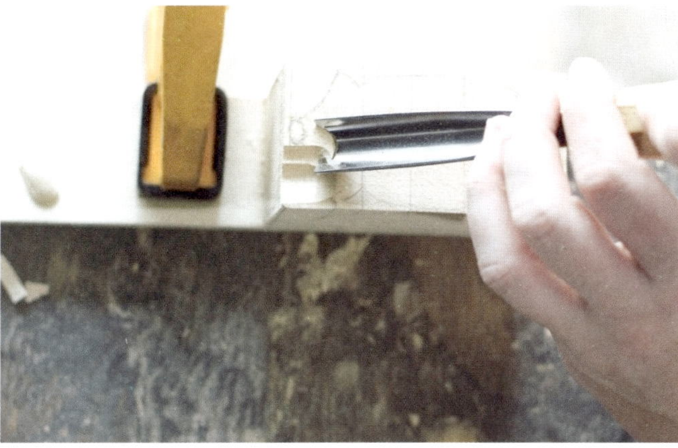

6

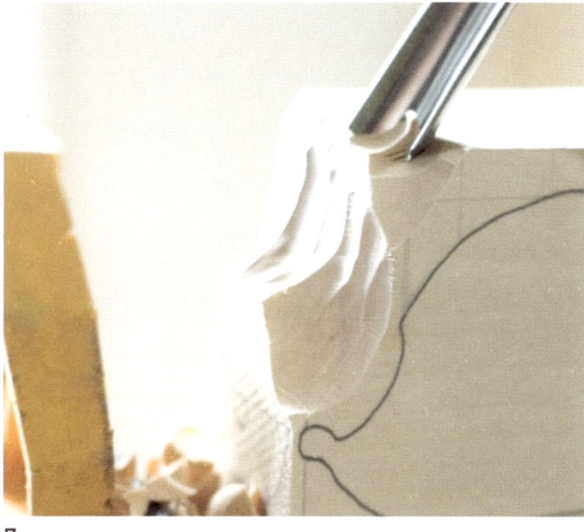

7

DEN IGEL SCHNITZEN

6 Fixieren Sie das Holz mit Zwingen am Tisch. Beginnen Sie an der zweiten Führungslinie (die die Stirn kennzeichnet) auf der oberen Holzfläche, tragen Sie die obere Holzschicht nach unten bis zum Ende der Schnauze mit einem Hohleisen Stich 8 ab. Keine Bange, wenn Sie die Umrisslinien des Igels währenddessen abtragen, sie dienen lediglich der Orientierung. Im Verlauf des Schnitzens müssen Sie die Linien vielleicht neu skizzieren oder einfach nachsehen – halten Sie also die Vorlagen griffbereit.

7 Arbeiten Sie an der dritten Führungslinie (vorne am ersten Fuß) weiter und arbeiten Sie mit dem Hohleisen das Holz über dem Kopf in Richtung Nase des Igels heraus. Je mehr Holz Sie von oben abtragen, umso leichter wird es, zur Führungslinie der Stirn zurückzugehen und mehr Holz über der Schnauze abzunehmen. Halten Sie sich an die Führungslinien auf der linken und rechten Seite des Klotzes. Achten Sie darauf, kein Holz unterhalb der gezeichneten Umrisse wegzuschnitzen.

8 Arbeiten Sie entlang den Führungslinien das ganze Holz bis zu den Igelumrissen, die auf der linken und rechten Seite des Holzes aufgezeichnet sind, heraus. Achten Sie auf die Krümmung des Rückens; zu erkennen, wie dieser Form annimmt, wird beim nächsten Schritt helfen.

8

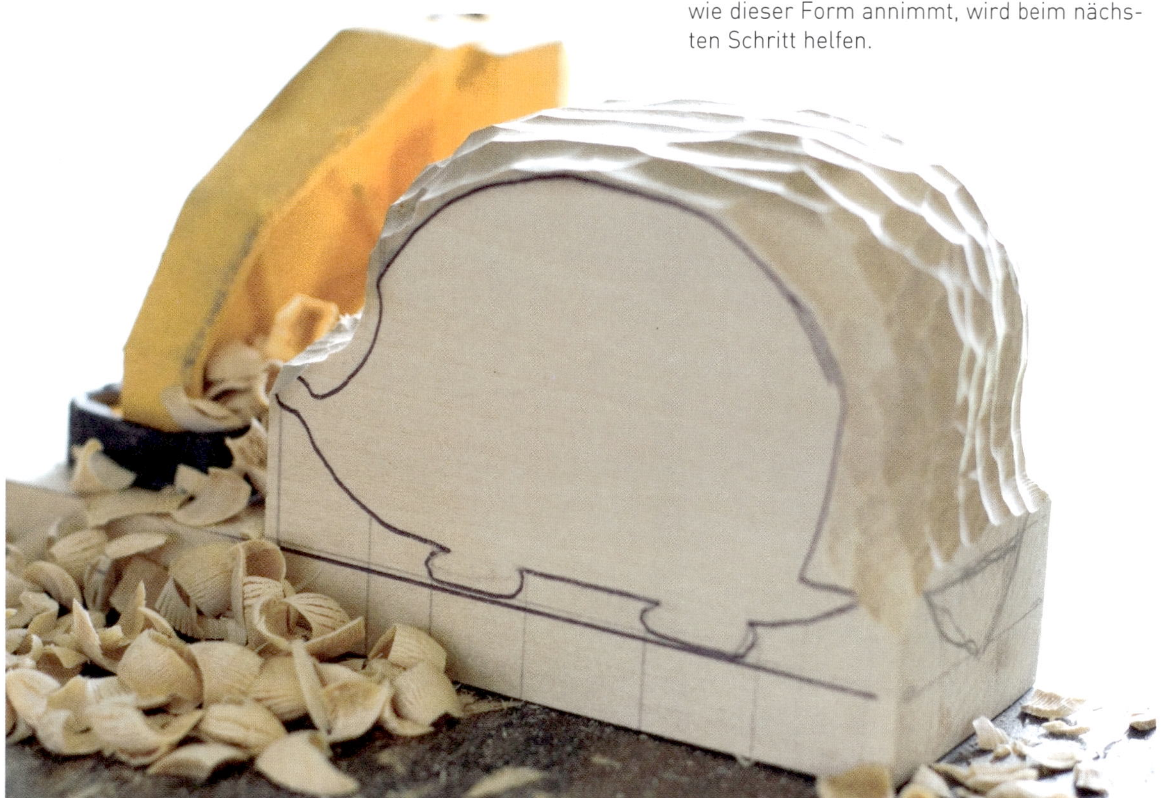

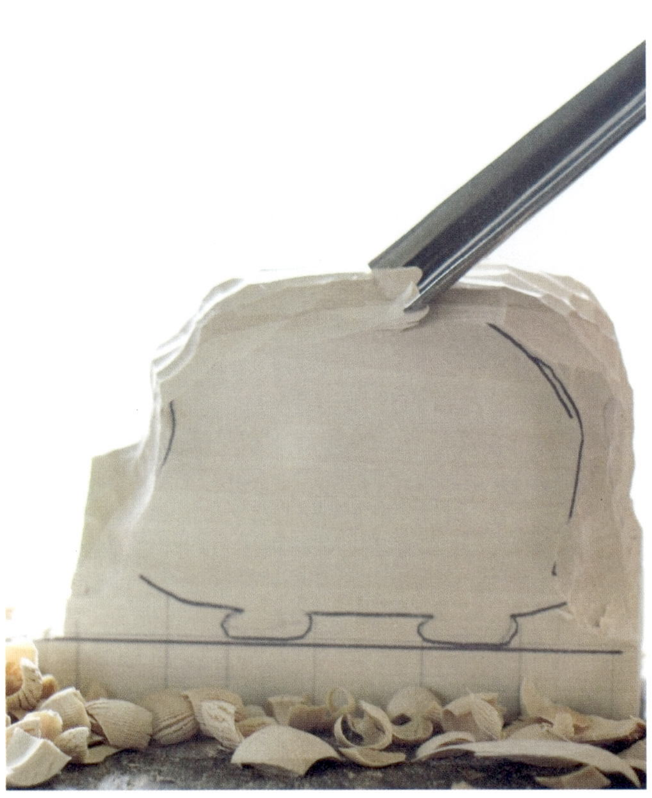

9

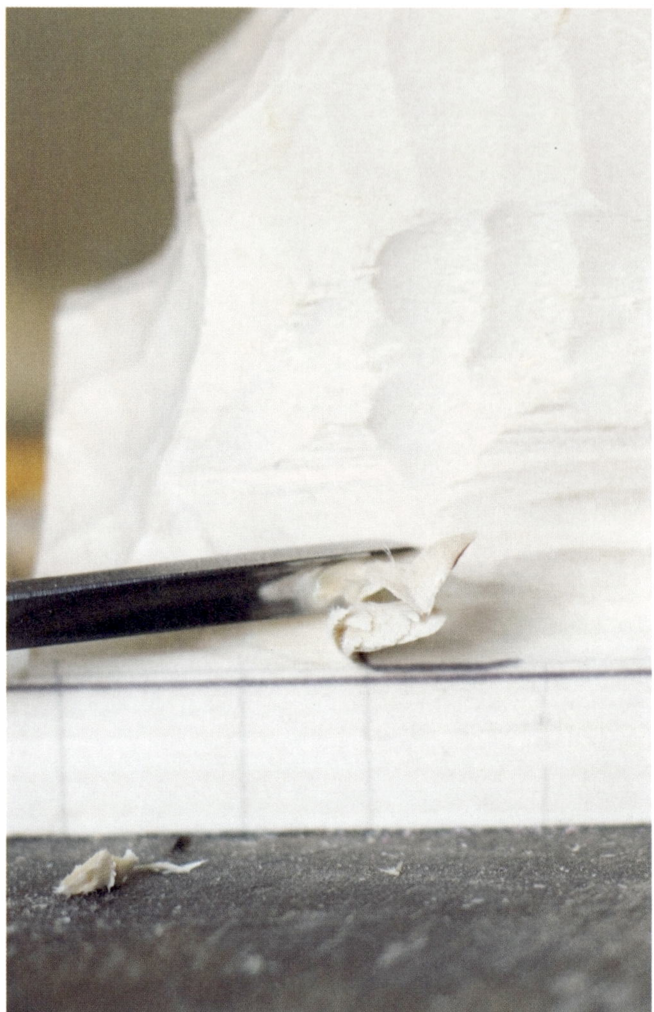

10

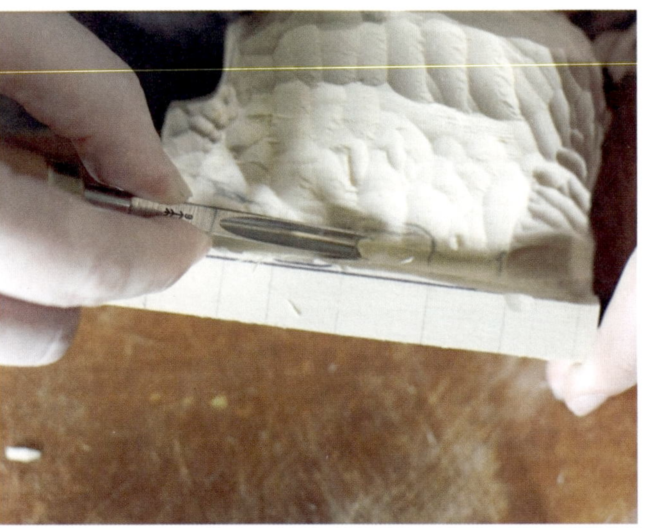

11

9 Tragen Sie jetzt mit dem Hohleisen die geraden Seitenkanten um den Rücken des Igels ab. Tragen Sie mit vorsichtigen, flüssigen Bewegungen jedes Mal nur kleine gekräuselte Späne ab. Auch hier ist es nicht weiter schlimm, wenn die Vorlagenmarkierungen verschwinden; in diesem Stadium nimmt der Igel schon richtig Form an.

10 Tragen Sie mit einem kurzen Hohleisen Stich 9 die Holzseiten um den Fußbereich ab, solange das Holz noch fixiert ist. Denken Sie daran, Igel haben winzige Pfötchen unter einem großen Bauch. Daher kann man ruhig ordentlich Holz von den Seiten abnehmen.

11 Lösen Sie die Zwingen von dem Holzstück und halten Sie es auf dem Schoß, während Sie vorsichtig mit dem kurzen Hohleisen das Holz zwischen Vorder- und Hinterfüßen abnehmen.

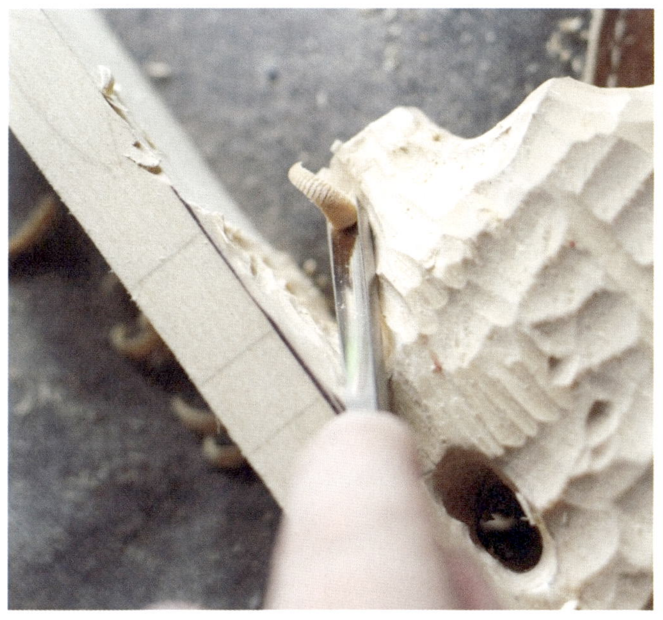

12A

12 Ein kurzes Hohleisen eignet sich perfekt für filigrane Schnitzarbeiten. Benutzen Sie es also, um Holz um das Gesicht herum abzutragen, sodass eine vollendete Schnauze entsteht. Verwenden Sie es auch, um dem Schwanz Ihres kleinen Freundes den letzten Schliff zu geben.

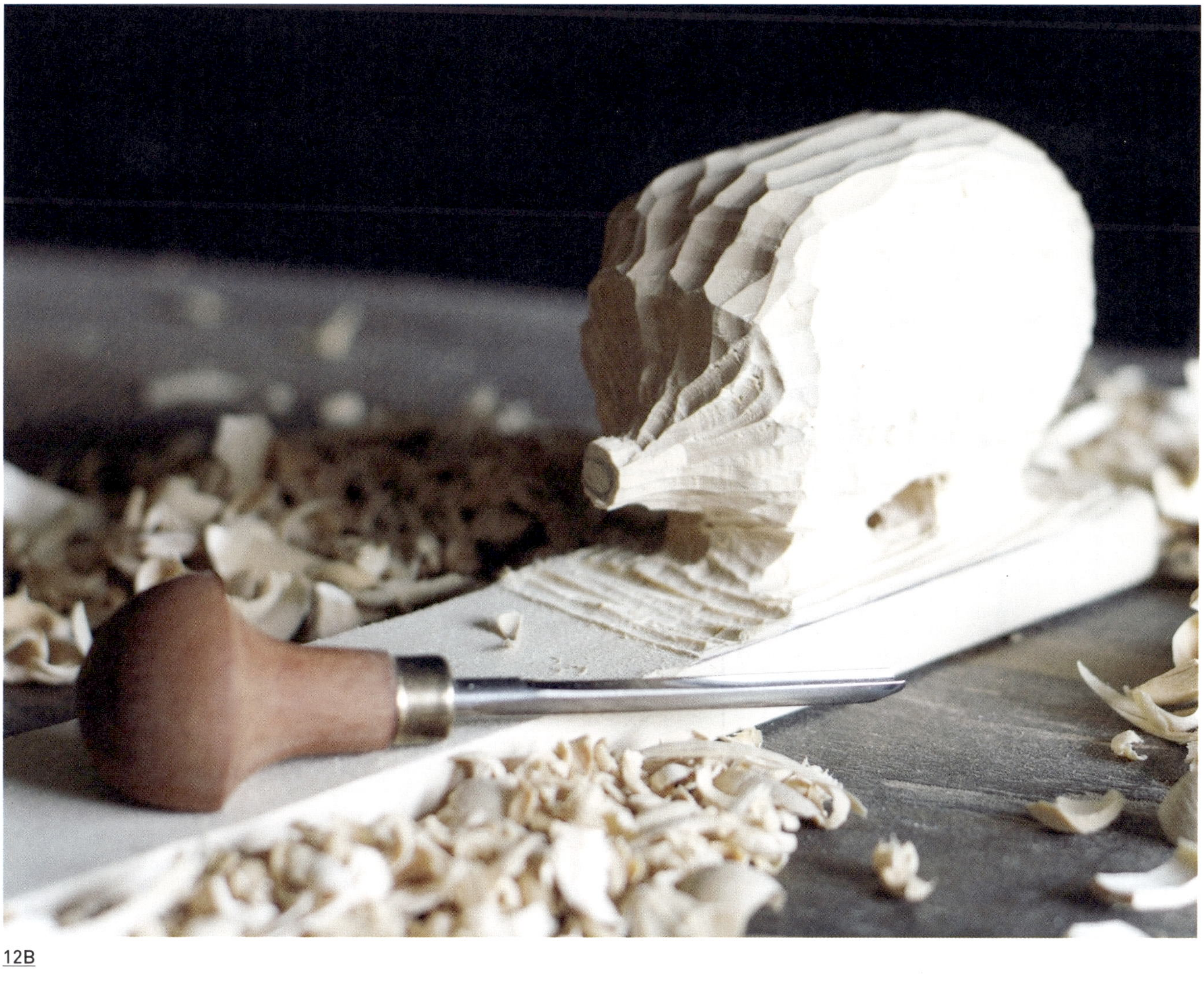

12B

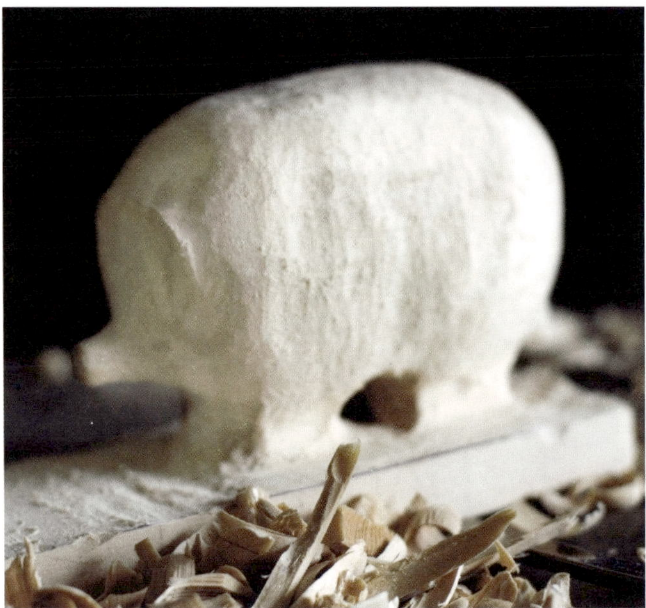

13

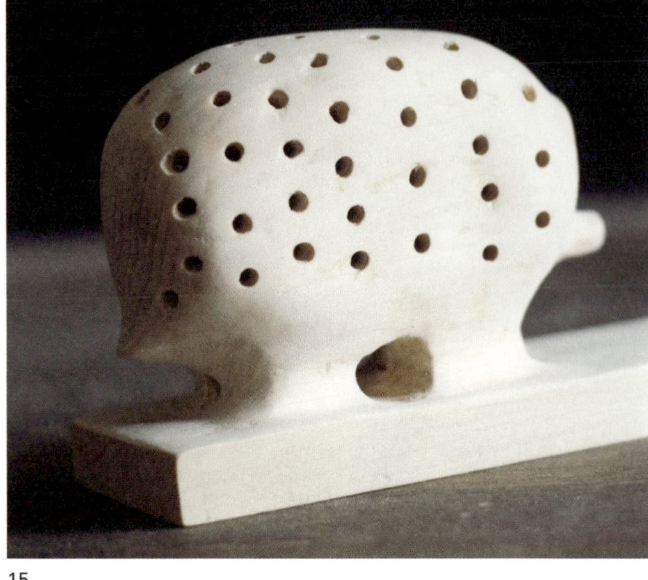

15

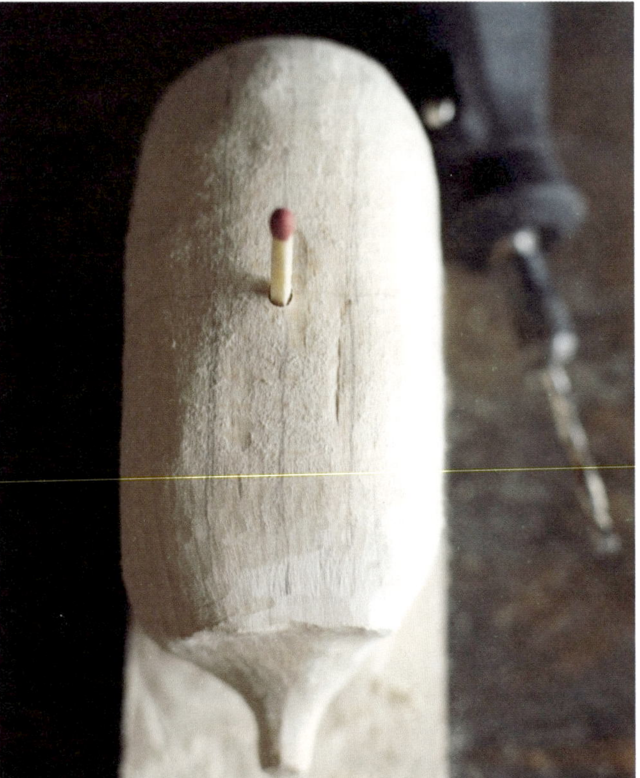

14

SCHLEIFEN UND BOHREN

13 Schleifen Sie das komplette Arbeitsstück mit grobem und dann mit mittlerem Schleifpapier.

14 Ziehen Sie eine Linie von der Mitte des Schwanzes über den Rücken bis zur Schnauze und eine weitere Linie, die über der Mitte des Rückens zwischen den Füßen verläuft. Diese Führungslinien kreuzen sich in der Mitte oben auf dem Rücken. Fixieren Sie das Holz mit Zwingen am Tisch und bohren Sie an dieser Markierung mit einem 3-mm-Bohrer ein etwa 2 cm tiefes, gerades Loch in den Rücken des Igels. Stecken Sie zu Kontrolle ein Streichholz hinein, es soll locker passen, damit man es leicht herausnehmen kann.

15 Bohren Sie so viele Löcher für die Streichhölzer, wie Sie möchten. Dieser Igel hat sieben Lochreihen mit etwa neun Löchern in jeder Reihe. Schleifen Sie das Arbeitsstück abschließend mit bis zu Körnung 220 oder mehr.

FINISH

16 Entfernen Sie alle Staubpartikel von dem Holz und tragen Sie Ihr ausgewähltes Finish auf. Das gezeigte Beispiel wurde mit vier beziehungsweise fünf Schichten Polyurethanlack überzogen, wobei man jede Schicht trocknen lässt und zwischen den Schichten leicht mit Schleifpapier Körnung 320 schleift. Wenn Sie ebenfalls Linde verwenden und das Holz gerne beizen möchten, tragen Sie zuerst eine Schicht Polyurethanlack auf. Linde ist sehr saugfähig, wenn man es daher versäumt, das Holz zuerst mit einer Schicht Polyurethanlack zu versiegeln, kann das einen streifig gefärbten Igel ergeben.

17 Sobald das Stück getrocknet ist, stecken Sie in jedes Loch ein Streichholz. Setzen Sie die Teelichte in den Halter. Achten Sie darauf, dass Sie die Kerzen nicht zu dicht an die Schnauze des Igels setzen.

—

Dieser Igel wurde aus Lindenholz geschnitzt. Linde ist ein weiches, aber haltbares Hartholz und eines der am leichtesten zu schnitzenden Hölzer. Ich empfehle dieses Holz sehr für Anfänger.

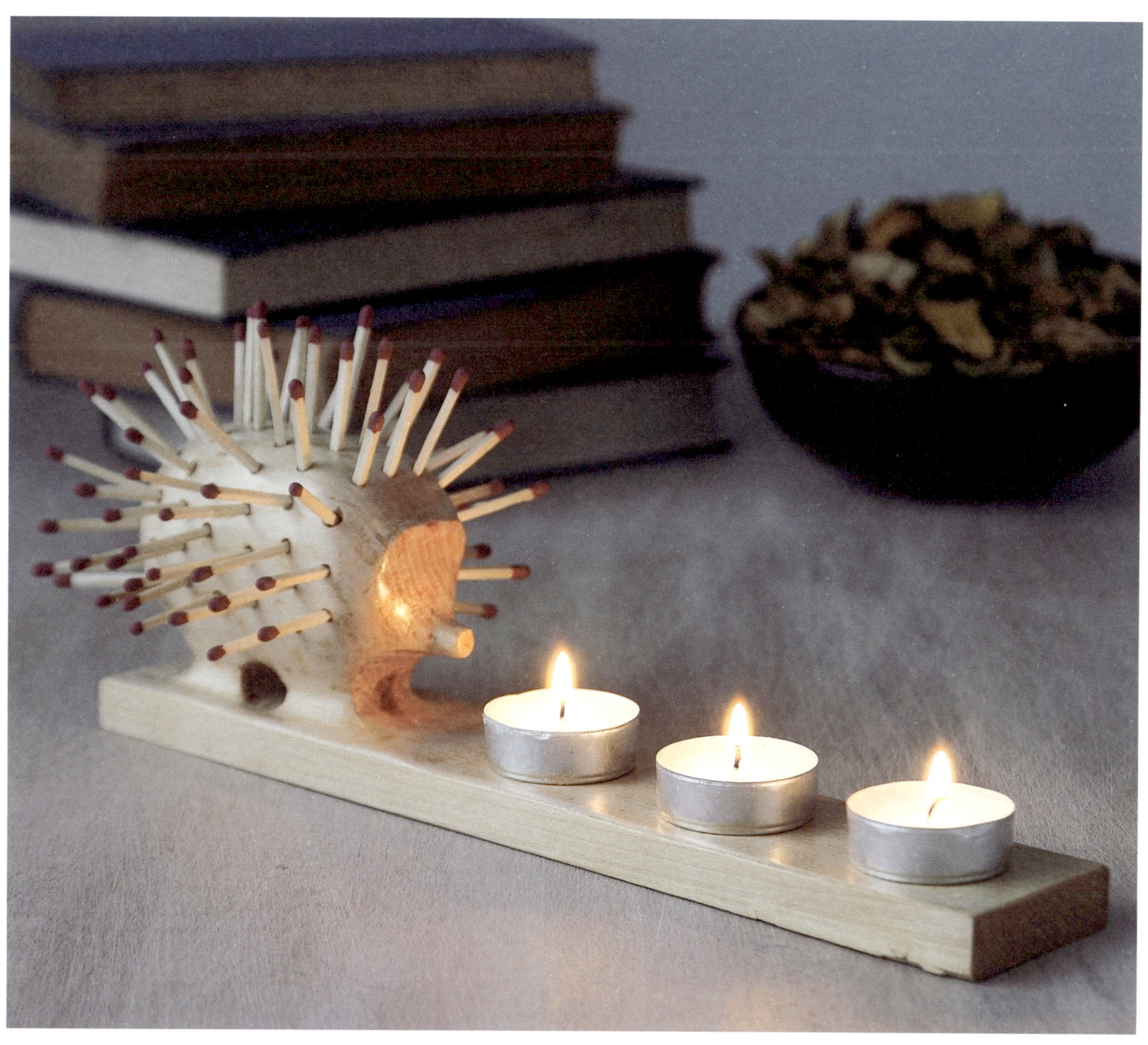

KAMM

Holzkämme sind nicht nur ästhetische Souvenirs. Sie sind wesentlich schonender als Kunststoffkämme und man kann mit ihnen natürliche Öle gleichmäßig im Haar verteilen.

WAS SIE BRAUCHEN

Hartholz: ca. 9 × 7,5 cm und 13 mm dick; hier wurde Kirsche verwendet

Bleistift

Zwingen

Kurzes Hohleisen Stich 9,5 mm Stichbreite

Kerbschnitzmesser Stich 6

Band- oder Laubsäge

Bohrmaschine und 3-mm-Bohrer (wenn Sie keine Bandsäge haben)

Schleifpapier: grob (Körnung 80-100), mittel (120-150) und fein (220-400)

Polyurethanlack oder Ölfinish; hier wurde Mineralöl verwendet, aber bei einem Haarkamm ist jede Art von Öl geeignet

Fusselfreies Tuch für Ölfinish oder Schaumstoff- oder Borstenpinsel für Polyurethanlack

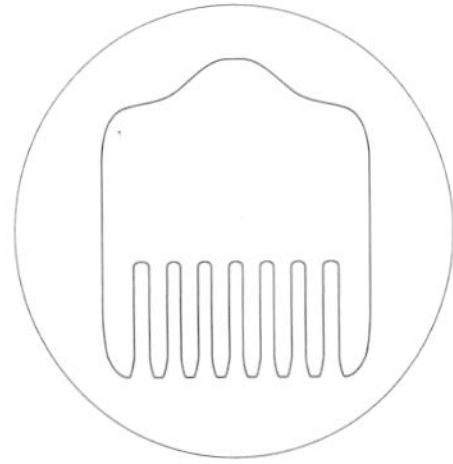

Vorlagen: Seite 140

—

Dieser Kamm wurde aus Kirschholz geschnitzt. Kirsche ist ein relativ leicht zu schnitzendes Hartholz, aber es ist auch haltbar. Kirschholz sieht anfangs häufig sehr blass aus, aber mit der Zeit oxidiert es und altert sehr gut, was zu kräftigen braunen und roten Streifen führt.

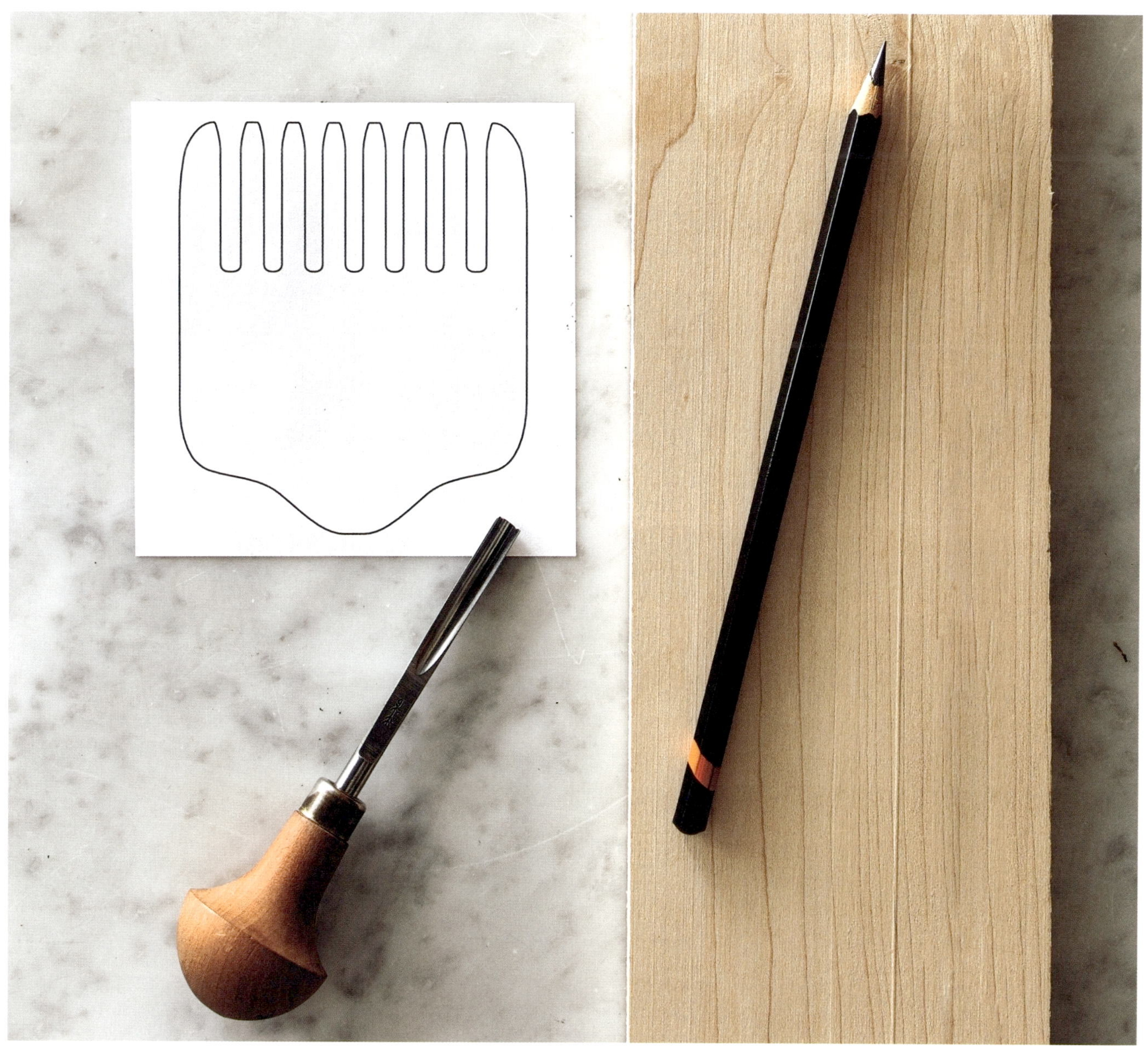

DIE FORM ZEICHNEN

1 Skizzieren Sie mithilfe der Vorlage den Umriss des Kamms auf das Holz. Achten Sie darauf, dass die Kammzinken in die gleiche Richtung wie die Faser verlaufen. Breite und Abstand der Zinken auf der Vorlage ergeben einen tauglichen Kamm, aber der Griff kann beliebig gestaltet werden. Zur Auswahl von Verzierungen gibt es für den Griff eine Reihe von Vorlagen. Entwerfen Sie ruhig Ihre eigenen Motive oder lassen Sie den Griff einfach klassisch ohne Ornamente.

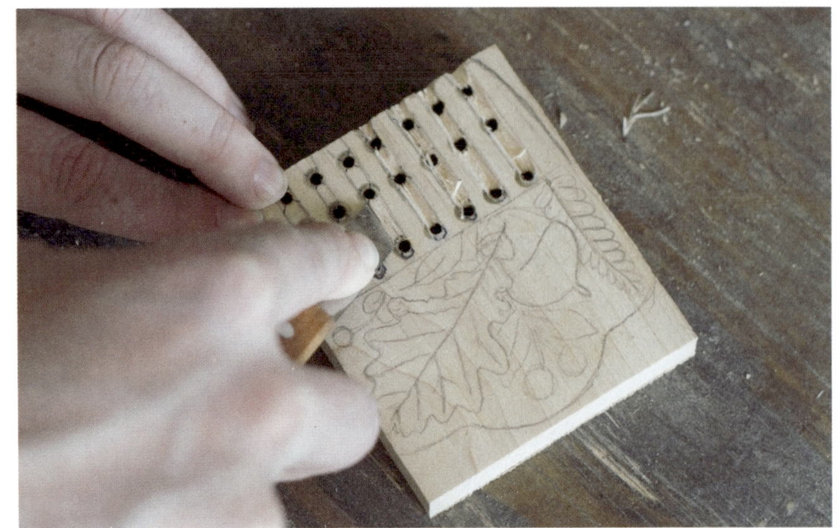

3

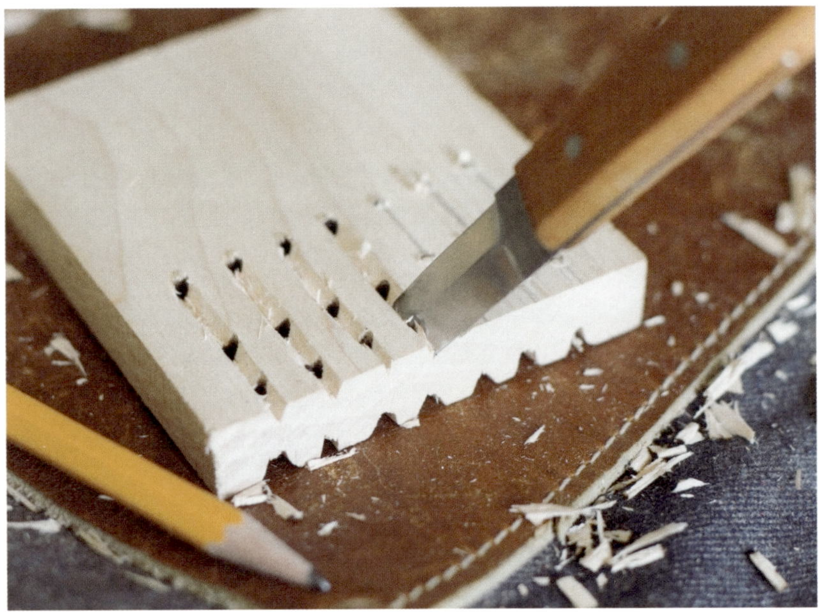

4

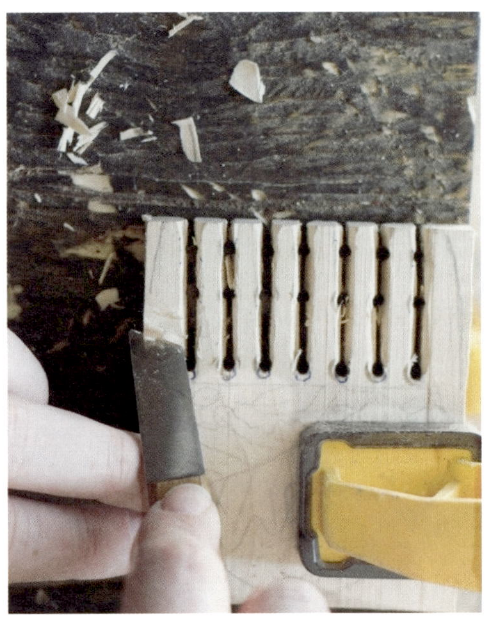

5

DIE ZINKEN SCHNITZEN

2 Wenn Sie eine Bandsäge besitzen, schneiden Sie langsam das Holz zwischen den Kammzinken aus. Andernfalls zeichnen Sie Markierungen zum Bohren von drei Führungslöchern in jeden Zwischenraum der Kammzinken. Richten Sie die Löcher möglichst in drei Reihen oben, in der Mitte und unten in den Zwischenräumen aus. Bohren Sie jedes Loch mit einem 3-mm-Bohrer.

3 Tragen Sie mit einem Kerbschnitzmesser Stich 6 das Holz zwischen den Zinken ab. Beginnen Sie damit, indem Sie die Klinge in die Bleistiftlinie auf einer Seite der gebohrten Löcher hineintreiben und dann nach innen zur Mitte hin drücken. Wiederholen Sie dies ausgehend von der Bleistiftlinie auf der anderen Seite der gebohrten Löcher. Arbeiten Sie sich etwa zur Hälfte durch das Holz.

4 Drehen Sie den Kamm um und zeichnen Sie mit einem Bleistift Führungslinien an, die die drei Löcher in jedem Zwischenraum verbinden. Tragen Sie mit dem Schnitzmesser das Holz zwischen den Zinken ab, wobei Sie das Messer nach innen zur Mitte der gebohrten Löcher hin drücken, bis Sie mit dem Messer auf der anderen Seite des Kamms herauskommen.

5 Fixieren Sie das Holz mit Zwingen flach auf dem Tisch, wobei das gezeichnete Griffmuster nach oben gerichtet ist. Beginnen Sie am Ansatz der Zinken nahe dem Griff und schaben Sie mit dem Schnitzmesser, mit der Fase (Schräge) nach oben, vorsichtig das Holz entlang der Länge jedes Zinkens ab. Wenn Sie dem Faserverlauf entsprechend arbeiten, sollten die Späne klein und gekräuselt sein. Lassen Sie sich beim Schnitzen der Zinken

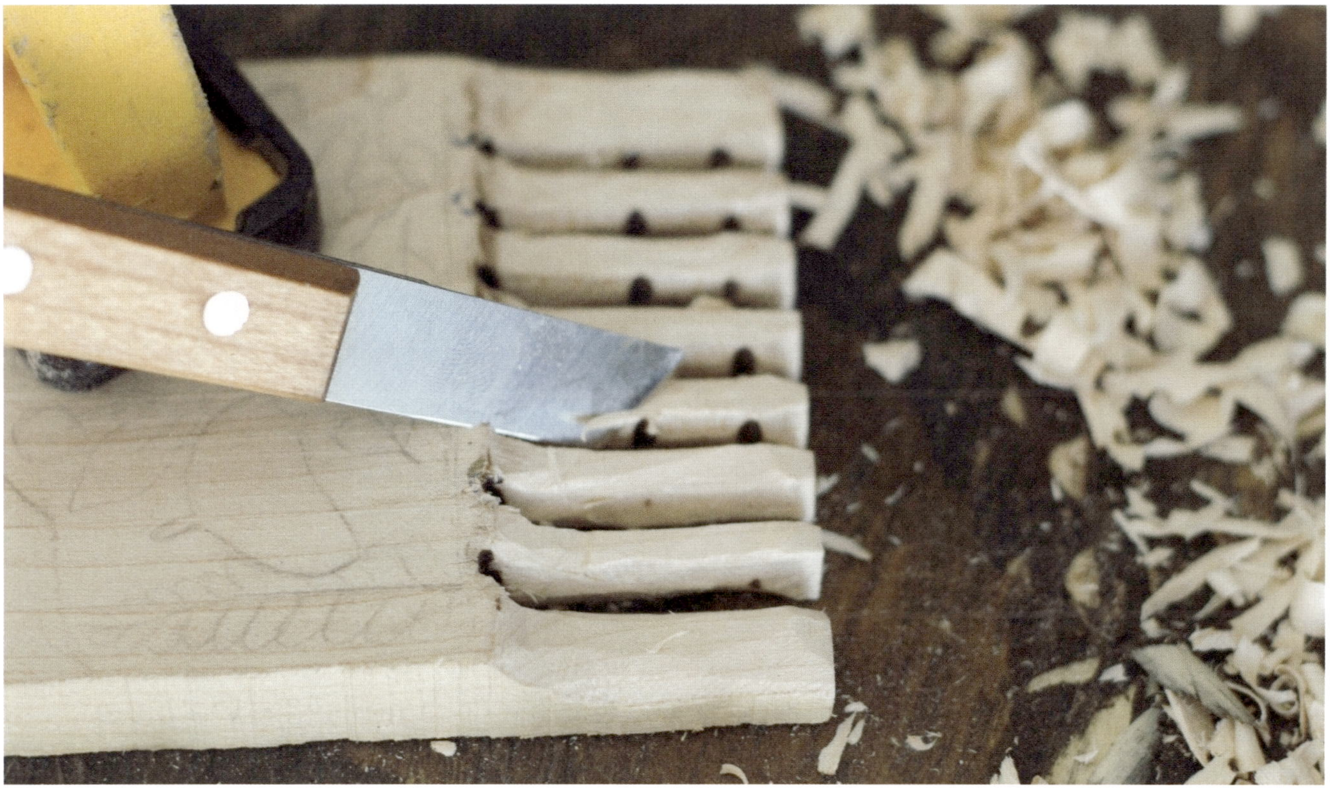

6A

Zeit und nehmen Sie nicht zu viel Holz auf einmal weg, da die Zinken sonst mit Sicherheit abbrechen.

6 Tragen Sie mit dem Schnitzmesser die Seiten jedes Zinkens ab, wobei die Fase der Klinge den Zinken berührt. Damit soll das ganze Holz entfernt werden, das Spuren der gebohrten Löcher zeigt.

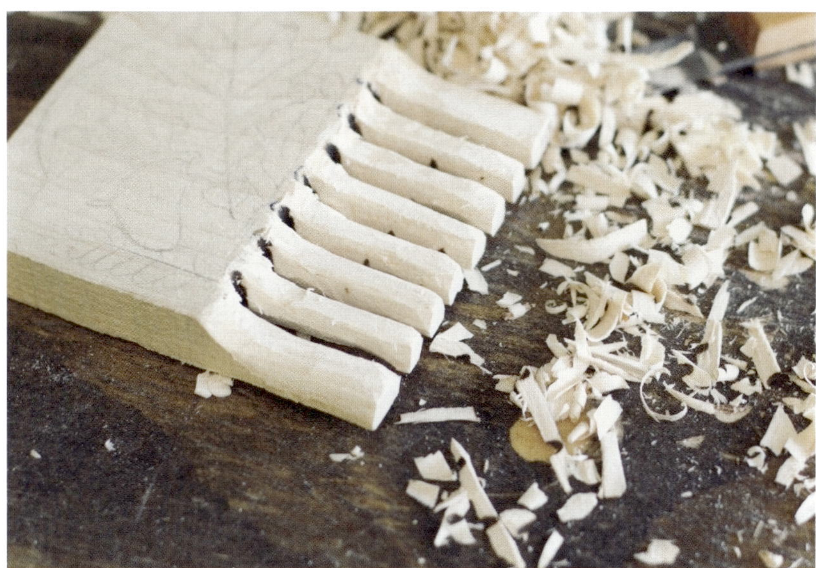

6B

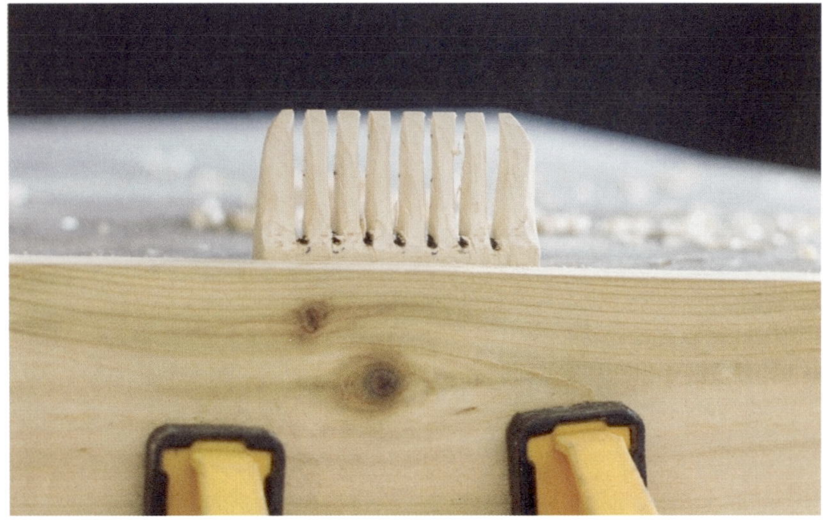

7

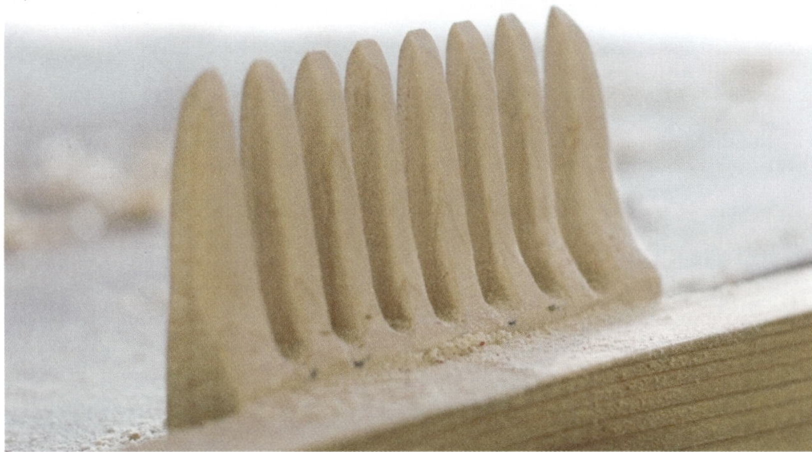

8

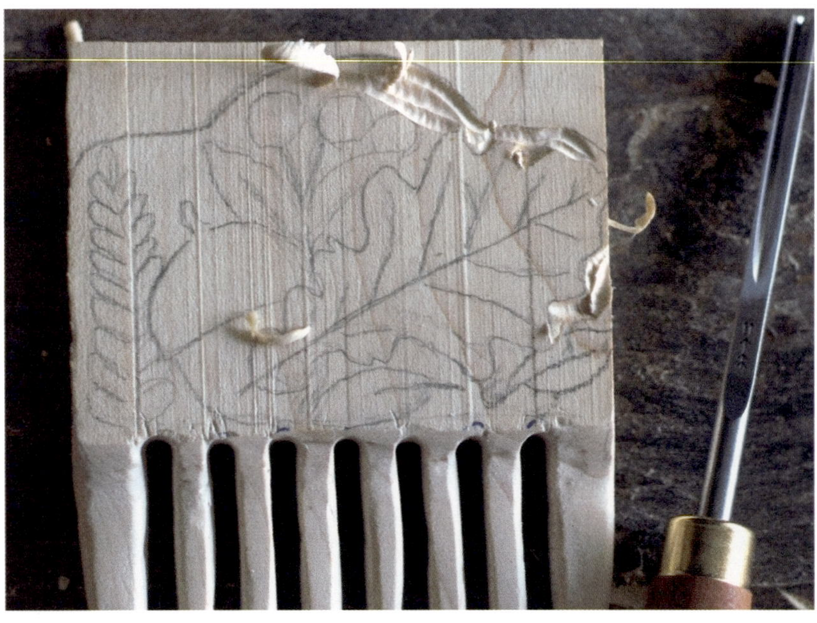

9

DIE ZINKEN SCHLEIFEN

7 Wenn Sie an Ihrer Werkbank einen Schraubstock haben, wird dieser Schritt ein Kinderspiel sein. Fixieren Sie den Griff des Kamms im Schraubstock, sodass die Zinken zum Schleifen nach oben zeigen. Wenn Sie auf einem normalen Tisch arbeiten, können Sie einen Schraubstock simulieren, indem Sie ein Stück Abfallholz entlang der Tischkante platzieren. Legen Sie den Kamm mit den Zinken nach oben zwischen das Abfallholz und die Tischkante. Fixieren Sie das Abfallholz mit zwei Zwingen am Tisch, sodass der Kamm dazwischen festgehalten wird.

8 Beginnen Sie mit grobem Schleifpapier; legen Sie das Papier in einen der Zwischenräume zwischen den Zinken, sodass das Schleifpapier einen der Zinken umgibt. Ziehen Sie nun das Schleifpapier erst mit der einen, dann mit der anderen Hand zu sich her und schleifen und modellieren so den Zinken mit raschen Bewegungen. Wenden Sie diese Technik bei jedem Zinken an, bis alle Seiten der Zinken geschliffen sind. Arbeiten Sie der Reihe nach bis zu Körnung 120 bis 320. Die Enden der Zinken nehmen eine spitze Form an. Das ist ein gutes Zeichen.

DEN GRIFF SCHNITZEN

9 Je nach Ihrer Vorliebe für Detailschnitzerei können Sie den Griff ohne Ornamente lassen oder ihn mit einem dekorativen Motiv schnitzen. Fixieren Sie den Kamm mit Zwingen flach auf dem Tisch und schnitzen Sie das Motiv mit einem kurzen Hohleisen heraus. Dieser Kamm hat wirklich einige anspruchsvolle, überlagerte Schnitzereien – ich hoffe, Ihrer auch!

10 Schneiden Sie mit einer Band- oder Laubsäge die Oberseite des Griffs aus dem restlichen Holz heraus. Runden Sie die oberen Kanten mit Schleifpapier ab.

FINISH

11 Schleifen Sie abschließend den ganzen Kamm mit Schleifpapier Körnung 400. Entfernen Sie alle Staubpartikel von dem Holz und tragen Sie Ihr ausgewähltes Finish mit einem fusselfreien Tuch auf. Dieser Kamm wurde mit Mineralöl behandelt, um die natürliche Faser des Kirschholzes hervorzuheben. Sie können andere Finishs verwenden, aber denken Sie daran, dass Sie mit diesem Gegenstand Ihr Haar kämmen, daher dürfte jede Ölsorte (Mineralöl, Traubenkernöl usw.) geeignet sein. Vermeiden Sie nach Möglichkeit dicke Anstriche, denn sie könnten einige Details der Schnitzerei zudecken.

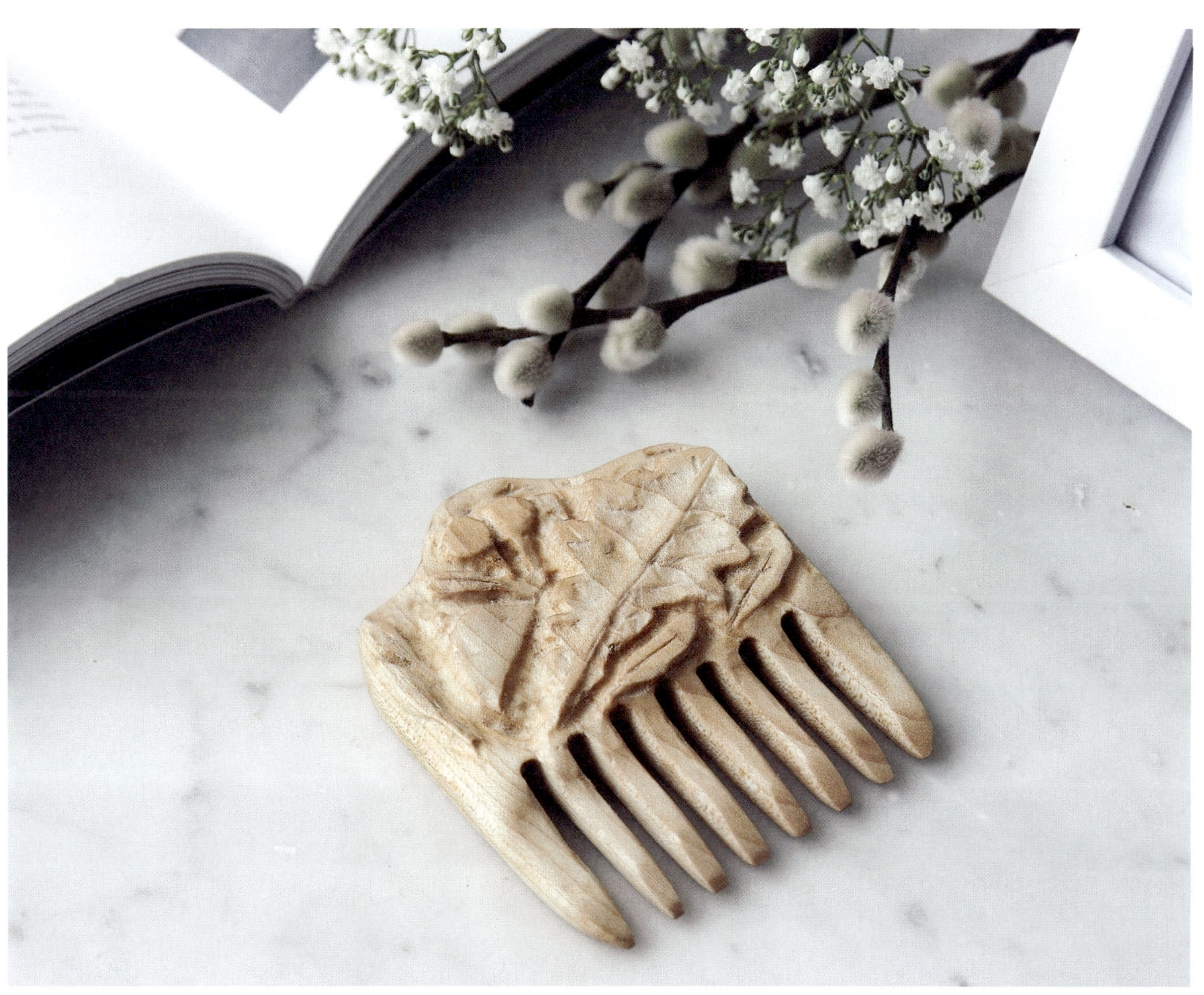

LEUCHTE AUS NATURHOLZ

Bei diesem Projekt sind Sie sehr flexibel, was das Holz betrifft. Jede Leuchte wird ein Einzelstück sein, je nach Form, Größe und Farbe des Holzes, das Sie auswählen.

WAS SIE BRAUCHEN

Großes Holzstück (weich, hart oder grün); hier wurde grüne Zeder verwendet

Bleistift

Zwingen

Hammer

Hohleisen Stich 8, Stichbreite 18 mm

Flacheisen schräg Stich 1S, mit zweiseitigem Anschliff, 16 mm Stichbreite

Bohrmaschine und Flachbohrer (Durchmesser passend zur Lampenfassung)

Handsäge

Schleifpapier: grob (Körnung 80-100), mittel (120-150) und fein (220-400)

Polyurethanlack oder Ölfinish; hier wurde Teaköl verwendet

Fusselfreises Tuch für Ölfinish oder Schaumstoff- oder Borstenpinsel für Polyurethanlack

Lampenteile: Fassung, Kabel und Stecker

Leuchtmittel (LED) in geeigneter Helligkeit

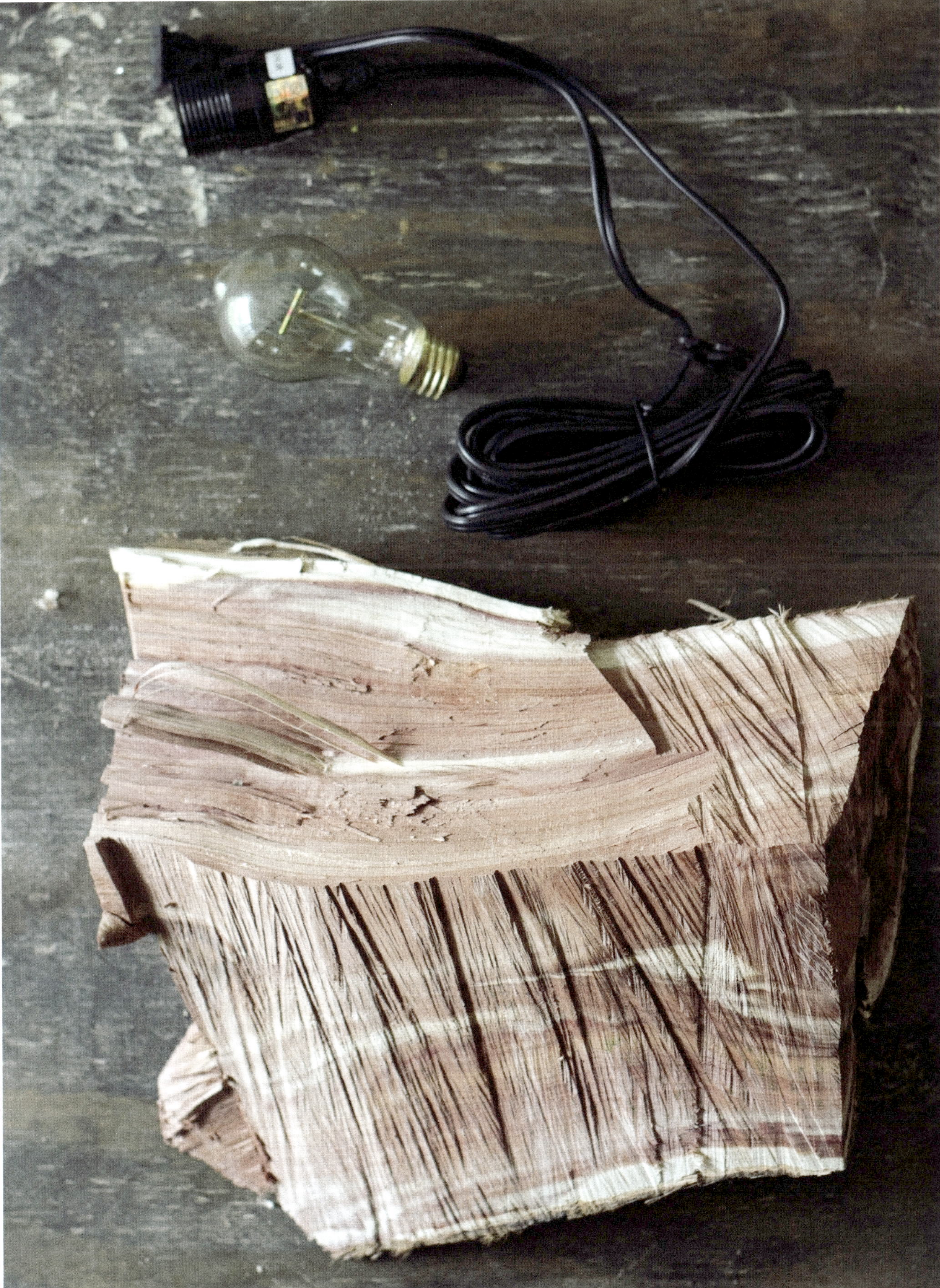

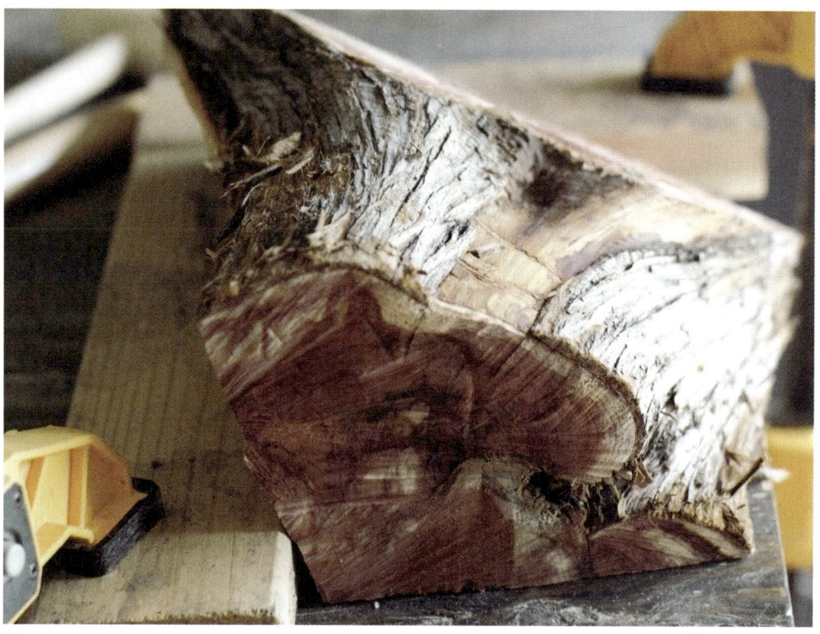

2A

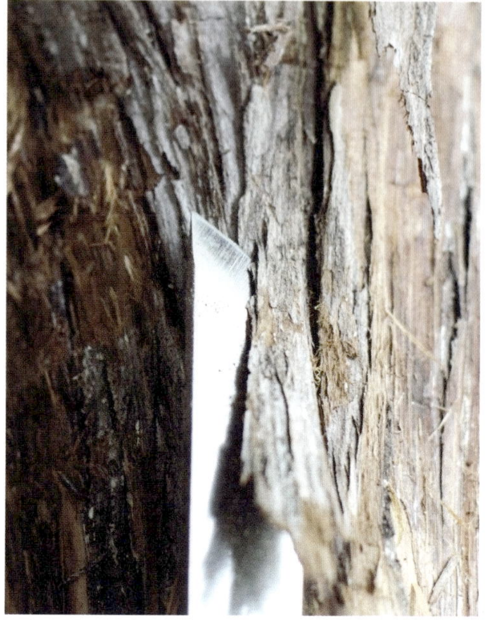

2B

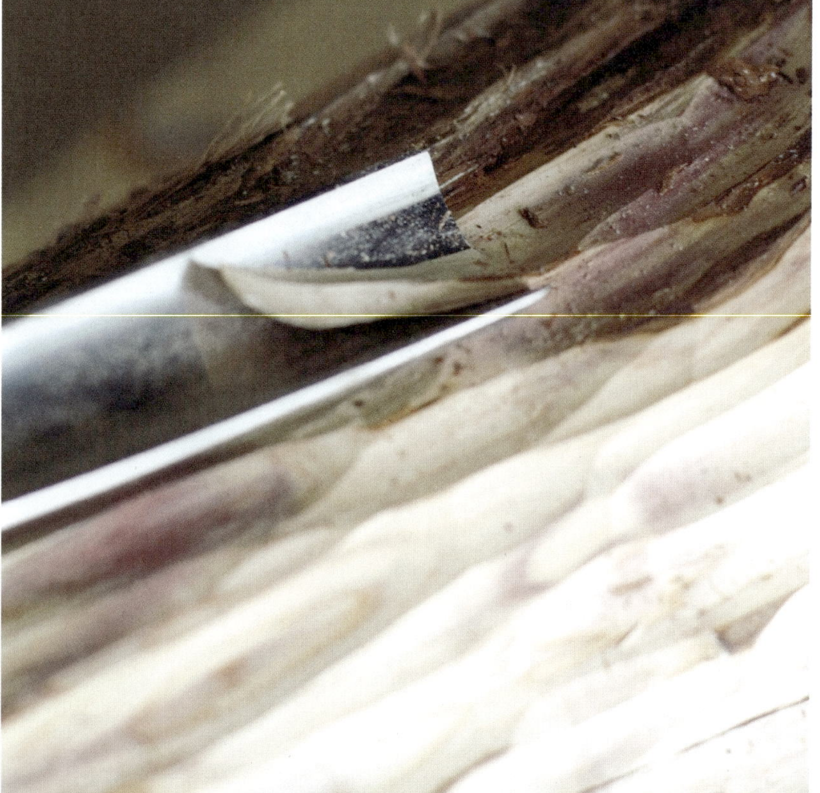

3

DAS HOLZ VORBEREITEN

1 Prüfen Sie anhand der Form des Holzes, das Sie verwenden, wo Sie die Fassung für das Leuchtmittel unterbringen. In diesem Beispiel wird es in der Mitte des Holzes am breiten Ende des Stamms eingesetzt. Sägen Sie bei Bedarf den Ansatz flach, damit die fertige Leuchte nicht wackelt.

2 Unabhängig von der Form muss das Holz vor dem Schnitzen fixiert werden. Fixieren Sie es sicher mit Zwingen. Einen Stamm wie diesen an einem Tisch zu fixieren, wäre unklug, daher habe ich eine Haltevorrichtung konstruiert, um ihn sicher zu umfassen, indem zwei Abfallhölzer 5 × 30 cm in L-Form mit Zwingen am Tisch fixiert werden und der Stamm passend darin sitzt. Nehmen Sie die Rinde mit einem Flacheisen und Hammer ab, wenn Sie Grünholz verwenden.

DIE LEUCHTE SCHNITZEN

3 Bei diesem Projekt wollte ich eine Leuchte schaffen, die wie eine Skulptur aussieht, also benutzte ich ein Hohleisen, um dem Holz eine einzigartige Textur zu verleihen.

4 In diesem Beispiel kommt das Leuchtmittel in die Mitte des Holzes, daher muss ein Teil weggeschnitzt werden, um es unterzubringen. Zeichnen Sie Führungslinien auf, damit Sie wissen, welche Teile Sie vom Holz entfer-

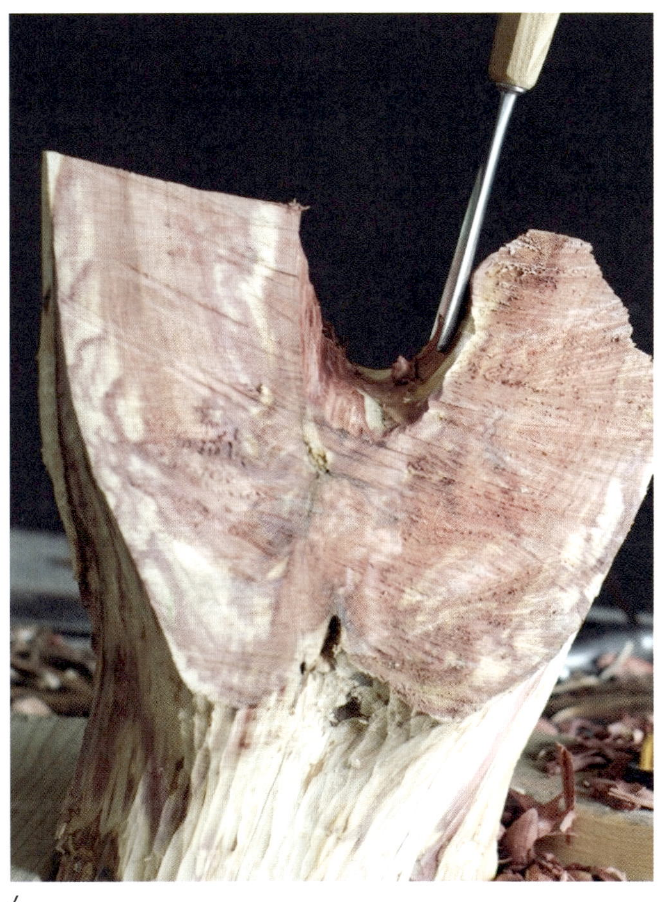

4

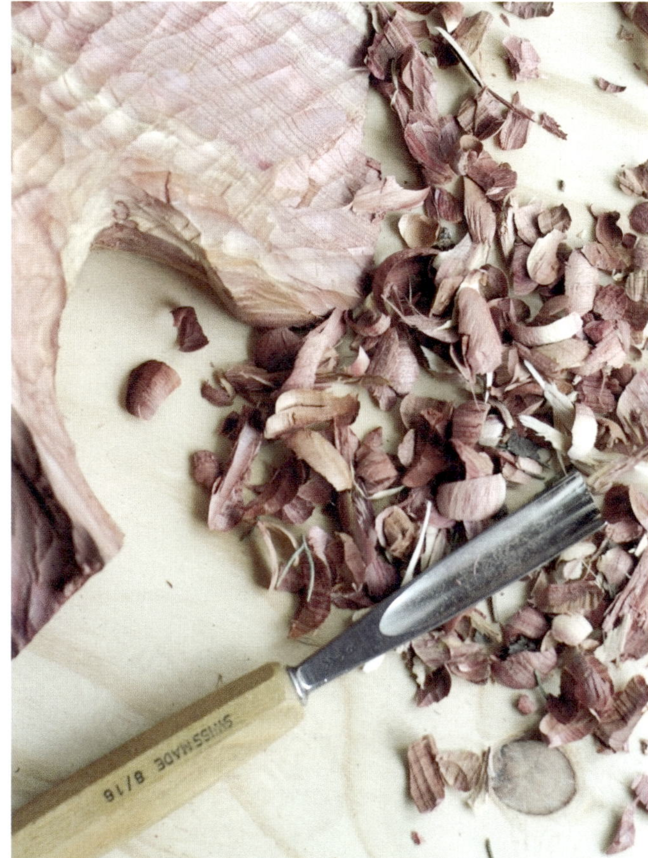

5

nen müssen. Sie können auch mit einer Handsäge Linien sägen, die die äußeren Kanten des Holzes markieren, das entfernt werden soll. Eine Abgrenzung mithilfe von Sägespuren macht es leichter, überflüssiges Holz wegzustemmen. Ich habe ein Flacheisen und dann ein Hohleisen zum Ausstemmen der Vertiefung für das Leuchtmittel verwendet.

5 Als diese Holzleuchte Form annahm, sah sie zunehmend nach einem riesigen Schinken aus; Zeder hat kräftige rote und gelbe Farben, so wie eine dicke Scheibe Speck. Damit die Leuchte wie eine Skulptur aussieht, beschloss ich, der Vorderseite mit dem Hohleisen eine abstraktere Textur zu verleihen.

6 Nachdem die Grundform geschnitzt ist, bohren Sie mit einem Flachbohrer ein Loch für die Leuchtmittelfassung. Ich wollte, dass die Fassung versteckt ist, also machte ich ein ca. 10 cm tiefes und 3 cm weites Loch. Sie müssen diese Maße je nach verwendeter Fassung anpassen. Die Fassung sollte exakt in das Holz passen. Ich bohrte zuerst mit einem 25-mm-Flachbohrer ein Loch und erweiterte es anschließend mit einem Hohleisen, um es 3 cm groß zu machen. Ich hätte einfach einen größeren Flachbohrer nehmen können, aber ich wollte nicht riskieren, dass das Loch zu groß wird, sodass die Fassung darin womöglich wackelt.

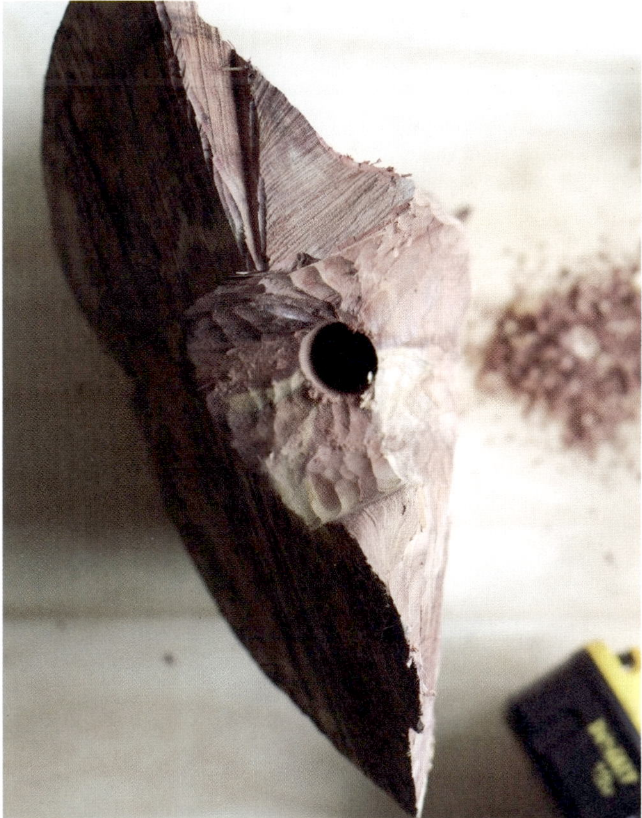

6

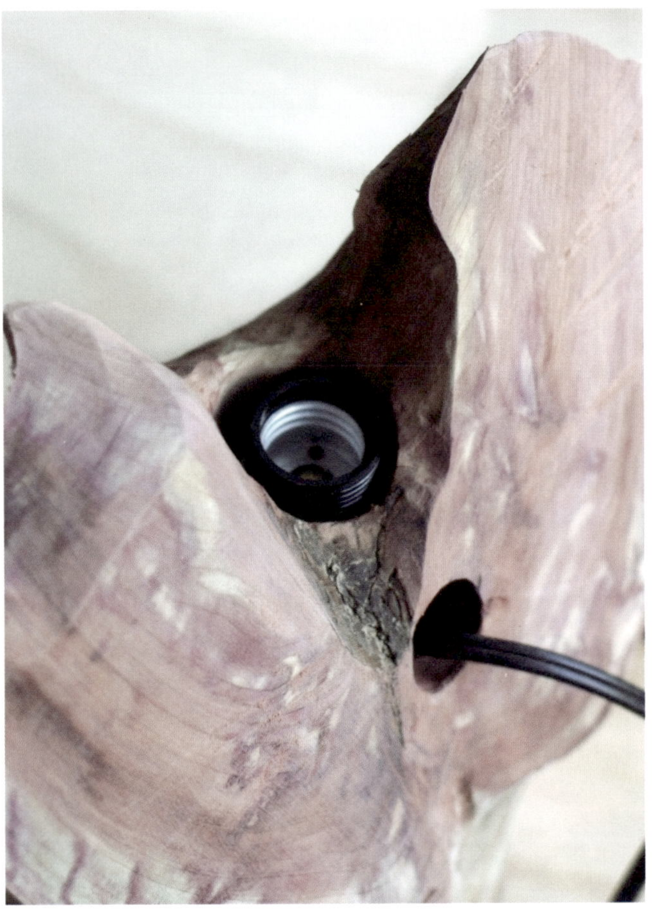

7

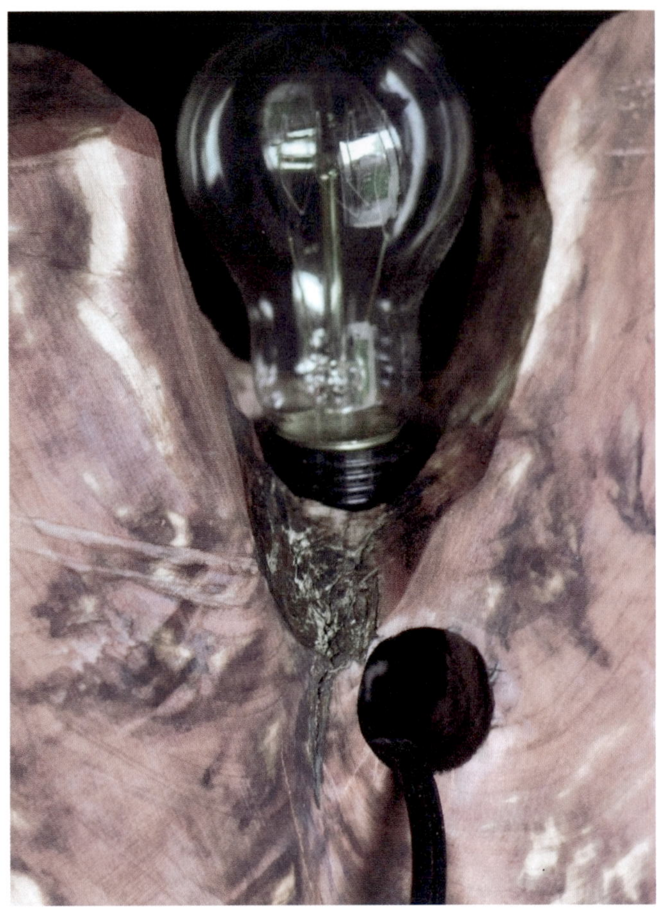

10

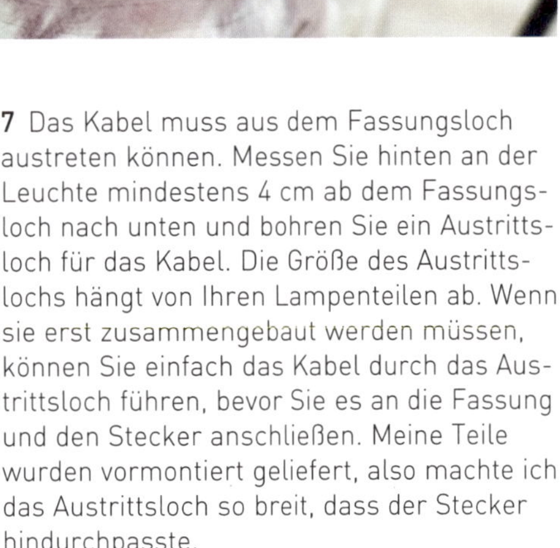

7 Das Kabel muss aus dem Fassungsloch austreten können. Messen Sie hinten an der Leuchte mindestens 4 cm ab dem Fassungsloch nach unten und bohren Sie ein Austrittsloch für das Kabel. Die Größe des Austrittslochs hängt von Ihren Lampenteilen ab. Wenn sie erst zusammengebaut werden müssen, können Sie einfach das Kabel durch das Austrittsloch führen, bevor Sie es an die Fassung und den Stecker anschließen. Meine Teile wurden vormontiert geliefert, also machte ich das Austrittsloch so breit, dass der Stecker hindurchpasste.

SCHLEIFEN

8 Wenn Sie Grünholz verwenden, stellen Sie das Stück einige Tage lang nach draußen zum Trocknen. Während des Trocknungsprozesses sollten sich die Fasern leicht anheben, damit das Holz geschliffen werden kann. Wenn ein Teil Ihrer Leuchte filigrane oder dünne Schnitzereien trägt, lassen Sie sie ein paar Wochen oder sogar Monate lang draußen stehen, damit sie vor dem Schleifen vollständig austrocknet. Wenn sie so weit ist, schleifen Sie das Holz nach Ihrem Geschmack. Manche Teile dieser Leuchte wurden mit bis zur Körnung 400 geschliffen, während an anderen Stellen die grobe Textur für ein natürliches Aussehen beibehalten wurde.

FINISH UND MONTIEREN

9 Setzen Sie die Lampenteile ein und testen Sie die Leuchte, indem Sie ein Leuchtmittel einsetzen. Falls das Leuchtmittel im Betrieb heiß wird, prüfen Sie, ob irgendwelche Holzteile zu dicht am Leuchtmittel sind. Wenn ja, nehmen Sie das Leuchtmittel heraus und schnitzen Sie das Holz weg, um einen größeren Abstand zum Holz zu schaffen. Das Leuchtmittel soll nicht zu dicht an etwas sein, das zu seiner Überhitzung führen kann.

10 Wenn Sie ein Finish verwenden möchten, demontieren Sie die Lampenteile, entfernen Sie alle Staubpartikel von dem Holz und tragen Sie Ihr ausgewähltes Finish auf. Diese Leuchte wurde mit Teaköl behandelt, um die natürlichen, kräftigen Farben von Zedernholz hervorzuheben. Setzen Sie die Lampenteile wieder zusammen und setzen Sie das Leuchtmittel ein.

—

Für diese Lampe habe ich einen großen Klotz aus frisch geschlagener Zeder aus dem Garten eines Nachbarn verwendet. Grünholz lässt sich sehr leicht schnitzen, aber die endgültige Form kann sich manchmal verziehen, da das Holz mit der Zeit austrocknet.

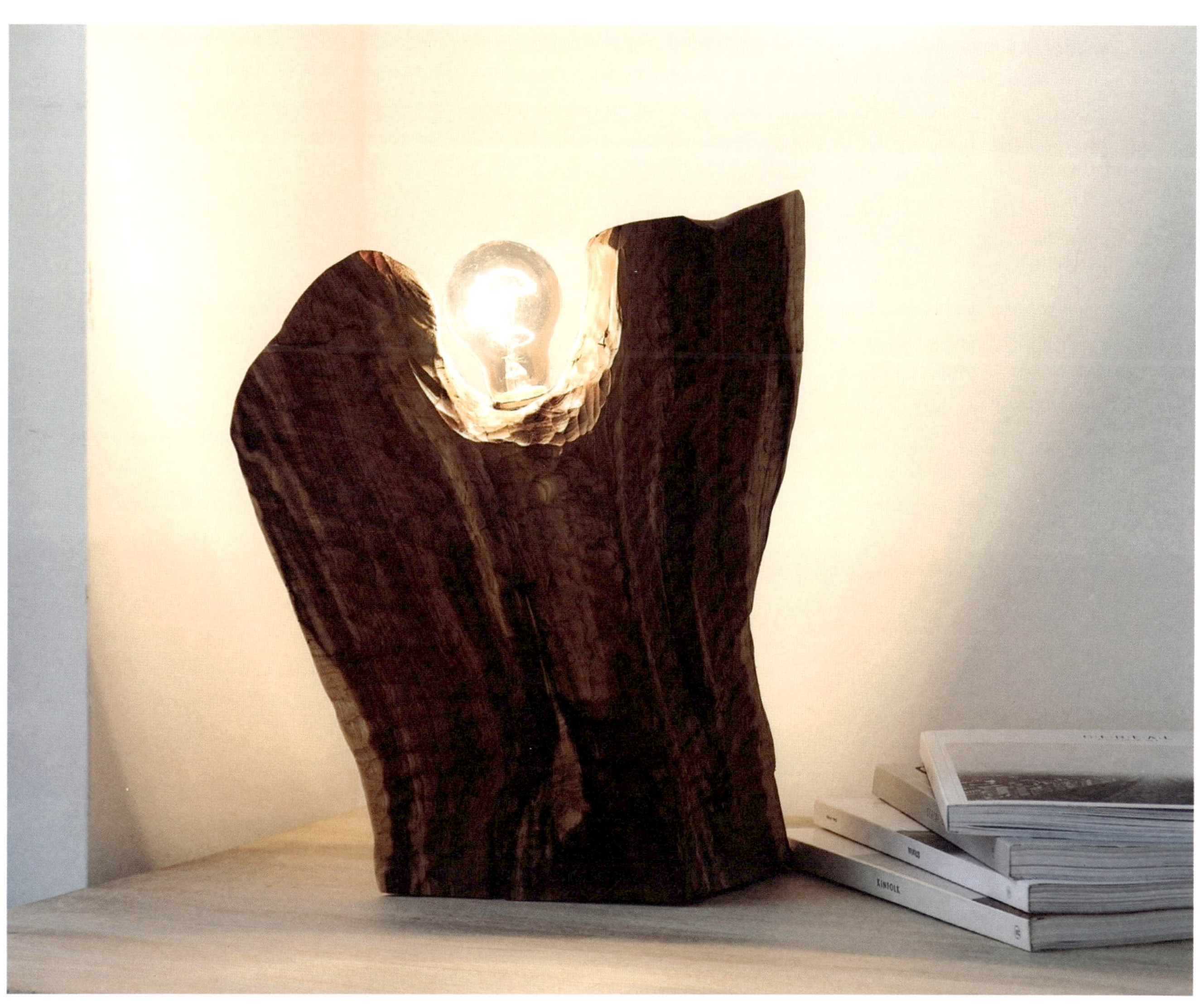

DEKORATIVER PFLANZEN-HALTER

Eine Kette zu schnitzen ist eine echte Herausforderung. Dieses praktische Projekt dient als kleine Abstellfläche – und es soll Ihre Gäste beeindrucken, wie versiert Sie in der Holzschnitzerei sind.

WAS SIE BRAUCHEN

Weichholz oder Hartholz: 30 × 7,5 cm und 7,5 cm dick; hier wurde Westliche Platane verwendet

Bleistift

Zwingen

Hammer

Hohleisen Stich 8, 18 mm Stichbreite

Kurzes Hohleisen Stich 9,5 mm Stichbreite

Flacheisen schräg Stich 1S, mit zweiseitigem Anschliff, 16 mm Stichbreite

Universal-Kerbschnitzmesser und/oder Kerbschnitzmesser Stich 6

Bohrmaschine und 6-mm- und 5-mm-Bohrer

Band- oder Handsäge

Schleifpapier: grob (Körnung 60–100), mittel (120–150) und fein (220)

Polyurethanlack, Beize oder Ölfinish; hier wurde Mineralöl verwendet

Fusselfreies Tuch für Ölfinish oder Schaumstoff- oder Borstenpinsel für Polyurethanlack oder Beize

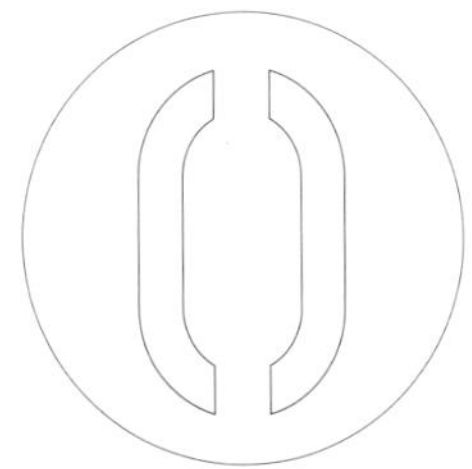

Vorlagen: Seite 141

—

Diese Schnitzerei wurde aus Westlicher Platane hergestellt, die von heller Farbe mit dunkelroten „Sommersprossen" ist. Dieses Hartholz hat eine ähnliche Faser und Textur wie Ahorn.

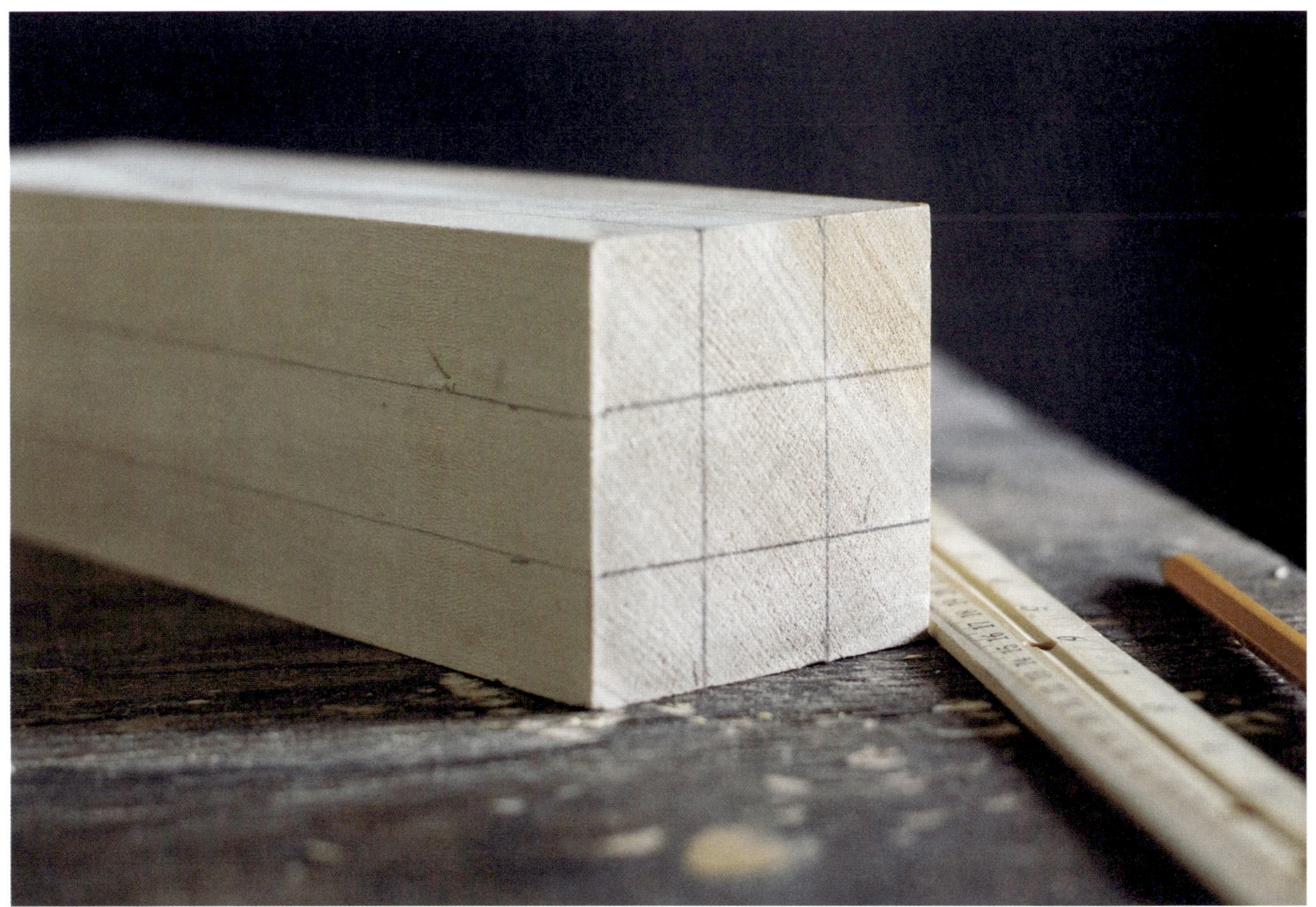

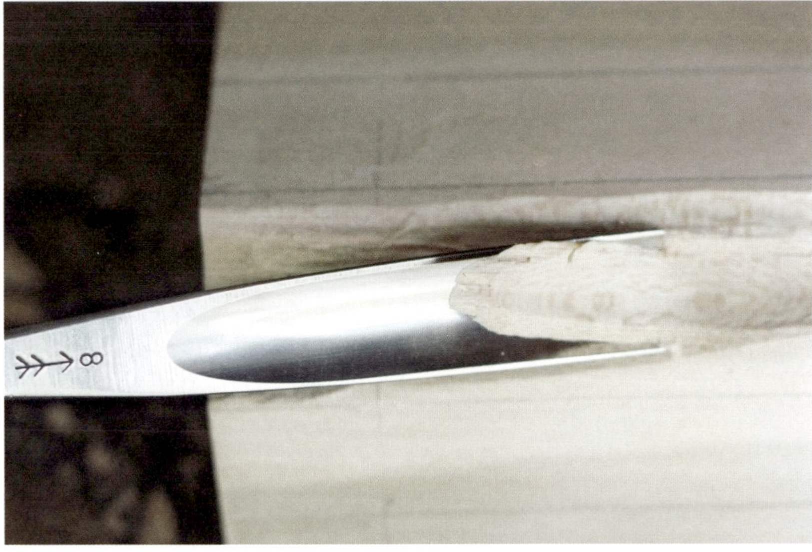

2

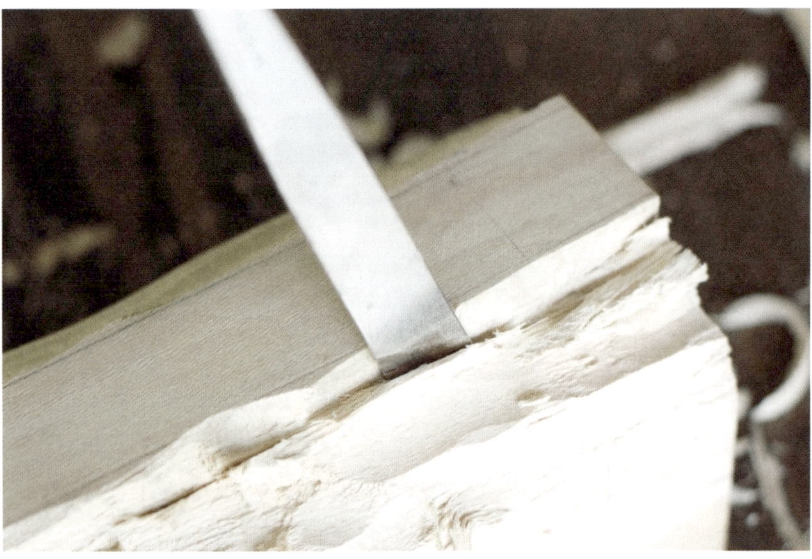

3A

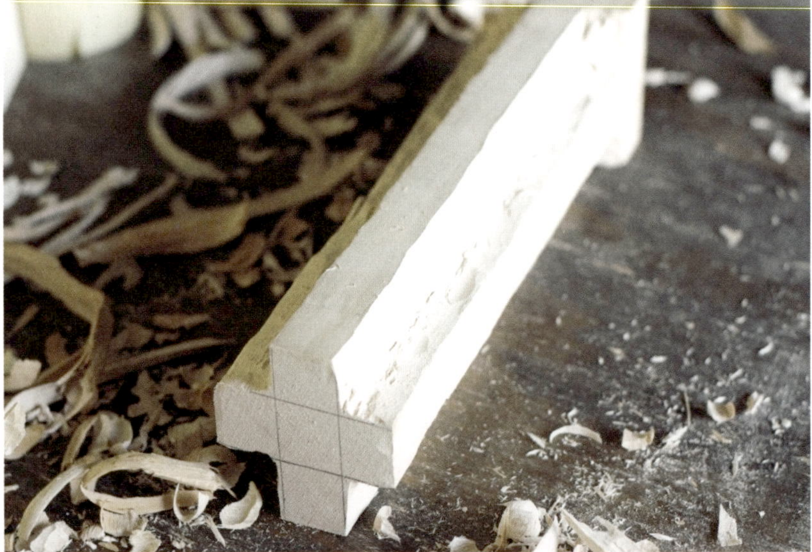

3B

DAS HOLZ VORBEREITEN

1 Zeichnen Sie mit einem Bleistift einen in der Mitte jeder Holzfläche verlaufenden 2,5 cm breiten Streifen auf. Ziehen Sie diese Linien über die Stirnseite des Holzes, sodass jedes Ende des Blocks in neun Quadrate unterteilt ist und ein 2,5 cm breites Kreuz in der Mitte bildet. Messen Sie von einem Ende 2,5 cm ab und ziehen Sie in diesem Abstand eine Linie rings um den Block, das bildet die Abstellfläche.

2 Fixieren Sie das Holz mit Zwingen am Tisch: Tragen Sie mit einem Hohleisen Stich 8 und einem Hammer die Ecken entlang der Holzlänge bis hin zur aufgezeichneten Linie der Abstellfäche ab. Die Späne sollten lang und dünn sein.

3 Setzen Sie ein Flacheisen auf einer der über die Holzfläche verlaufenden aufgezeichneten Linien auf und üben Sie mit dem Hammer Kraft auf die Klinge aus. Dadurch erhalten Sie einen geraderen Einschnitt in das Holz. Arbeiten Sie weiter mit der Kombination aus Hohl- und Flacheisen, um die Kreuzform auszuarbeiten. Denken Sie daran, den Bereich der Abstellfläche intakt zu belassen.

4 Skizzieren Sie mithilfe der Vorlagen die Kettenglieder auf das Holzkreuz. Das Holz ist jetzt ein grob gearbeitetes dreidimensionales Kreuz (mit einer Abstellfläche an einem Ende) und keine flache Oberfläche, daher wäre die direkte Übertragung einer Zeichnung der vollständigen Kette knifflig. Deshalb sollten Sie die Vorlagen lediglich als Orientierungshilfe benutzen, wie der Umriss jedes Kettenglieds auf das Holz zu skizzieren ist. Sie können die Vorlage für das halbe Glied ausschneiden und es auf das Holz legen, um die Glieder freihändig auf ähnliche Weise durchzupausen oder zu skizzieren. Achten Sie darauf, dass Sie die „Kantenansicht" der Kettenglieder auf die äußeren Kanten des Kreuzes zeichnen und die „Seitenansicht" der Kettenglieder in die ausgeschnittenen Ecken. Jedes Kettenglied ist ca. 10 cm lang und 7,5 cm breit. Achten Sie darauf, dass sich die gebogenen Enden der Glieder nicht berühren, lassen Sie daher mindestens 2 cm Platz dazwischen. Es sollten drei volle und ein halbes Kettenglied, genau unter der Abstellfläche, auf das Holz passen.

4A

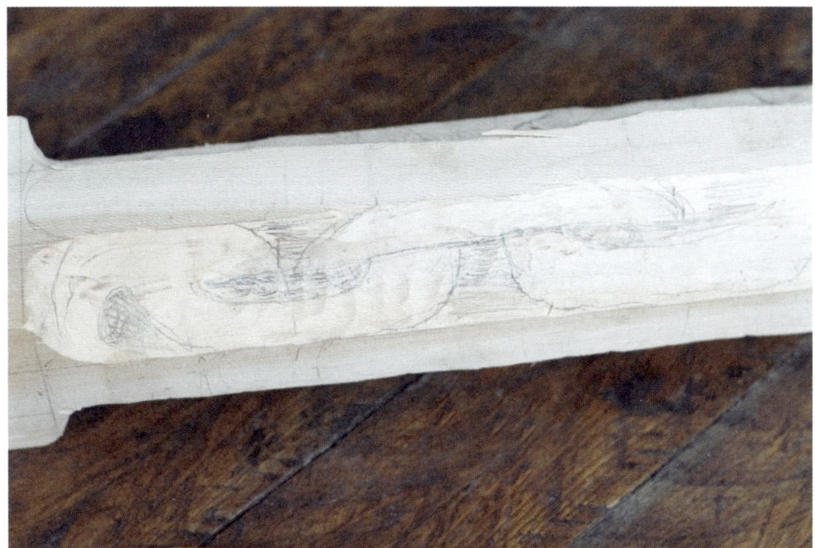

4B

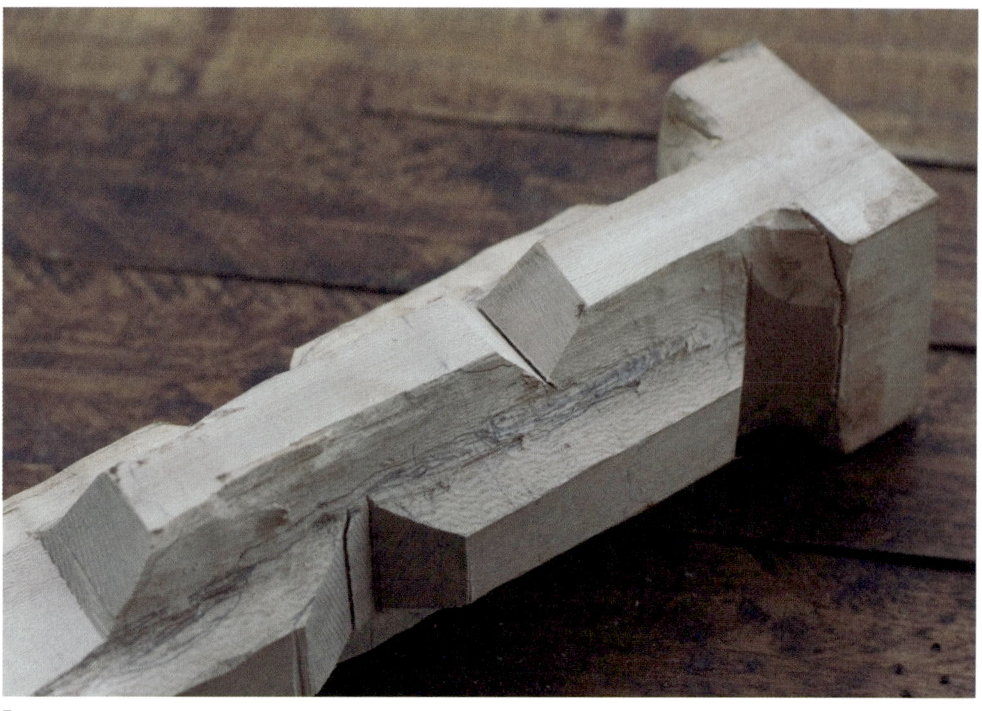

5

5 Sägen Sie mit einer Band- oder Handsäge an den gebogenen Enden der Kettenglieder Holzkeile aus. Die Gesamtform der Glieder sollte jetzt viel deutlicher erkennbar sein.

DIE KETTENGLIEDER SCHNITZEN

6 Fixieren Sie das Holz mit dem Bereich der Abstellfläche mit Zwingen am Tisch. Richten Sie das Holz nach Bedarf neu aus beziehungsweise fixieren Sie es erneut, während Sie um jedes Glied herum schnitzen. Arbeiten Sie jeweils an einem Kettenglied und bohren

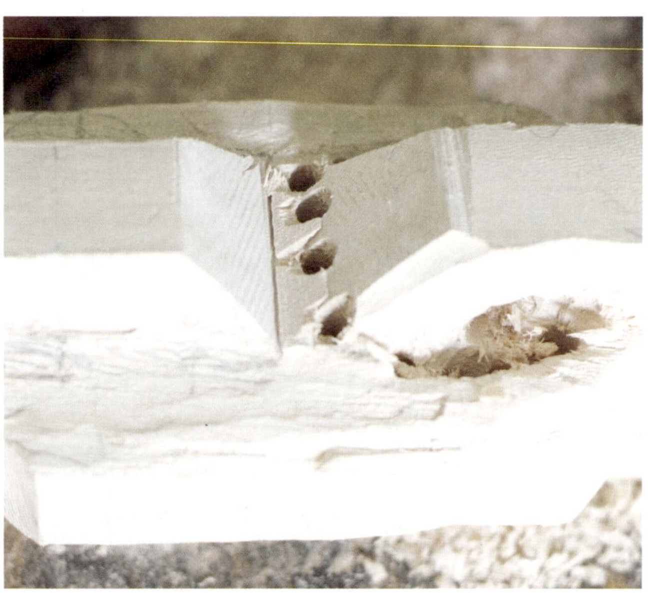

6A

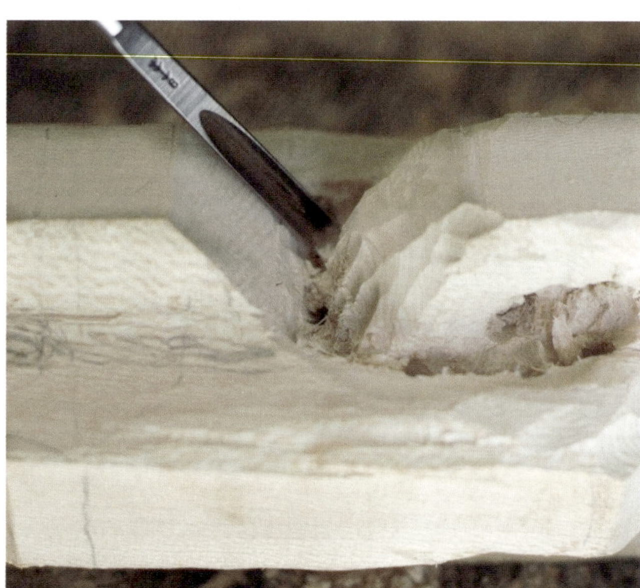

6B

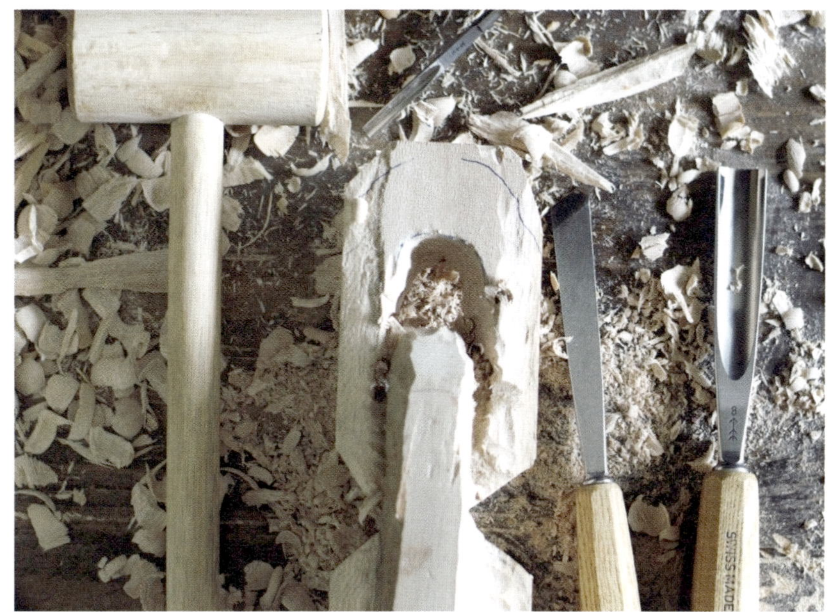

6D

Sie mit einem 6-mm-Bohrer ein paar Löcher, wo das Glied von den benachbarten Kettengliedern getrennt sein muss. Die Löcher dienen als Orientierungshilfe dafür, wo das Holz weggeschnitzt werden muss. Entfernen Sie mit einem kurzen Hohleisen Stich 9 das restliche Holz und arbeiten Sie ganz um das Kettenglied herum, bis das Holz durchtrennt ist, bevor Sie mit dem nächsten Kettenglied weitermachen.

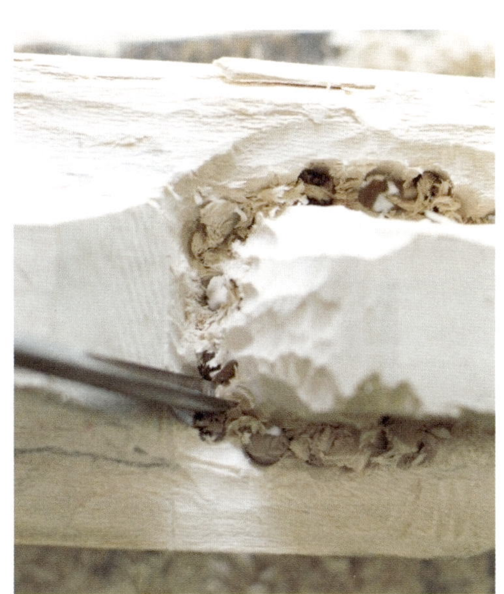

6C

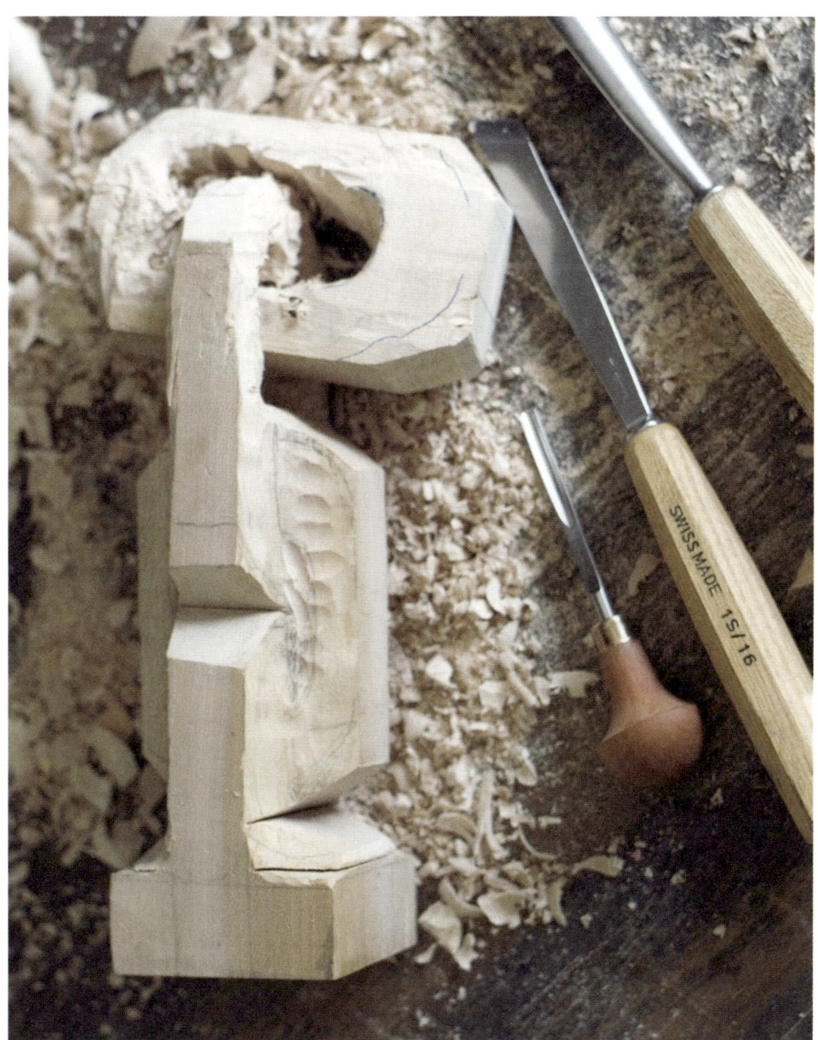

6E

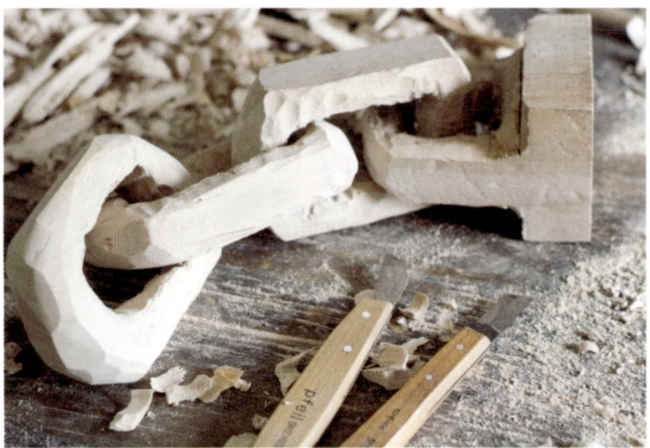

8

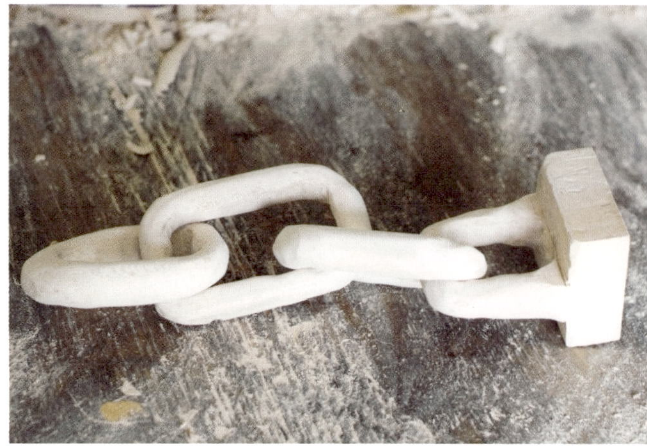

9

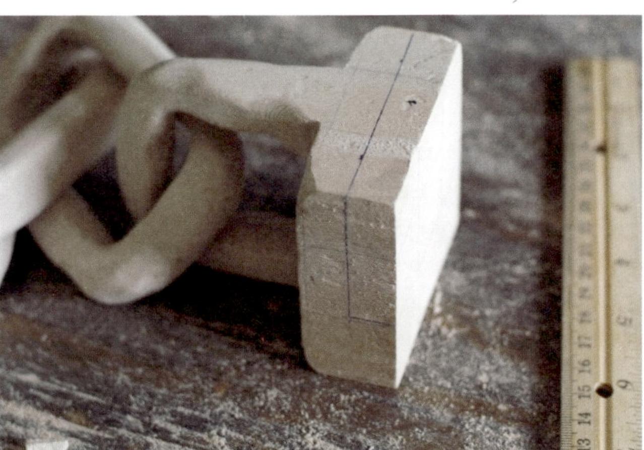

10

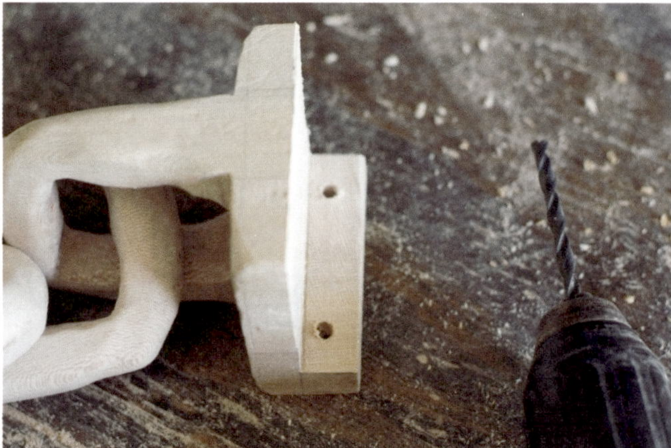

11

7 Arbeiten Sie weiter mit dem kurzen Hohleisen, um alle Kettenglieder voneinander zu trennen. Mit dicken Kettengliedern anzufangen ist von Vorteil, wenn Sie enge Bereiche schnitzen müssen – Sie können die Kettenglieder immer dünner machen, aber Sie können kein Holz hinzufügen, wenn es weggeschnitzt wurde.

8 Säubern Sie mit einem Kerbschnitzmesser die inneren und äußeren Bereiche der Kettenglieder. Alle groben Spuren des Hohleisens sollten verschwinden.

SCHLEIFEN

9 Schleifen Sie alle Kettenglieder anfangs mit Schleifpapier Körnung 60. Runden Sie die Ecken und Kanten jedes Glieds ab. Arbeiten Sie mit immer höheren Körnungen weiter, ich habe 80, 150 und 220 verwendet.

DIE ABSTELLFLÄCHE HERSTELLEN

10 Entscheiden Sie, welche Seite die Rückseite der Abstellfläche bildet, die an der Wand befestigt wird. Messen Sie 13 mm vom Ende des Blocks ab und zeichnen Sie eine Linie um die Vorderseite und beide Seiten der Abstellfläche an. Messen Sie 13 mm von der Rückseite der Abstellfläche ab und zeichnen Sie diesen Punkt über die Stirnseite und zwei Seiten der Abstellfläche an.

11 Sägen Sie mit einer Band- oder Handsäge die gekennzeichneten Bereiche zu einer L-förmigen Abstellfläche aus. Bohren Sie mit einem 5-mm-Bohrer zwei Löcher für die Nägel zum Aufhängen der Kette an der Wand.

FINISH

12 Schleifen Sie abschließend die ganze Kette und die Abstellfläche mit einem Schleifpapier Körnung 220. Entfernen Sie alle Staubpartikel und tragen Sie das Finish Ihrer Wahl auf. Ich habe Mineralöl verwendet.

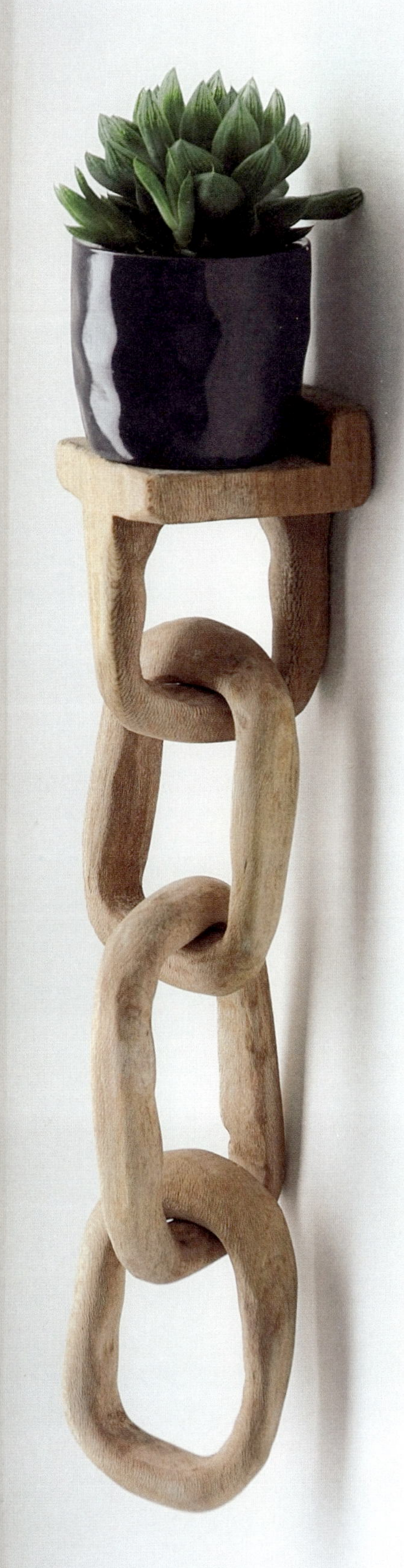

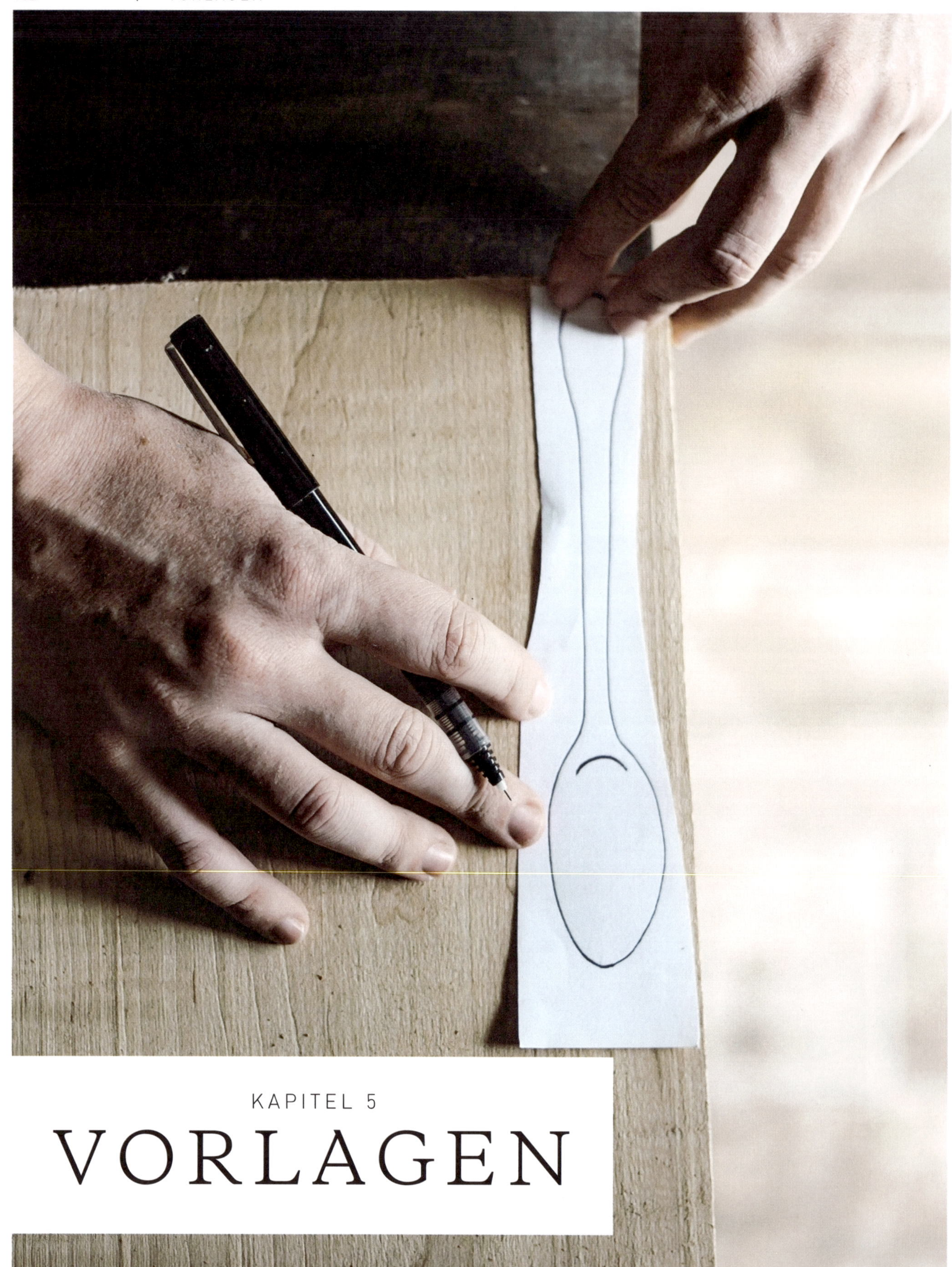

KAPITEL 5

VORLAGEN

DESSERTLÖFFEL SEITE 52

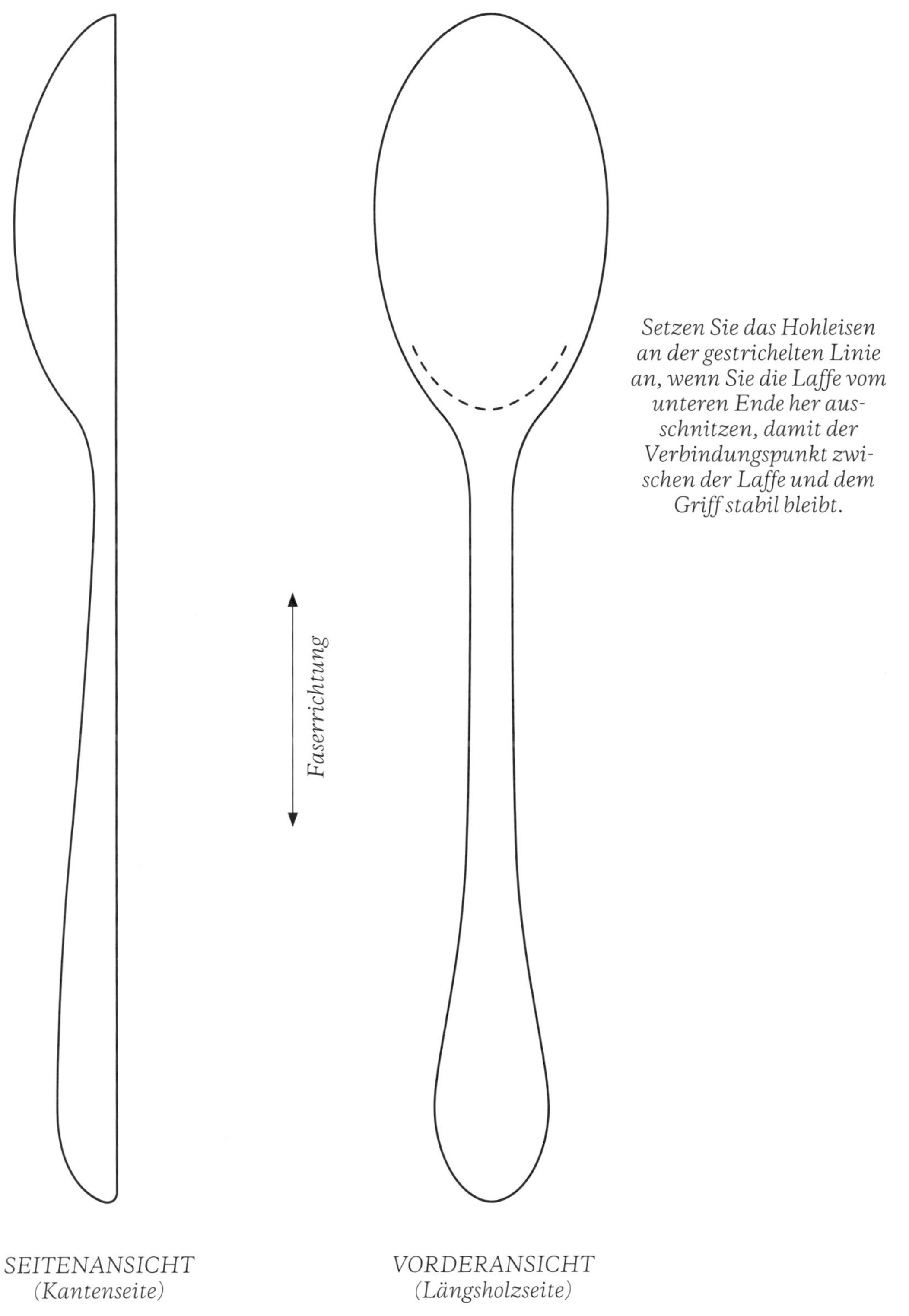

SCHÖPFKELLE SEITE 60

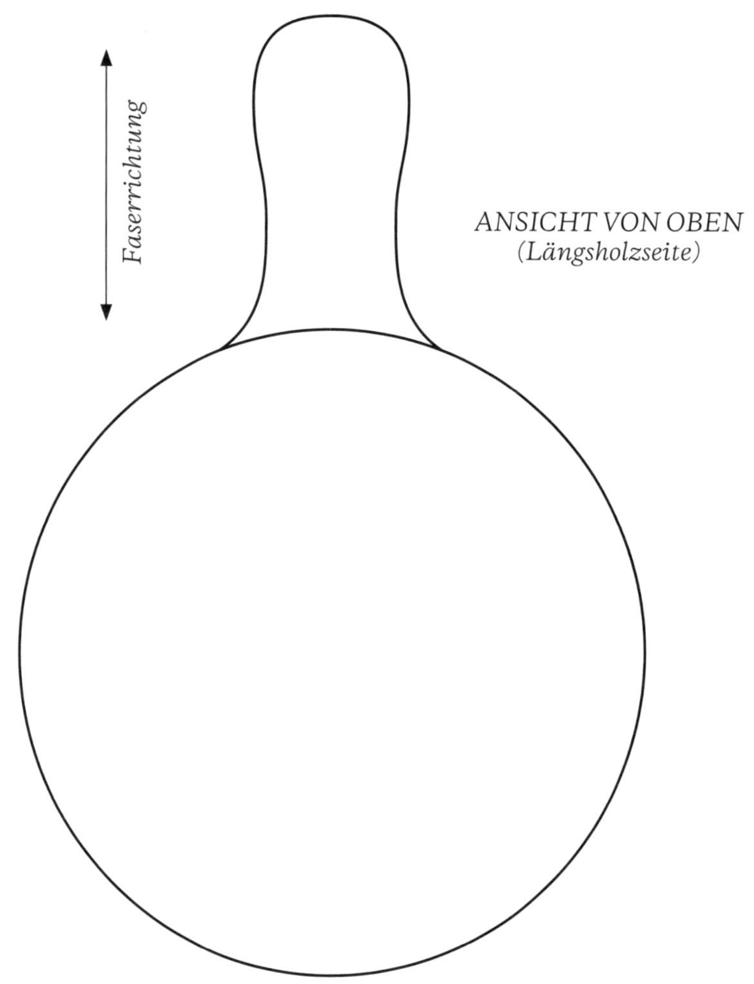

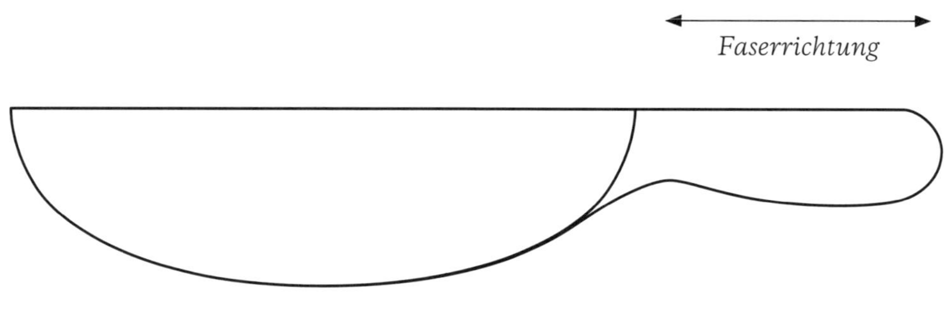

SEITENANSICHT
(Kantenseite)

SALATBESTECK SEITE 72

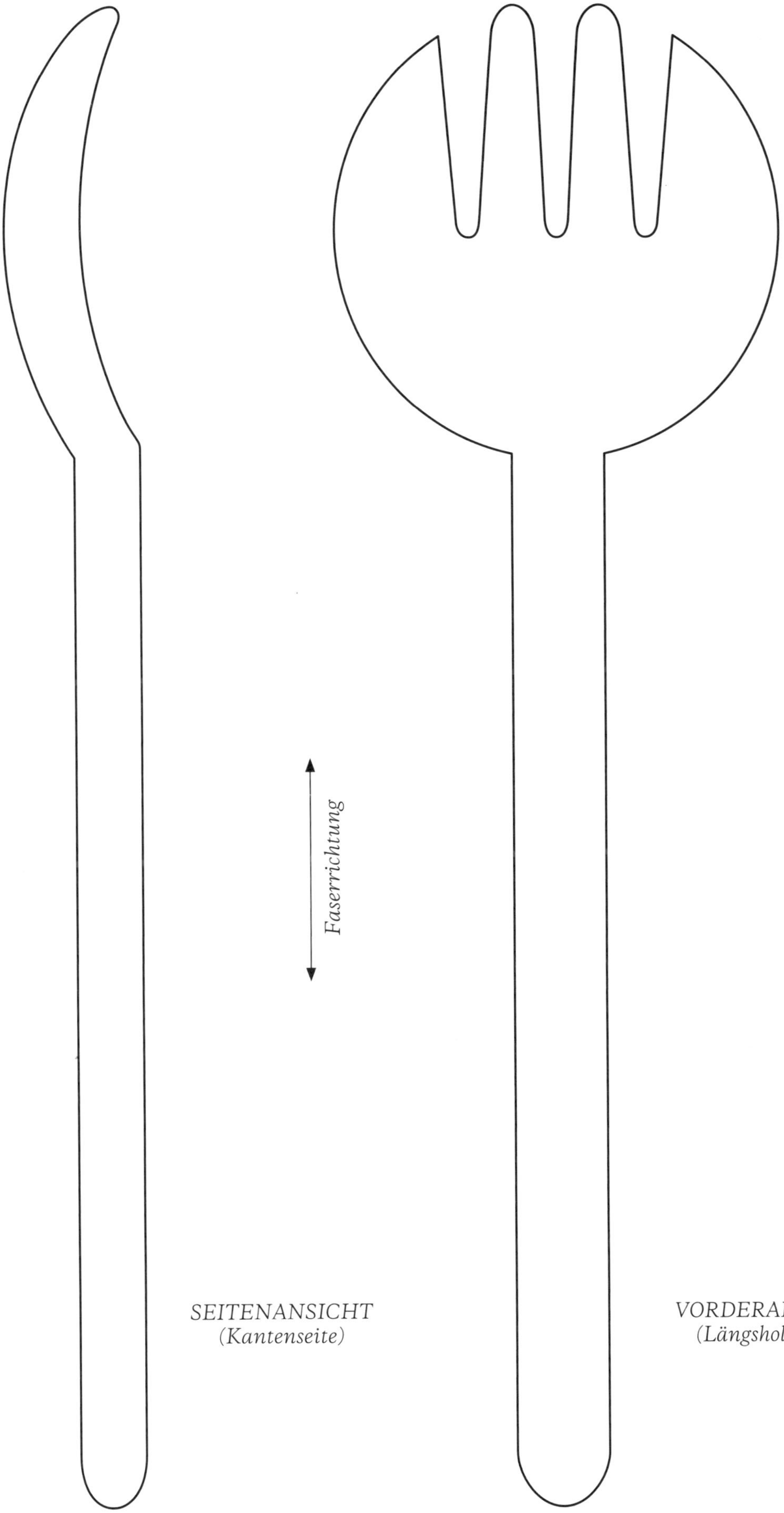

Faserrichtung

SEITENANSICHT
(Kantenseite)

VORDERANSICHT
(Längsholzseite)

BUTTERMESSER SEITE 84

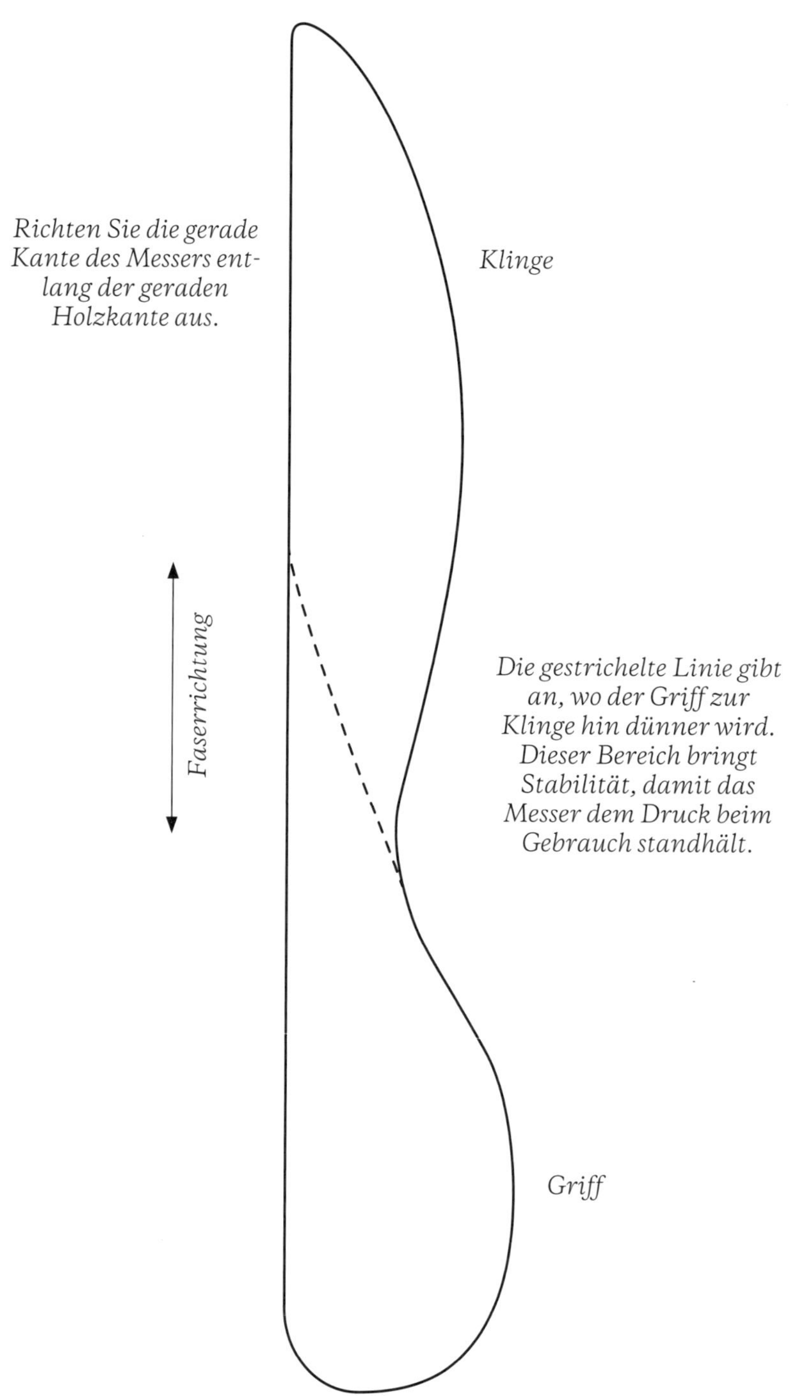

SEITENANSICHT
(Längsholzseite)

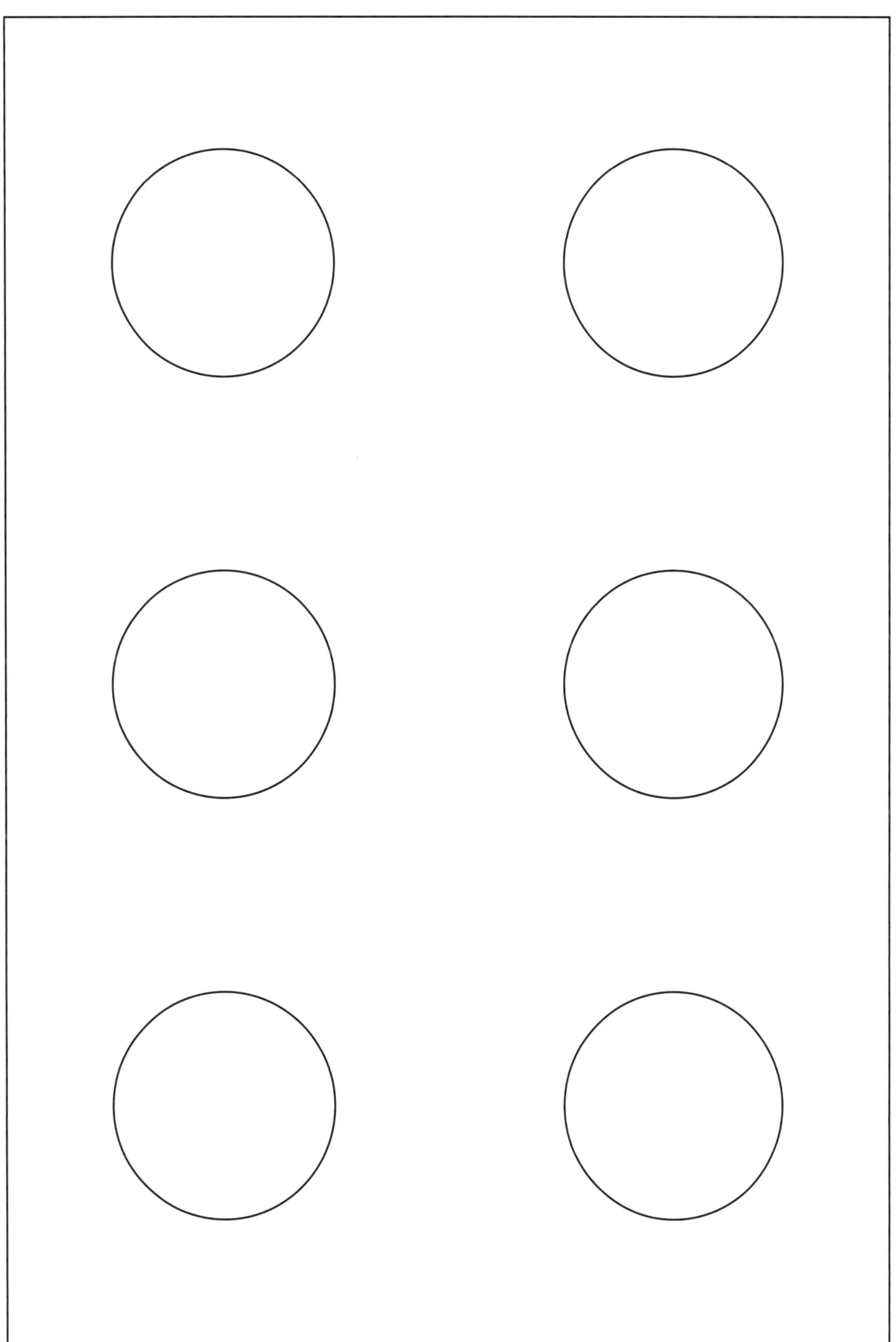

ANSICHT VON OBEN
(Längsholzseite)

EIERTRÄGER SEITE 90

HUND ALS VISITENKARTENHALTER SEITE 98

SEITENANSICHT
(Längsholzseite)

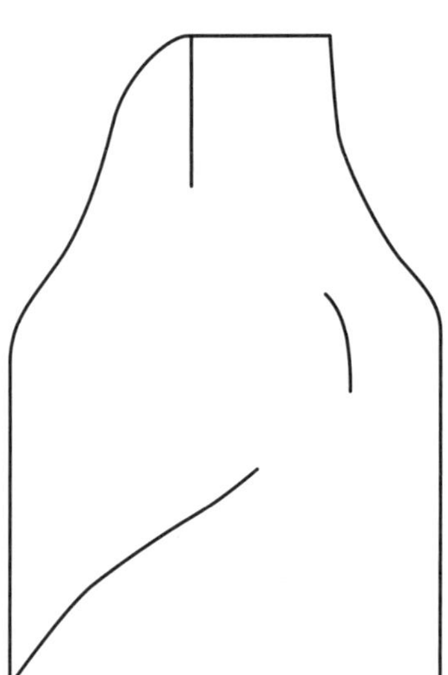

ANSICHT VON OBEN UND UNTEN
(Längsholzseite)

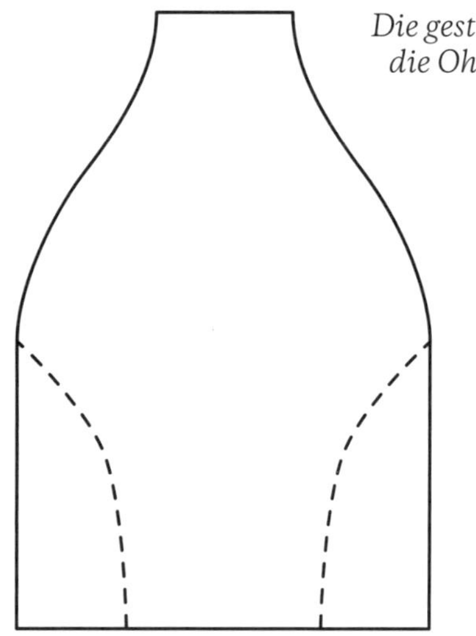

Die gestrichelte Linie zeigt die Ohren oben auf dem Kopf an.

In den Ecken am tiefsten ausschnitzen

Nach und nach das Holz unter dem Auge wegschnitzen

EIN EINFACHES AUGE SCHNITZEN
(vergrößertes Detail)

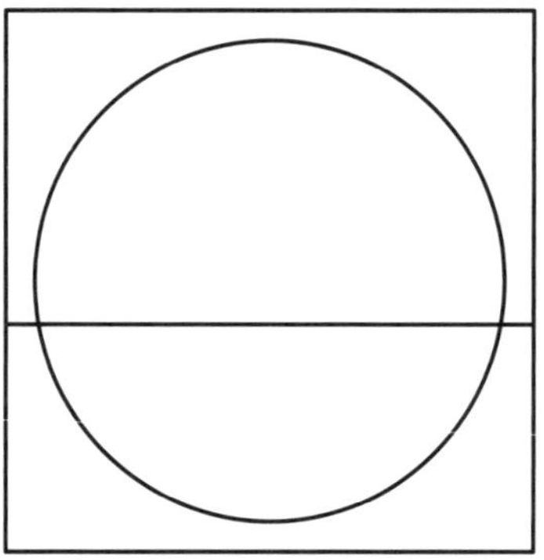

OBERSEITE DER SCHNAUZE
(Stirnseite)

Der Kreis ist größer als die fertige Schnauze gezeichnet, um Platz zum Schleifen zu lassen.

IGEL ALS TEELICHTHALTER SEITE 104

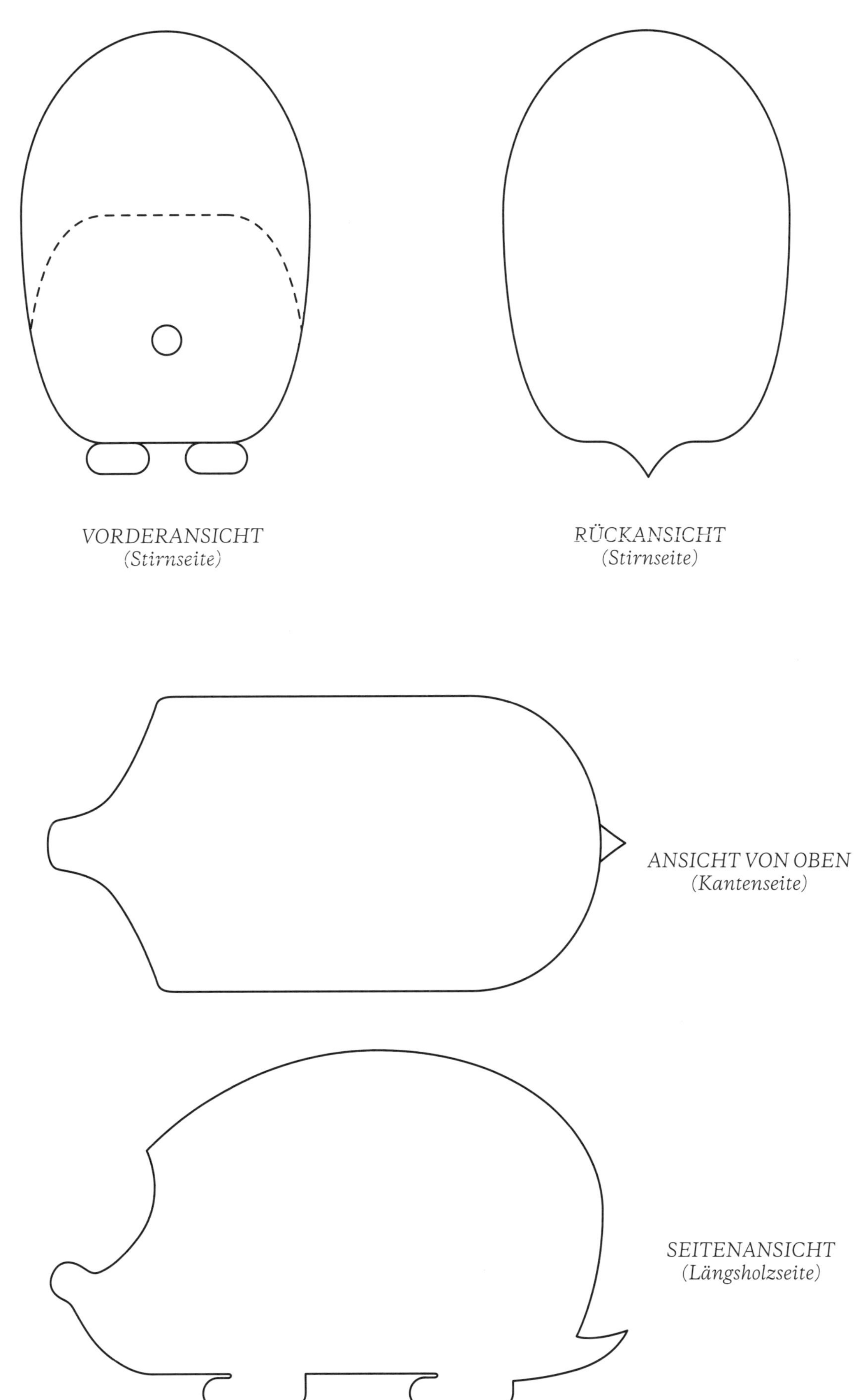

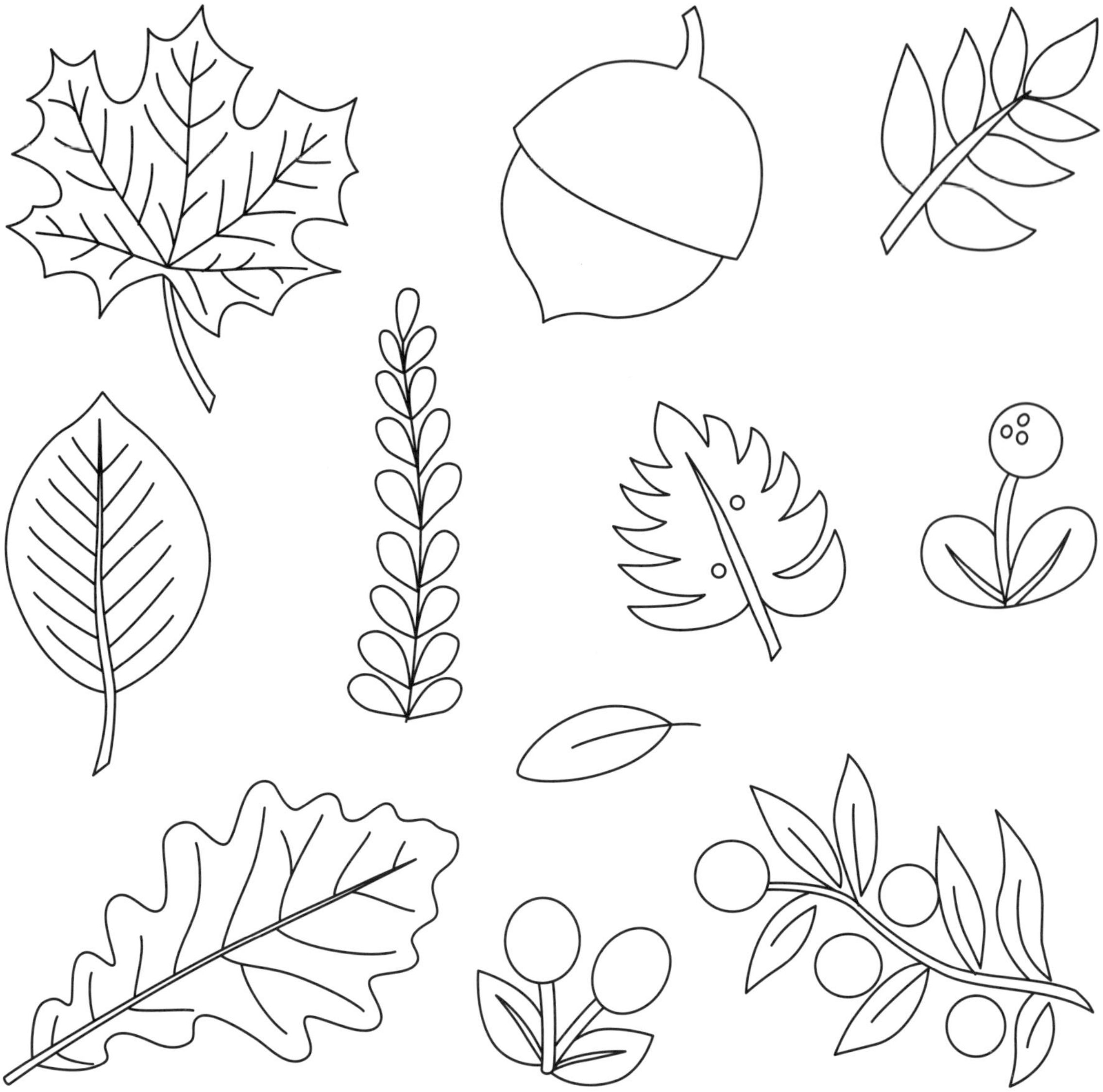

ZIERMOTIVE
Wählen und platzieren Sie die Motive nach Belieben auf dem Griff oder lassen Sie sie ganz weg.

KAMM
(Längsholzseite)

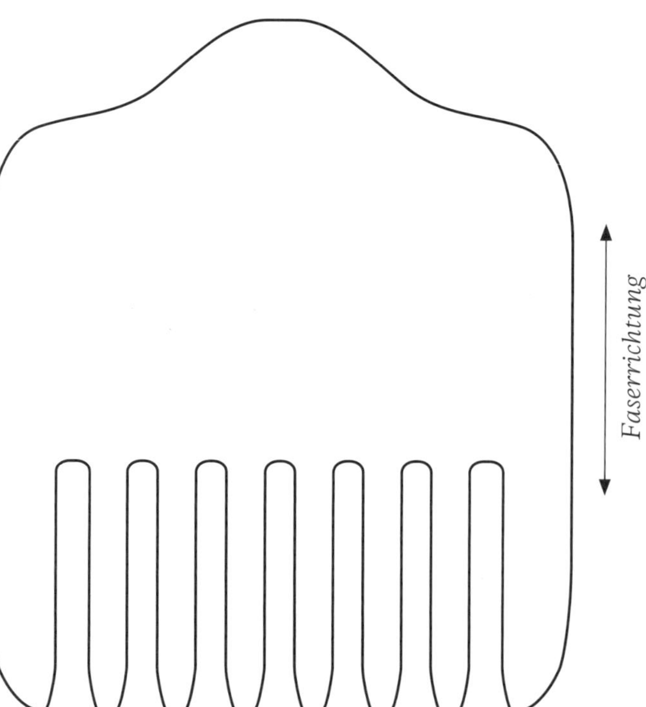

DEKORATIVER PFLANZENHALTER SEITE 124

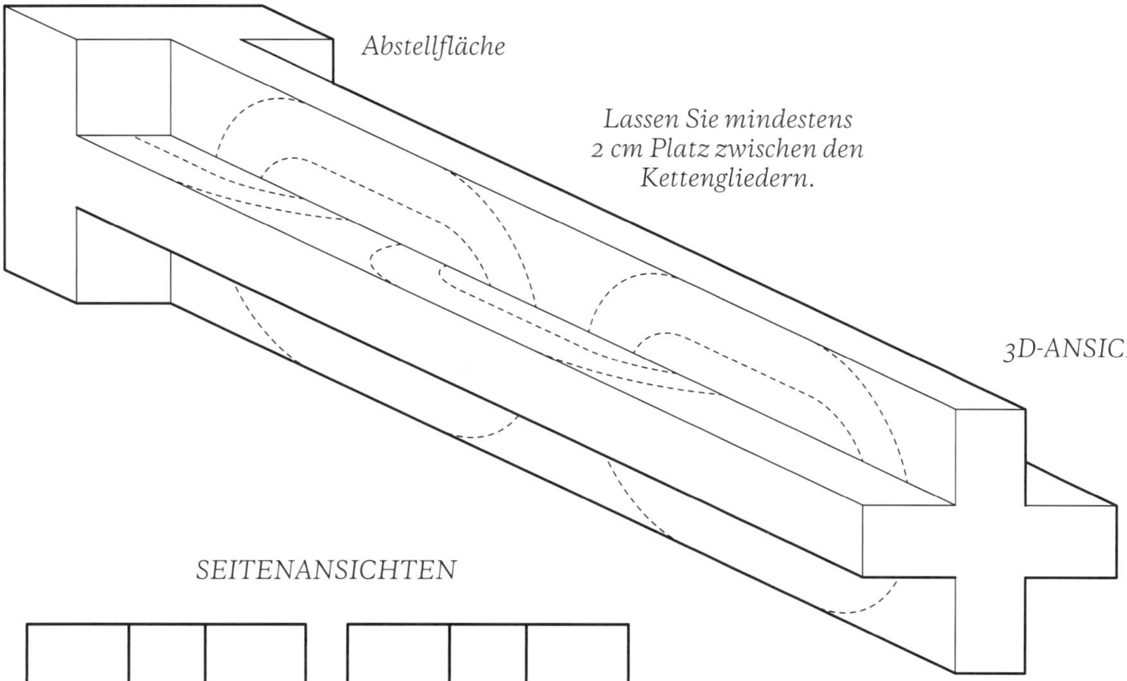

Abstellfläche

Lassen Sie mindestens 2 cm Platz zwischen den Kettengliedern.

3D-ANSICHT

SEITENANSICHTEN

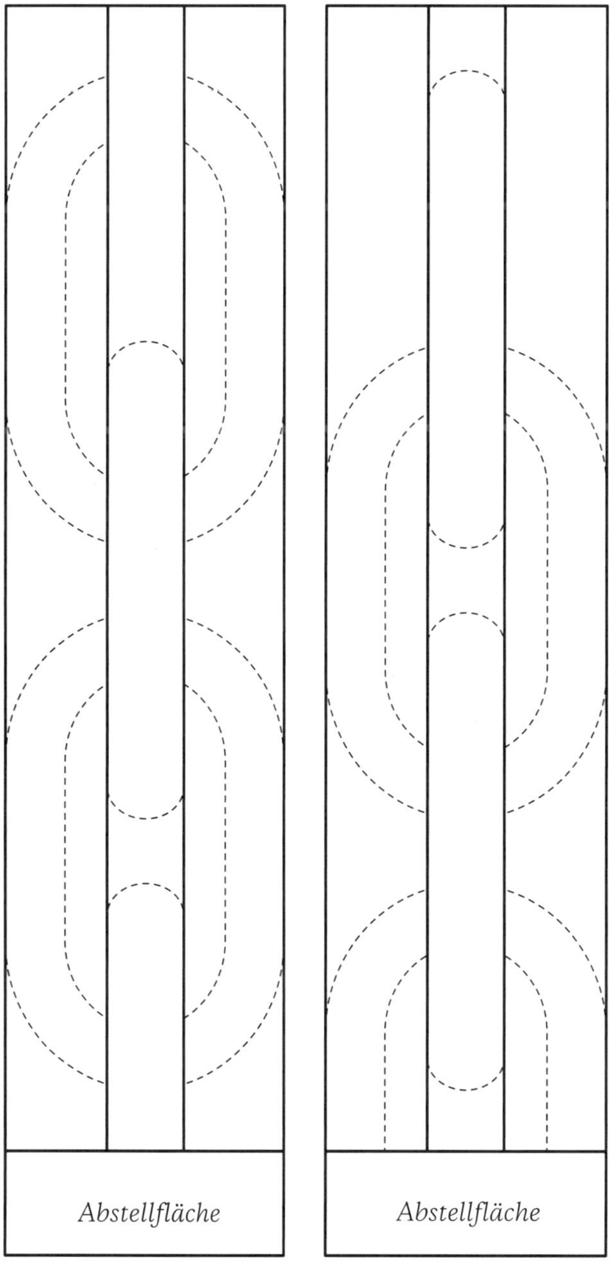

Abstellfläche

Abstellfläche

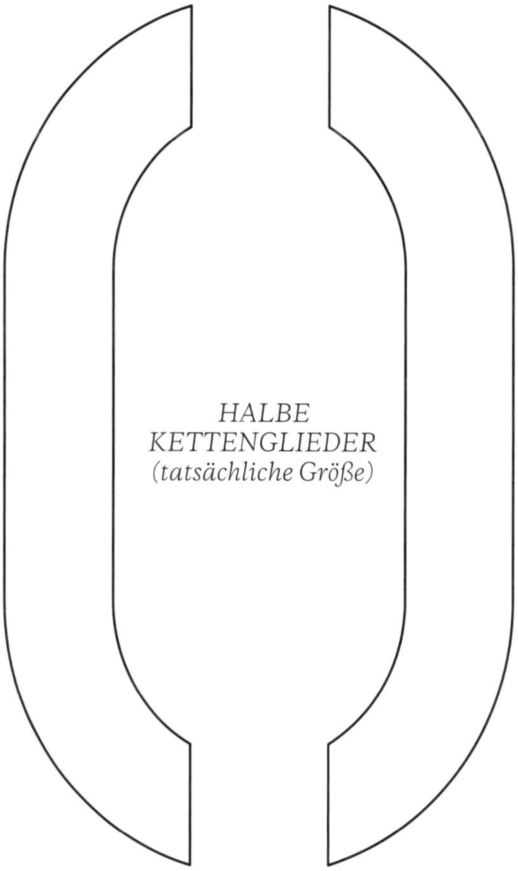

HALBE KETTENGLIEDER
(tatsächliche Größe)

REGISTER

DANKSAGUNG

DANKSAGUNG DER AUTORIN

Mein besonderer Dank gilt Quarto Publishing, seinen geduldigen Lektoren und talentierten Herstellern, ohne die dieses Buch nicht möglich gewesen wäre.

Ich bin meinen Zimmergenossen - John, Kristen, Liliana und Jen - sehr dankbar, die meine Leidenschaft für das Holzschnitzen sehr unterstützt haben und mich im Atelier in unserem Haus haben arbeiten lassen, trotz des ständigen Herumhantierens mit Werkzeugen, das ich den ganzen Tag über veranstalte.

Danke an Ryan Rose, einen talentierten Fotografen aus Austin, der imstande war, schnell ein paar Fotos für dieses Buch zu schießen, wenn es notwendig war.

Und schließlich danke an meine Mutter, die, als ich 20 Jahre alt war, nicht ein, sondern zwei Pferde kaufte und mit nach Hause brachte, ohne zu wissen, was sie mit ihnen anfangen wollte. Heute ist meine Mutter eine versierte Reiterin, die mir beibrachte, dass die einzige Voraussetzung, um etwas entgegen allen Erwartungen zu erreichen, wilde Entschlossenheit ist.

Ich hoffe, dass all jene, die etwas Ungewohntes ausprobieren, eine neue Fertigkeit erlernen, ein neues Talent entwickeln oder ein komplett neuer Mensch werden möchten, durch dieses Buch inspiriert werden, genau dies zu tun. Ihnen steht nichts im Wege, solange Sie daran denken, dass eiserne Ausdauer, Mut und Hartnäckigkeit Ihnen beim Erreichen Ihres Ziels helfen.

Auf geht's. Packen Sie's an.

BILDNACHWEISE

Quarto möchte allen Folgenden dafür danken, dass sie die in diesem Buch abgebildeten Fotos zur Verfügung gestellt haben:

Seite 7: mit freundlicher Genehmigung von Josh Fortuna
Seite 8, 10–11, 14, 50–51, 96–97: mit freundlicher Genehmigung von Celina Muire
Seite 13: www.shutterstock.com/High Mountain
Seite 18 (rechts): www.shutterstock.com/Bohn and Reis